福建教育学院资助出版

"福建省'十三五'中小学名师名校长培养工程丛书"编委会

（福建教育学院培养基地）

丛书主编：郭春芳

副 主 编：赵崇铁　朱　敏

编 委 会：（按姓氏笔画排序）

于文安　杨文新　范光基　林　藩　曾广林

名校长卷

主　　编：于文安

副 主 编：简占东

编　　委：陈　曦　林文瑞　林　宇

名 师 卷

主　　编：林　藩

副 主 编：范光基

编　　委：陈秀鸿　唐　熙　丛　敏　柳碧莲

福建省"十三五"名师丛书

本真历史

—— 我的教学主张

吴　勇　◎著

厦门大学出版社

XIAMEN UNIVERSITY PRESS

国家一级出版社
全国百佳图书出版单位

图书在版编目（CIP）数据

本真历史：我的教学主张 / 吴勇著. -- 厦门：厦
门大学出版社，2022.12
（福建省"十三五"名师丛书 / 郭春芳主编）
ISBN 978-7-5615-8611-2

Ⅰ．①本… Ⅱ．①吴… Ⅲ．①中学历史课－教学研究
－高中 Ⅳ．①G633.512

中国版本图书馆CIP数据核字(2022)第093914号

出 版 人　郑文礼
责任编辑　文慧云
出版发行　厦门大学出版社
社　　址　厦门市软件园二期望海路 39 号
邮政编码　361008
总　　机　0592-2181111　0592-2181406(传真)
营销中心　0592-2184458　0592-2181365
网　　址　http://www.xmupress.com
邮　　箱　xmup@xmupress.com
印　　刷　厦门集大印刷有限公司

开本　720 mm×1 020 mm　1/16
印张　15.75
插页　2
字数　276 千字
版次　2022 年 12 月第 1 版
印次　2022 年 12 月第 1 次印刷
定价　58.00 元

厦门大学出版社
微信二维码

厦门大学出版社
微博二维码

◎ 总 序

　　"百年大计,教育为本;教育大计,教师为本。"教师队伍建设是教育质量提升的关键。2018年,中共中央、国务院印发《关于全面深化新时代教师队伍建设改革的意见》,吹响了新时代教师队伍建设改革的集结号,提出教师队伍建设改革的目标是"到2035年,教师综合素质、专业化水平和创新能力大幅提升,培养造就数以百万计的骨干教师、数以十万计的卓越教师、数以万计的教育家型教师"。福建省委、省政府牢记习近平总书记"福建没有理由不把教育办好"的殷切嘱托,以高度责任感、使命感,坚持教育优先发展,始终将建设一支师德高尚、业务精湛、结构合理、充满活力的高素质专业化教师队伍作为基础工作,出台了一系列政策措施,激发广大教师投身教育综合改革的积极性、主动性、创造性。福建省教育厅为打造基础教育高层次领军人才队伍,实施"强师工程"核心项目——中小学名师名校长培养工程,旨在培养一批在省内外享有盛誉的名师名校长,促进我省教育高质量发展。

　　"十三五"期间,福建教育事业紧紧围绕"新时代新福建"发展战略,坚定不移走以提升质量为核心的内涵发展之路,着力推动规模、质量和效益的协调发展,努力让教育改革发展成果更多地惠及民生,让人民群众有更多的获得感。2017年,省教育厅会同财政厅启动实施了"十三五"中小学名师名校长培养工程,在全省遴选培养100名名校(园)长、培训1000名名校(园)长后备人选、100名教学名师和1000名学科教学带头人。通过全方位、多元化的综合培养,造就一批师德境界高远、政治立场坚定、理论素养深厚、教学能力突出(治校能力突出)、教学风格鲜明(办学业绩卓越)、教育视野宽阔、富有开拓创新精神、在省内外有较大影响力的名师名校长，为培育闽派教育家型校长和闽派名师奠定基础，带动和引领全省中小学教师队伍建设，为推进我省基础教育优质均衡发展、办好人民满意教育，为"再上新台阶、建设新福建"提供有力的人才保障。

为扎实推进福建省"十三五"中小学名师名校长培养工程，保障实现预期培养目标，福建教育学院作为本次名师名校长培养工程的主要承担单位，自接到任务起，就精心研制培养方案，系统建构培训课程，择优组建导师团队，不断创新培养方式，努力做好服务管理，积极探索符合名师名校长成长规律的培养路径，确保名师名校长培养培训任务高质量完成，助力全省名师名校长健康成长，努力将培养工程打造成全省乃至全国基础教育高端人才培养示范性项目。

在培养过程中，我们从国家战略需求、学校发展需求和教师岗位需求出发，积极探索实践以"五个突出"为培养导向，以"四双""五化"为培养模式的基础教育高端人才培养路径。其中"五个突出"：一是突出培养总目标。准确把握目标定位，所有培养工作紧紧围绕打造教育家型名师名校长而努力。二是突出培养主题任务。2017年重点搞好"基础性研修"，2018年重点突出"实践性研修"，2019年重点突出"个性化研修"，2020年重点抓好"辐射性研修"。三是突出凝练教学主张（办学思想）。引导培养对象对自身教学实践经验（办学治校实践）进行总结、提炼、升华，用先进科学理论加以审视、反思、解析，逐步凝练形成富含思想和实践价值、具有鲜明个性的教学主张（办学思想）。四是突出培养人选的影响力与显示度。组织参加高端学术活动，参与送培送教、定点帮扶服务活动，扩大名师名校长影响。五是突出研究成果生成。坚持研训一体，力促培养人选出好成果，出高水平的成果。

"四双"：一是双基地培养。以福建教育学院为主基地，联合省外高校、知名教师研修机构开展联合培养、高端研修、观摩学习。二是双导师指导。按照理论联系实际原则，为每位培养人选配备学术和实践双导师。三是双渠道交流。参加省内外及境外高端学术交流活动，积极承办高水平的教学研讨活动，了解教育前沿情况，追踪改革发展趋势。四是双岗位示范。培养人选立足本校教学岗位，同时到培训实践基地见学实践、参加送培（教）活动。

"五化"：一是体系化培养。形成"需求分析—目标确定—方案设计—组织实施—效果评估"的培养链路，提高培养专业化、精细化、科学化水平。二是高端化培养。重视搭建高端研修平台，采取组织培养人选到全国名校跟岗学习、参加国内高层次学术会议和高峰论坛、承担省级师训干训教学任务等形式，引领推动名师名校长快速成长。三是主题化培养。每次集中研修，都做到主题鲜明、内容聚焦，坚持问题导向和结果导向，努力提升培养的针对性和实效性。四是课题化培养。组织培养对象人人开展高级别课题研究，以提升理性思维、学术素养和科研水平，实现从知识传授型向研究型、从经验型向专家型的转变。五是个性化培养。坚持把凝练教学主张（办学思想）作为个性化培养的核心抓手，引导培养人选提炼形成系统的、深刻的、清晰的教育教学"个人理论"。

　　通过三年来的艰苦努力，名师名校长培养工作取得了显著成效，积累了丰硕成果，达到了预期目标。名校长培养人选队伍立志有为、立德高远的教育胸襟进一步树立，办学理念、政策水平和管理能力进一步提升，立功存范、立论树典的实践引领能力进一步提高，努力实现名在信念坚定、名在思想引领、名在实践创新、名在社会担当。名师培养人选坚持德育为先、育人第一的教育思想进一步树立，教书育人责任感、使命感和团队精神进一步强化，教育理论素养进一步提升，先进教育理念进一步彰显，教育教学实践和创新能力进一步增强，独特教学风格和教学主张逐步形成，教育科研和教学实践均取得了丰硕成果。一是专项研究深。围绕教学主张或教学模式出版了38部专著。二是成果级别高。84位名校长人选主持课题130项，其中国家级6项；发表CN论文239篇，其中核心16篇；53位名师培养人选主持省厅级及以上课题108项，其中国家级7项；发表CN论文261篇，其中核心81篇。三是奖项层次高。3位获2018年教育部基础教育国家级教学成果奖二等奖；15人获得2017年、2018年福建省基础教育教学成果奖，其中特等奖3位、一等奖7位、二等奖5位；1位评上国家级"万人计划"教学名师；34位培养人选评上正高级职称教师；13位获"特级教师"称号；2位获"福建省优秀教师"称号。四是辐射引领广。开设市级及以上公开课、示范课203节；开设市级及以上专题讲座696场；参加长汀帮扶等"送培下乡"活动239场次；指导培养青年骨干教师442人。

　　教育是心灵的沟通，灵魂的交融，思想的碰撞，人格的对话，名师名校长应该成为教育的思想者。在我省名师名校长培养对象即将完成培养期时,福建教育学院培养基地组织他们把自己的教学(办学)思想以著作的形式呈现给大家,并资助出版了"福建省'十三五'名校长丛书""福建省'十三五'名师丛书",目的就是要引领我省中小学教师进一步探究教育教学本质,引领我省中小学校长进一步探究办学治校的规律,使名师名校长培养对象成为新时代引领我省教师奋进的航标,成为办人民满意教育的先行者。结束,是下一阶段旅程的开始,希望我省名师名校长培养对象不忘立德树人初心,牢记为党育人、为国育才使命,积极投身新时代新福建建设,为福建教育高质量发展再建新功。是为序。

福建教育学院党委书记、教授、博士

郭春芳

2020 年 8 月

目　录
CONTENTS

第一章

历史"本真"教学主张

第一节　历史"本真"教学概念及内涵

教育家陶行知说过，"教育即生活"。教育来自生活，又服务于生活。历史是一门人文、社会科学，它既承担人类文明的传承功能，还要发挥历史教育的育人功能。历史像一条通往智慧大门的道路，又如一把开启成功大门的钥匙。历史是回顾过去、展望未来，陶冶情操、净化心灵的家园。历史"本真"教学来自实践，又高于实践，是教学理论与教学实践的结合。历史"本真"教学立足课堂，与时代同行、与技术结合，力求改革教学方式，以素养培养为目标、以立德树人为要务，满足学生多样化、可选择、有个性的发展需求，培养学生的健全人格，为学生终身发展奠基。

一、历史"本真"教学的概念

"本真"又称务本、求真，源于中国古代传统思想。儒家经典《论语》曰："君子务本，本立而道生。"意思是君子要致力根本，根本确立了，做人治国的原则就应运而生。《中庸》也记载："……立天下之大本，知天地之化育。"意思是只有树立治理天下的根本法则，才能掌握化育天地万物的道理。

中国古代传统思想强调先"务本"，再"求真"。"务本"就是遵循生命发展的规律，确立道德至上的理念，做道德高尚的人。"求真"的"求"是追求、探究之意，它是对价值、理想或规律的主动追求与探索；"真"是真理、至真之意。

《庄子·渔父篇》记载:"真者,精诚之至也。不精不诚,不能动人……真在内者,神动于外,是所以贵真也。"可见"求真"不仅强调探究事物规律,把握事物本质,更主张运用科学世界观和方法论,做治学严谨、受人尊敬的人。

西方哲学家柏拉图认为"本真"教学是"唤醒沉睡的灵魂",使灵魂尽可能容易且有效地转向的技巧,也就是说,教学不仅仅是知识的灌输,更应该是一种关注人内心成长的技巧。教学首先需要关注的是受教育者的心灵,通过教学使他们的意识由蒙昧转向睿智、澄明。教育家苏霍姆林斯基说过:"教学是以一个人的心灵去精细地接触另一个人的心灵的工作。"教学主体是人、对象也是人,教学就是人与人心灵的碰撞。教学起点,是以"人"为本;教学终点,是关注人的发展,铸造人格健全、全面发展的完整的"人"。法国人文主义作家、思想家蒙田曾说过:"领悟生命的意义,认识'本真'的生命,教育根本目的就是培养心智体格健全的人!"

教育教学是培养人的特殊社会活动,它的本质是为了人的发展。从教育教学产生发展的历程看,教育教学的本源是传承文明、培养适应社会生活的人,即尊重和适应学生身心发展需要,帮助学生获得适应社会生产和生活所需要的知识与经验、价值与伦理,这就是教育的"本源"和"本真"。因此,"本真"是指事物自身本质规定性所规定的存在和发展状态,"本真"状态是指事物能够按照其自身内在规律性,在自己所处生存环境中,健康生存,和谐发展。

二、历史"本真"教学的内涵

"本真"教学是以人的发展为出发点和归宿点,注重教育规律和学生身心发展,运用科学手段加强对学生学识培养、心智开导和人格塑造的教育,其特点是以生为本、尊重规律、讲究科学。德国思想家雅斯贝尔斯说过:"教育需要信仰,没有信仰就不成教育,而只是一种教学技术。"坚守"本真"教学就是对教育最虔诚的信仰。

"本真"一词大致有这几种解释:(1)正道,准则。比如,汉代扬雄的《法言·序》中说,"事有本真,陈施于意,动不克,咸本诸身"。(2)真实情况,本来面目。比如,宋代程大昌的《考古编·诗论十四》中说,"古民陈诗以观民风,审乐以知时政。诗若乐,语言声音耳,而可用以察休戚得失者,事情之本真在焉"。(3)天性,本性。如清代曾国藩在《陈仲鸾同年之父母七十寿序》中说,"天之生贤人也,大抵以刚直葆其本真,其回枉柔靡者,常滑其自然之性,而无以全其纯固之天"。(4)我国易经、道家、阴阳学、中医理论则认为,"本":元气,乾坤,宇宙万物的根,属先天性的;"真":真气,五行,金木水火土,宇宙万物生长、发展的元素,属后天性的;"本"与"真"相互作用,形成宇宙万物的兴衰。"本真"教学的"本"可以理解为本源、本质、本位。"本源"指的是知识本源,即要找准知识的生长点、探寻知识的连接点、体会知识的结构点、弄清知识的融合点,使学生"知其然,更知其所以然";"本质"指的是抓住教学本质,包括理解历史概念、把握历史思想、发展历史思维等;"本位"指的是素养本位,突出核心素养的重要地位,围绕核心素养的培养、发展和落实,实现从知识本位到素养本位的转向,实现有效的探究和知识建构,促进培养全面发展的人。"真"可以理解为真相、真实、真情。"真相"指的是教学真相,还原知识呈现方式,经历知识的发生发展过程,形成知识结构,实现真正意义上的知识建构;"真实"指的是课堂真实,课堂真实反映学生的探究过程,真实展现学生的思考过程,真实记录学生的思维发展,营造良好的学习氛围,让学习真正发生;"真情"指的是学生真情,即把握学生的学习起点,激发学生的活动经验,关注学生的动态生成,引导教学探究的过程,感悟教学的内在规律,体验教学探究的乐趣。"本真"教学从"本"与"真"两个方面展开,基于"本"的思考,基于"真"的设计,两者相通、相融、相依。

　　德国哲学家雅斯贝尔斯在《什么是教育》一书中对"本真"教育做了具体的阐释,他指出:"所谓教育,不过是人对人主体间的灵肉交流活动(尤其是老一代对年轻一代),包括知识内容的传授、生命内涵的领悟、意志行为的规范,并通过文化传递功能,将文化遗产教给年轻一代,使他们自由地生成,并启迪其自由的天性……教育是通过现存世界的全部文化导向人的灵魂觉醒之本源和根基。"这种对教育本身的描述,表达了"本真"教育的核心思想,即"以对人的灵魂陶冶为核心"。由此认为,"本真"教学是指人的自主、自由、自觉发展的教育,就是遵循师生身心发展规律和教学发展规律的教育,是回归教学本义、促使学生个性化和社会化完美统一的教育,是彰显青春文化的教育。成尚荣先生从学校的本土化性格特质出发,提出了对"本真"教学的理解,即从对教育的无限尊重,到坚守学校的本色。坚守本色,就是做人朴实、笃实,做事踏实、务实。陶行知先生说过,"千教万教教人求真,千学万学学做真人",他对"真人"有独特的理解:"真人是人中人,而不是人上人""宁为真白丁,不做假秀才"。做真学问,做真心人,应当是每一个教育工作者永恒的追求。

面对社会转型和变革,教育出现新机遇和新挑战,教育改革已是大势所趋,于是新一轮教育改革赋予历史"本真"教学新的内涵。党的十八大提出我国教育的根本任务是立德树人,党的十九大进一步明确强调:"要全面贯彻党的教育方针,落实立德树人根本任务……培养德智体美全面发展的社会主义建设者和接班人。"2018年习近平总书记在全国教育大会上提出教育要围绕"培养什么人、怎样培养人、为谁培养人"这一根本问题,坚持"立德树人",指出教育要从理想信念、爱国主义、品德修养、知识见识、奋斗精神和综合素质六个方面下功夫。2019年国务院办公厅印发了《关于新时代推进普通高中育人方式改革的指导意见》(以下简称《指导意见》),《指导意见》重申教育要全面贯彻党的教育方针,落实立德树人根本任务。《指导意见》是我国普通高中基础教育发展和改革的重要文件,标志着基础教育课程改革进入全面深化的新时代。

"立德树人"是我国历代教育者共同遵循的教学理念,"立德"一词始自《左传·襄公二十四年》:"太上有立德,其次有立功,其次有立言,虽久不废,此之谓不朽。"可知古代"三立",以立德为本;"树人"一词,出自《管子·权修》:"一年之计,莫如树谷;十年之计,莫如树木;终身之计,莫如树人。"可见育人非一朝一夕,要持之以恒,方能实现。"立德树人"是当前教育的核心任务,也是教师的光荣职责,教师教会学生学习是重点,教会学生做人是关键,教会学生成为社会需要的人才是核心。孟子曰:"教者必以正。"可见教师素养的厚度,决定学生发展的高度。教师言行、态度和人格会潜移默化地影响学生的世界观、人生观和价值观。教师应以德立身,以德立教,以高尚人格感染学生、以丰富学识引导学生、以博大胸怀爱护学生。只有秉持和践行立德树人的教学理念,做学生成长的引路人,才能使学生亲其师、信其道、乐其学、立其德。

"本真"教学要坚持德育为先、育人为重。"大学之道,在明明德,在亲民,在止于至善",教学最理想的境界是促进学生自然生命和精神生命的和谐发展、健康成长。"本真"教学应该把立德树人作为教育的根本任务,把社会主义核心价值观融入学习生活各个方面,深入开展爱国主义教育、法治教育、诚信教育,引导学生自觉践行社会主义核心价值观,通过开展各类实践活动,让学生走进社会、走进社区,参加社会劳动与实践,培养学生的社会责任感与使命感。

"本真"教学是以人为主体的教学视界,其主要体现为教育性和生命性。

首先,"本真"教学应当具有教育性。然而,纵观当下的教学视界,并非所有教学都具有教育性。在机械背诵、强化训练的课堂中,在只关注少数极有天赋的学生而忽略大多数普通学生的课堂中,在生搬硬套教学设计、不考虑学生特点、无意义生成的课堂中……这些教学设计是"本真"教学吗? 以"本真"教学教育性为辨认依据,这些课堂中展现的绝不是教学的真实面貌。"真正的教育,绝不容许死记硬背",而是自主建构知识、意义;真正的教育,绝不是经反复演练而形成的"华丽教学",而是在自然交往中形成真实的话语实践;真正的教育,绝不只为个别人而"教",而是为了全体学习者的全面发展而"教";真正的教育,绝不是生搬硬套教育理念、教育模式,而是尊重学习者的个性特征,根据实际情况因材施教……由此,"本真"教学的一个基本特征是"教"与"学"在富有教育性的课堂里的有效交往。

其次,"本真"教学应当具有生命性。教学的主体是生命个体,课堂上有着一群鲜活的生命,关注生命是"本真"教学必需、必然的价值取向。历史教学离不开生命个体的参与。对生命个体成长的关注,可以促成"教"与"学"在有效交往中健康生长,而脱离生命个体的教学,并不是"本真"教学。诸如以书本为权威,不关注主体的创造性思维活动;以升学率为目标,不考虑主体的承受能力;以标准答案为垄断性评价,不考虑主体的多元思维实践……这些在当下的课堂中仍处于强势的所谓的教学,极大程度地阻碍了生命个体的快乐成长,破坏了认知和意义的建构,扭曲了教育的价值取向,使得教学失真。只有关注生命的课堂,才可能生成"本真"教学。"本真"教学不仅使生命个体得到关注,还使个体生命情怀得以延续和发展,形成"对自我生命的确认、接纳和喜爱,对生命意义的肯定、欣喜和沉浸,以及对他人生命乃至整个生命世界的同情、关怀与珍惜"。如此,以生命成长、全面发展为价值取向的具有生命性的"本真"教学才能实现。

不仅如此,"本真"教学还立足历史学科的人文性、社会性的特点,突出了学科的育人功能。历史教学承载立德树人的使命,肩负着把学生培养成德智体美劳全面发展的社会主义建设者和接班人的重任。新一轮课程改革中,高中历史教材已经收归国家统一编制,从一标多本到一标一本的编写模式,突出体现了历史学科特殊的育人功能,它不仅体现了国家的意志,也担负着实现中华民族伟大复兴和建设中国特色社会主义的责任。通过历史学习,培养学生对国家、民族和传统文化的价值认同。正如2019年全国高考历史卷第42题引用了钱穆先生《国史大纲》节选,钱穆先生认为国家要发展,国人对本国历史要略有所知,只有了解本国历史,才会对历史抱有温情与敬意,才会避免出现偏激虚无主义者,这对当今社会现实有重要的指导意义。通过历史学习,使学生认同社会主义核心价值观、认同中华民族伟大复兴之路、认同中华优秀传统思想文化,从而坚定"四个自信",形成正确历史观和人生观。

"本真"教学强调历史教学要与时俱进。就当前而言,"本真"教学应以新课改、新理念、新课标、新高考、新教材为突破口,以信息技术手段为依托,转变传统教学方式,探索在素养立意和能力立意的中、高考背景下的历史教学改革,促进现代信息技术与历史教学的深度融合,提升课堂教学的实效性、交互性和生成性,培养学生"必备品格和关键能力"。"本真"教学注重"以人为本""以生为本""以学为本",强调课堂以学生为主体,追求灵魂对话、师生对话、生生对话,通过对话,碰撞思想火花,学生在对话中学会辨析、学会思考,实现生生相行、师生相长。"本真"教学可以帮助学生构建认知体系、提升探究历史问题的能力,是历史教学实现培育"核心素养"的重要路径,也是历史学科核心素养落地的关键所在。

"本真"教学应该着眼未来,促进学生终身发展。"本真"教学应该教会学生学会生活,给予学生生存本领,领着学生奔向未来。爱因斯坦说过:"忘掉在学校里所学到的每一样东西,留下来的就是教育。"

"本真"教学的关键在教师,因此要关注教师需求,促进教师发展。教育是一种诗意的修行,用生命影响生命,用生命温暖生命。教师是学校第一资源,教师的发展是教育第一生产力。学校应该为教师创造一个公开、公平、公正的工作环境,搭建教师实现人生价值的舞台,提升教师的荣誉感和成就感,尊重教师、实现教师需求,从而大大提高教师的幸福指数。读书和思考是教师专业发展必不可少的两条腿,学校应该营造热爱读书的文化书香氛围,为教师创造静下心来做学问的环境,留给教师更多自由安静的空间读书和思考,充实和舒展自己的灵魂。

第二节　历史"本真"教学理论支持与实施路径

教育理想的实现需要以教育的理论为先导,在实践过程中,要不断进行理论研究与阐释,才能为教学实践活动提供源源不断的理念支撑与思想来源。而教育理想需要教育理论作为基础,理论不是突然冒出来的新事物,而是经过先人无数次实践和经验积累,不断改造而形成的一个新产物。我们不能在追寻教育理想的过程中抛弃原先的教学经验和智慧结晶,只有不断更新教育理论,才能创造出新的教育理论,为教育理想提供合适的精神引导,对教育本质进行深入探讨与理解,从而回归"本真"教学的正确轨道。

"本真"教学的理论基础植根于中华传统文化,同时又吸收了西方文化中自然主义、建构主义、人本主义和多元智能理论等教育思想。

一、"本真"教学探源——古代对话教学的范本

教育只有以"本真"方式存在,才能永葆其本质。在中西方文化与教育源头上,两位教育大师孔子和苏格拉底创造对话教育之古典范本,以原始、质朴和天然的方式呈现教育的原生态和"本真"存在方式。教育赖以发生的几种主要形式都是以对话样式存在的。教育之"本真"是以对话而存在,因对话而发展。

公元前8世纪至公元前2世纪被称为人类历史的"轴心时期",在这一社会转型时期,东西方都出现了伟大的教育家、思想家,如孔子、苏格拉底,他们在教育中不约而同地都采用了对话教学,创造了古代教育的经典之作。

春秋时期儒学思想创始人、教育家孔子创立私学,弟子3000多人,《论语》是孔子与弟子对话教学的精粹集成。孔子对话教学主要表现:(1)教学对象提倡"有教无类"。《论语·述而》曰:"自行束脩以上,吾未尝无诲焉。"孔子弟子成分复杂,来自不同地域、不同阶层,大多出身平民,但皆能兼收并蓄,教之成才。(2)师生关系相对民主、平等。尽管囿于时代与阶级局限,孔子与弟子对话客观存在一定等级关系,但是孔子仍提倡"有教无类",据《论语·先进》记载,一次子路、曾皙、冉有、公西华与孔子侍坐,子曰:"以吾一日长乎尔,毋吾以也。"孔子说,我比你们年长,但不要因为我而拘束,于是就轻松畅谈,这种轻松对话教学在孔子教学中无处不在。(3)教学方法采用启发式教学。孔子是最早提出启发式教学的教育家,《论语·八佾》记载,子夏问曰:"'巧笑倩兮,美目盼兮,素以为绚兮。'何谓也?"子曰:"绘事后素。"曰:"礼后乎?"子曰:"启予者商也!始可与言《诗》已矣。"大意是子夏读诗,读到费解时请教孔子,如果一个人本身就有这样的美质,还需要装饰吗?孔子回答说:人本身就有美质,称为"仁",依旧需要"礼"来装饰。

子夏得到启发说,由此推断,礼是不是居于忠信之后呢?孔子也受到启发,高兴地说,能启发我的,子夏也!这是一个师生相互启发的经典案例,这也是孔子对话教学成功的关键所在。

古希腊哲学家、教育家苏格拉底,也是对话教学的典范。苏格拉底将对话教学融入生活与生命中。苏格拉底力图通过对话,启迪民众智慧、提高民众道德素质,主要表现:(1)教学对象向所有人开放,只要愿意同苏格拉底对话,都成为施教对象。他说:"我从不自命为任何人的老师,如果有人渴望听我谈话,听我讲述我如何履行个人义务,我也绝不使他失望,我不会由于同他交谈而索取报酬。"苏格拉底的对话教学是无限敞开的对话教学。(2)师生关系平等、自由。正如雅斯贝尔斯所说,"苏格拉底总是将别人和自己置于人格平等的地位"。(3)教学方法独创"助产术"。他认为哲学家和教师并不是要臆造和传播真理,而是做一个新生思想的"产婆",把存在于每个人心灵中的真理引导出来。他一般会先提问题,学生回答错了,也不直接指出,而是通过争辩,最后在苏格拉底引导和暗示中得到正确答案,这就是著名的苏格拉底"助产术"。运用"助产术"可以使自以为知者,知其不知,使自以为无知者,知其所知,从而使思想启迪和真理探索不断在对话中走向升华。

"轴心时期"东西方两位思想家与教育家创造了许多经典对话教学范本,这不仅是以原始、质朴方式对教学本质与规律的探索,更是以本源和天然方式体现原生态的"本真"教学。

二、历史"本真"教学的理论依据

1. 中国古代人本主义思想

中国最早提出"以人为本"思想的是法家代表管仲,《管子·霸言》记载:"夫霸王之所始也,以人为本,本理则国固,本乱则国危。"法家人本主义和宗法伦理紧密结合,人本主义重视人的地位与价值,认为人是宇宙的主人,而宗法伦理重视人与人的关系,将每个人置于宗法伦理关系之中,父慈、子孝、兄友、弟恭、君义、臣忠,是每个人都要恪守的道德规范和应尽的义务,这种人本主义深深扎根于以血缘关系为纽带、以宗法伦理为核心的宗法制度土壤中。

道家创始人老子在《道德经》中也阐述了人本主义思想,老子首先提出"无为"思想,认为人要顺其自然,不应过多干涉;其次又提出"孔德之容,惟道是从",即做人要心胸宽广,这是做人基本且重要的行为方式,只有心胸宽广,才能与自然、与他人和谐相处;最后还提出要尊重女性、祈福世界、热爱和平。

儒家人本主义重视人的生命,认为人应当感恩自然造化而使自己拥有生命,并得以展开人生、演绎人生。儒家重"生",更重"德",即将人格价值、道德价值置于生命价值之上。儒家核心思想是"仁""仁爱",这也被视为人的生命独特而崇高的意义和价值所在;儒家以人为本,肯定人的生命意义和人性价值,强调在现实世界中提升人的道德品格。

2. 西方自然主义思想

西方自然主义思想萌芽于古希腊,而系统地论述自然主义教学思想的是 17 世纪捷克教育家夸美纽斯。夸美纽斯在《大教学论》中明确提出教学要以自然为鉴,遵循自然秩序,教学既要遵循儿童心理发展的年龄阶段特征,也要遵循知识由浅入深、由易到难的规律。夸美纽斯认为教学要适应自然,选择适合学生的知识,让每一个学生的智力都能得到充分发展。18 世纪法国启蒙思想家卢梭继承发展了夸美纽斯的教学思想,他在《爱弥儿》中倡导教学要顺应自然,明确提出教学培养目标是"自然人"。他所说的"自然人"是有着独立价值观和判断能力,能靠自己劳动而生、身心健全的人。19 世纪德国著名教育家福禄贝尔发展了卢梭自然主义教学思想,提出儿童发展理论,他在《人的教育》中提出,人的发展经历了从不完善到完善、从低级到高级的进化,强调儿童发展阶段性和连续性的统一。他把儿童分为婴儿期、幼儿期、少年期和青年期,每一个阶段教授内容都不一样,但却是一脉相承的。19 世纪后半叶自然主义教学思想被广泛推崇与实施,实用主义、建构主义、人本主义等思想流派都从不同角度深化了自然主义教学思想的内涵。美国实用主义教育家杜威在尊重儿童的心理发展水平、兴趣和需要的基础上,提出"教育即生活""教育即生长""教育即经验改造""学校即社会""儿童中心论"等,他认为:"学校必须呈现现在的生活——对儿童来说是真实而生机勃勃的生活,像在家里,在邻里,在运动场上经历的生活。"巴西教育家弗莱雷进一步提出,"教育是为了人的解放",指出教育的目的是使人觉悟,具有批判意识,学会学习、学会思考,从而在改造现实、创造新世界过程中获得自身解放。

可见教育就是要遵循人的本性及发展规律,促进人的全面发展。教育的终极目的,是为了人,为了人的发展,为了让人活出尊严、个性、幸福,通过个人发展推动人类和社会进步,使人类不断走向崇高,使生活更加美好。

3. 多元智能教育理论

"本真"教学承认学生个性差异,认为学生各具禀赋,各具个性,各有兴趣爱好,符合多元智能教育理论。多元智能教育理论是美国心理学家霍华德·加德纳创立的,他认为传统智能观念过于狭窄,把人的智能仅局限于语言和逻辑数理能力方面,他提出一个人至少具备 7 种智能,包括语言智能、逻辑-数理智能、空间智能、身体-运动智能、音乐智能、人际关系智能和自我认识智能等。所谓智能不同,只是智能组合在每个人身上表现形式和程度不同而已,我们通常所认为的学困生,或许只是在语言智能或数理智能方面表现欠缺或不足,可是他们在其他智能方面或许表现十分出色,这就要求教育工作者要了解学生的心理特征,善于发现学生长处与优点,时时给予鼓励与支持,这对学生多种智能发展有很大益处。"本真"教学目的是认识个体差异,最大限度帮助学生挖掘潜能,努力让每个人成为社会需要的人。

4. 建构主义教育理论

学习理论经历了从行为主义到认知主义再到建构主义的发展,它不仅是认识论的飞跃、学习心理学的进步,也是对传统教育的一场革命。建构主义理论把教学视为学生主动建构知识的过程,这种建构是学生在自身经验、信念和背景知识基础上,通过与他人相互作用来实现,并且受社会环境影响,因而建构主义认为,教学过程不仅仅是教师和学生之间的互动,而且是教师与学生以及学生个体之间的多边互动作用的过程。教师与学生都应该是建构知识过程的合作者,建构主义学习理论不仅强调学习者自我知识建构与合作学习,还强调学习过程应以学生为主体,尊重学生个体差异。注重互动学习方式,本质就是要充分调动学生的主体性,发挥学生的主观能动性。因此教师要认真研读教材,把握教材实质,从根本上理解教材、读懂教材、读透教材。要根据学生学习需要,对教材进行还原、解读,重新建构,创设有利于学生学习的探究活动,引导学生自主建构,关注学生建构过程,经历知识的探究过程,关注知识的发生过程,培养和发展学生的思维。建构主义教学观关注的是如何在学习过程中培养学生分析问题、解决问题的能力,进而培养他们的创造精神,这正是时代发展对教育提出的新要求,建构主义倡导教学是人的解放过程,在这个过程中,学生是知识建构的主体,通过知识建构过程不断提升自身的意义和价值,这和时代要求相契合。

三、历史"本真"教学举措

著名教育家乌申斯基说过:"教育主要目的在于使学生获得幸福。"学生幸福感是指学生以学校生活和家庭生活为基础,对自我存在状态的主观心理体验,是认知、情感等心理因素与外部因素相互作用而形成的一种积极主观心理体验。教师幸福感主要由学生爱戴感、教学胜任感、探究新鲜感、成功愉悦感等组成。教育不能训练一个个熟练的"工具",而应培养一个个活生生健全的"人"。教育根本目的是培养心智体格健全的人!"教育是属于人之为人的、归属于所有人的事业……教育帮助个人自由地成为他自己,而非强求一律。"我们需要教育返回最原初最本真的状态,就是培养人。所谓"本真"教学,可以认为是一种充分尊重教学对象,遵循教学规律,运用有效的教学手段对学生进行科学有效心智开导的教育,是对正处在形成期的学生的心灵呵护和人格塑造的教学,帮助学生成为他自己,而非强求一律。我们必须尊重孩子,让他们明白学习的动机,而不是出于服从而学习,这样我们培养的孩子才能发现学习是一种发自内心的快乐。"本真"教学就是让教学回到原点,一种心灵自发且乐于接受的行动,学习是一种认识世界、探索真理的过程,同时学习也是一种德行塑造的过程。因此要固守"本真"教学,实现幸福教育,必要的措施包括如下几方面:

1. 顶层设计,让孩子和谐发展

为了学生能可持续发展,学校需构建一个培育和造就拔尖人才的教育链,学校可以对学生的教育进行整体设计。如小学:"以温馨的呵护让孩子阳光成长",深入实施"幸福生活、快乐学习、阳光成长",滋养学生"明礼、诚信、自信"等品质,让每位学生品行优良、身心健康、人格健全、学业优秀;初中:"以个性化培养为学生终身发展奠基",塑造学生优良品行,重点培养学生学科素养,训练学生思维,拓宽学生视野;高中:"以一流教育质量成就学子人生梦想",培养学科兴趣,培养科学学习方式,拓展学科深度,提升综合能,建构知识体系,提升应考能力,让每位学子走向成功。

2. 以中华优秀文化,塑造孩子民族灵魂

"以培养具有民族灵魂国际视野的中华人"为目标,学校应把优秀传统文化教育作为办学特色之一,让学生学习传统文化,传承中华文明,弘扬民族精神。弘扬中华优秀传统文化,增强广大青少年学生对中华传统文化的认同感;帮助其树立民族的自尊、自信、自强、自立精神;树立正确的世界观、人生观和价值观,促进学生综合素质和综合能力的提高,奠定终身发展的基础,培养具有民族灵魂、世界眼光的中华优秀人才。

3. 自主管理,让孩子自立自强

要让学生收获幸福,不仅要让学生成为课堂的主人,还要让学生成为学校生活的主人。学校可成立学生自主管理委员会,各年级、各班级也相应成立自主管理机构,聘请学生校长助理,自主学习、自主管理,极大地调动学生参与班级、年级、学校管理事务的热情,提高学校管理水平,也锻炼学生综合能力。学生从自律前提下的自信走向自主,从自主走向自立,从自立走向自强,也必将从自强走向自如,即灵活自如地适应社会的发展。

4. 才艺培养,让孩子全面发展

开发学生生命潜能,培养学生兴趣爱好,学校应举办丰富多彩的文艺活动,如校园文化体育艺术节、新年联欢会、中秋诗会、重阳登高节等,开展"感恩演讲""爱我中华大家唱"等类似活动,积极组织学生参加各级各类文艺比赛。学校还应重视学生社团活动,成立模联社、动漫社、文学社、艺术社、体育社、音乐社、美术社等社团,满足学生需求。

5. 高端培养,让孩子走向卓越

在学生人人成才的基础上,为让优秀学生不断走上卓越发展道路,学校应建立起以学生卓越发展为本的多元、开放课程体系,可安排"必修+选择性必修+校本选修+综合实践活动"课程,给学生以自主选择的权利,培养他们认识自己、设计自己的能力,为其终身发展奠基。

四、历史"本真"教学主要路径

"本真"教学之"本",就是回归历史教学本质,以学生为主体,培养学生必备品质和关键能力,为学生终身发展奠基;"本真"教学之"真",就是实现从价值认知到价值认同、从智慧教学到核心素养培养的过程,也是历史教学知、行、悟、鉴的过程,其主要路径如下:

1. "学史"始于"求知"

"求知"是指探求知识,检查或研究以便获得更多的知识。历史学习其实就是历史价值认知的过程,通过文本解读,掌握历史基本史实,实现一种浅在、表层的认知。然而追求知识是无止境的,拉吉舍曾说:"在知识的山峰上登得越高,眼前的景色越壮阔,激发学生求知和学习的欲望,远比教会其有限知识更有意义。"

2."求知"进而"求智"

"求智"是明万物阴阳之本,知万物阴阳之变化。课堂上,知识传授关注点是现成答案、现成的历史事件,而智慧关注的是未知世界,是求知的过程。"求智"是通过师生互动、生生互动,探知历史奥秘的过程。学和行本来就是有机联系在一起,学了必须想,想通了就要行,"行"是指在历史学习、认知过程中,教师运用历史史料、创设问题情,引导学生从多个视角来感知历史、理解历史,培养学生分析问题、解决问题、合作探究和思辨的能力。

3."求智"重在"求真"

"求真"是指在科学理论与方法的指导下,透过历史表象还原历史真相,揭示历史本质,探寻历史规律,感悟历史真谛的过程。"悟"是指领悟、明白、理解的意思,它是在解读历史、认知历史、理解历史基础上,运用唯物史观,对历史事件进行理性分析、客观评价。

4."求真"务必"立德"

"求真"的目的是要实现价值认同,历史学习就是要学会借鉴和传承中华优秀传统思想和文化。"鉴"是借鉴、明察的意思,正如唐太宗所说:"以铜为镜,可以正衣冠;以史为镜,可以知兴替;以人为镜,可以明得失。"英国哲学家培根也曾说过"读史使人睿智",可见历史学习,不仅仅是为了"求知"、"求智"和"求真",还要以陶冶和升华人的精神境界为根本。通过学习可以了解历史脉络、借鉴历史经验、把握历史规律,对历史的认知由浅入深、由表及里、由感性上升到理性,培养学生人文素养,增强责任感和使命感,从而形成正确的世界观、人生观和价值观,实现"立德树人"。

历史"本真"教学要结合历史学科特点和教育功能,与时代接轨。随着技术革命和高中新课程改革的到来,广大教师都将面临新的挑战,教学要立足课堂,以新高考、新课标、新教材为突破口,课堂中运用新技术,渗透新思想,探索核心素养培养的新途径,提升课堂教学的有效性,培养学生"必备品格和关键能力",使历史学科核心素养落地生根。

第二章

历史"本真"教学实践之——课例与典例研究

第一节 "课例研究"的内涵与特点

"课例研究"(lesson study)源于日本,是一种教学与研究一体化的教学活动,它以"课例"为载体,以观察为手段,以教学问题为对象,以互动对话为特征,以行为改变为目的,将研究贯穿教学全过程。"课例研究"是提高教师专业素养和教学质量行之有效的手段。

一、"课例研究"的内涵

所谓"课例研究"是指教师研究共同体在一定的教育理论指引下,围绕教学实践过程中遇到的某一亟须解决的问题,在课堂教学过程中反复研究、提炼经验、改善教学、总结反思,最终促进学生有效学习的过程。

"课例研究"贯穿备课、设计、上课、评课、反思等各环节,活动方式以同伴成员的沟通、交流、讨论为主,研究成果呈现的方式是文本教案和案例式课堂教学等。在课例研究中,被观察的课称为"课例",课例由一位教师负责教学,其他教师细致观察教与学过程,并将教学过程详细记录,课后观课者和授课教师进行交流讨论,课例设计者重塑自己的课堂教学,通过交流可以带来教学观念的整体改变,这对教师专业化成长有着极其重要的作用。

"课例研究"是一种基于观察与反思、旨在促进教师专业成长的"反思性实践"活动。从研究方法来说,它是一种教育行动研究,基于课例展开,为行动而研究,在行动中研究,在研究中行动,将"行动"与"研究"两者合二为一。它注重教学实际问题,针对教学问题寻找解决问题的策略方法,并付诸行动。"课例研究"过程既是教师研讨过程,也是教师实践过程。

"课例研究"基本思路是"问题—规划—行动—观察—反思和再规划"的循环过程,也是教学实践"合理化"的过程,"合理化"目的是实现教学实践与理性的统一。"课例研究"的关键在于通过理性的追问,让实践对象根据教学需要不断调整规划、反复实践,从经验性实践上升到科学理性层面,实践合理化过程也是实践性理论创新的过程。"课例研究"使教师收获的不仅仅是一节课的教学经验,而且是掌握分析教学问题、解释教学现象的理性认识与科学方法。

"课例研究"以改进教学为目的,需要教师集体智慧,因为不同的教师在知识结构、智慧水平、思维方式、认知风格等诸多方面存在差异,即使是任教同一学科的教师在教学内容处理、教学方法选择、教学情境创设等许多方面也不尽相同,这是因为每个教师都是以自己的经验为背景来建构对事物的理解,所以我们理解到的只是事物的某一方面,通过观察交流,我们可以看到别人对事物理解的另一方面,从而形成更为丰富、更趋近事物全貌的见解。因此,每个教师的差异就是教学资源,这种差异就是合作学习的动力和源泉。

"课例研究"是以提升教师专业素养为目标,从促进教师专业成长的实践与反思来看,"课例研究"是通过对教学问题和教学情境的再现和描述来揭示教学改进背后的观念和认识,目的是期望课例不仅仅展现出一节课的授课过程,更需要理清为何这样授课、为何如此改进的研究思路,从而有利于其他教师从一节课感悟到一类课的道理。因此课例研究实际上也就是"研究课例"的过程,即以一节课的研究为例试图围绕一个主题探讨一类课的改进。"课例研究"的最终目标是指向学生的学习与发展,教师"教得怎样"应当从课堂上每个学生学习的实际情况加以考察。因此,教师要观察课堂,收集学生信息,包括学习动机、学习行为,甚至学生在课堂上的思维水平等。

二、"课例研究"的三种主要模式

1.日本的授业研究

日本政府长期为基础教育投入大量资金,把课例研究视为教师校本专业发展的有效途径,并逐步形成日本教师研究课堂文化。日本课例研究模式有三个步骤:第一步,界定课例研究需要解决的问题,这种问题往往不局限于现实问题,也可能是结合学校发展或课程标准的长期需要解决的问题;第二步,执行"合作设计教案—观课—集体议课"循环过程,一般进行两轮,议课过程一般会分成教师体验式观察笔记和对学生细节性描述记录;第三步,分享课例研究结果,一般通过撰写报告或邀请外校教师观摩最后一轮课,并研讨分享。不少国家都在学日本模式,如美国、新加坡、伊朗、英国、德国等。

2.中国内地基于教研活动的磨课研究

中国内地的教研制度于1952年建立,已有数十年历史,教研实践活动中广泛开展的各种层次的"公开课"背后,都会经历一种集体"磨课"的过程。中国内地的"磨课研究"通常经历"三个关注":第一,关注教师原有经验和行为,即第一次授课由教师独立承担备课任务,充分体现其原经验和行为;第二,关注新理念下的教学再设计,由教师团队根据第一轮研讨确立的新理念和经验开展集体备课并再次授课、议课;第三,关注新理念下学生的实际获得,根据授课中教师和学生的行为表现,再次对教学设计进行重构,为今后类似主题的课打下基础。

3.中国香港地区优化课堂学习研究

这一模式起源于瑞典哥德堡大学马飞龙教授基于变易理论在中国香港地区指导的"优化课堂学习"项目,有学习设计(learning design)、设计团队(design team)等新形式,通常包含五个基本操作环节:第一,选取课题并拟定学习内容;第二,确认学习内容中阻碍学生的难点,一般会通过前测与访谈方法确定;第三,开展教学设计并进行课堂实践,运用变易理论设计教学、实施教学、研讨教学;第四,课堂教学评价,根据对学生的后测与访谈,提出每一轮的改善教学建议;第五,形成课例研究报告,将其作为下一轮循环研究的参考资料。

三、"课例研究"的实践操作

"课例研究"是在传统教研活动基础上的"精致化",为了增强教研活动的"研究效果",主要操作流程有:

1.有主题:在问题驱动下聚焦研讨

"课例研究"要有一个明确的教学研究主题,教学主题可以由教师自己制定,也可来自集备组、教研组或同行。最好是教学实践中遇到的问题,而且是教研组全体教师共同关注、有困惑或亟须解决的。"课例研究"主题切忌大而全,不要试图通过一次课例研究解决教学中的许多问题,而是要通过一次课例研究加深对某一个小的研究问题的认识,做到"小"而"精"、"精"而"深"。通过问题驱动逐步聚焦主题,主题可以指向一般性的目标,如"如何唤起学生对历史的兴趣";主题也可以比较具体,如"认识新文化运动";主题还可以聚焦于课程材料的更新,如"从哥伦布航海看新航路开辟"等。

2.有目标:在分工合作中互补受益

"课例研究"的目标不仅仅是要上好一节课,而且是为了理解这节课为什么可以促进学生发展,以及如何促进学生的发展。"课例研究"要引导每个教师制订有差异的学习目标,把教师的差异作为分工合作的重要资源。在备课、观课、研课、评课的每个环节,每位参与的教师根据自己的目标关注点参与研讨和观察,如新教师处于追求控班和教学完整性的阶段,那么课例研究中可以侧重关注教学环节和结构;有经验的教师处在追求多样化的阶段,可以侧重关注教学任务的设计和教学实施情况的比较;专家型教师处在追求自我价值实现的阶段,可以侧重关注教学主旨立意、教学目标定位及素养维度达成等关键性教学问题。每位教师在不同目标任务驱动下,可以深度卷入课例研究过程中,既有利于实现各自的专业发展目标,又可以把教研组成员之间的差异作为资源,相互学习借鉴。

3.有方法:在技术保障下突破经验

经验是教师日积月累获得的宝贵财富,但往往零散地留在教师的头脑中,只有在具体教学情境中才能表现出来。"课例研究"需要有意识地将信息技术与学科教学深度融合,以此来审视经验所无法达到的地方,或者通过教育理论来指导教学实践或梳理教学经验,使之条理化、系统化。例如,对于教学任务设计,可以采用认知水平上升或下降的分析方法来判断;对于课堂效果的诊断,可以采用前后测技术或分层访谈的方法从学生角度获取等。每个方法背后往往提供了不同于经验式观察的独特视角,观察和分析的结果有时与经验一致,有时会产生冲突,这恰好可以激发教师跳出经验式思考的局限,从而重新解读课堂。

4.有积淀:在循环改进中留下痕迹

"课例研究"要求授课结束后,观课教师要从不同观课视角进行评议,发言往往关注的是存在的问题,授课教师根据观课教师评议,即针对存在问题进行总结反思与改进。反思的焦点是课本身,而不是授课教师。因为课例研究被视为集体的产物,小组的每个成员都对这节课负有责任,因此集体的反思是每一个成员的自我修正。在反思的基础上,授课教师重新修订教案。修订完成后,在另一个班级再教一遍。虽然教案经历了反复修改,但是每一位学生体验的课都是新的。课例研究小组会围绕一节课进行反复"磨课",让所有有参与者在头脑中都留下痕迹、有所积淀。通过讨论,课例研究的主题在前一次的基础上不断深入,避免出现观点重复和无序。

5.有分享:在反思基础上实现资源共享

多数课例研究小组都会通过撰写报告来讲述自己的工作,通常这些报告会以书面形式出版,供教师资料室收藏,供同仁阅读。大学教授参与的课例研究,其研究报告可能以出版物的形式出版。此外,"课例研究"的分享形式还包括邀请其他学校的老师前来观课,参考有关学者的看法,可以将课例研究的上述基本步骤分为计划、执行和总结三个环节,每一个环节都包括一些独具特色的工作。"课例研究"倡导全组教师共同参与,总结反思,分享经验,提出思路,从相互的探讨和评论中,使不成熟的观念变得成熟,为教师自身的发展搭建了一个良好的平台,彰显集体智慧,促进有效教学。

四、"课例研究"的基本特点

1.教师是课例研究的主体

在课例研究中,教师依托历史学科,通过反复研究教学行为,探求教与学的规律。教师的角色不是参与者、执行者,而是研究者、实践者。教师要从历史教学真实问题出发,通过行动研究,学习、反思并调整教学设计,实现教学行为的跟进。在这一过程中,教师必然成为研究主体,每一轮课程实践,都是研究资源与平台;每一次行为跟进,都是学习与反思后教学经验的重构。

2."课例研究"聚焦课堂,具有实践性

"课例研究"聚焦历史课堂,教师在真实的历史教学情境中进行科学观察,发现关键事件并对其进行学习与研究,进而再次实践。"课例研究"大致有四个阶段:起始阶段,发现问题—理论学习—教学设计—教学实践;初跟进阶段,课后反思—理论学习—改进设计—跟进实践;再跟进阶段,课后反思—理论学习—改进设计—跟进实践;总结阶段,课后反思—理论学习—梳理总结—形成智慧。其中教学实践与跟进实践是课例研究的重点环节,课例研究源于课堂实践,研究又在课堂实践中进行,研究解决的是课堂实践中的问题。

3.重视理论与实践的结合

在历史教学的课例研究中,教学实践的跟进总是伴随着理论学习的进行,理论学习是行为跟进的基础。在研究的起始阶段,教师在发现历史教学中的问题后的学习,是确定课例研究主题的需要;在跟进阶段,理论的作用是引导教师学习与内化,跟进并改善行为;总结阶段的学习,是教师由教学实践上升为教学智慧的支点。"课例研究"的过程,就是教师不断将教学理论与学科知识内化为自己的教育知识结构的过程,是自觉地把对理论学习的思考与教学实践相契合的过程。

4.团队合作,共同发展

"课例研究"强调组建合理、高效的研究共同体,这个研究共同体可以包括外请的专家、教研员、学校教学骨干、历史组老师,甚至根据需要还可以包括家长等人员,这样的构成可以让课例研究组充分整合教育资源,发挥各自优势,既有专业引领与资源支持,又有同伴互助与协同合作,有利于教师深度参与,形成有利于学习研究的共同体。

"课例研究"以课例为载体,把课堂、学生、教师、专家、家长集中到课例研究这个平台上,以研究的姿态面向教学中的真实问题,以团队合作的形式使团队内的成员互为资源,以"合作研究反思"的方式促进行为跟进。对于教师来说,"课例研究"是教师易于参与和掌握的研究方式,能够推动教师将教学经验转化为学科知识,形成实践智慧。对于学生来说,"课例研究"的主题或问题正是学生学习中的关键知识或能力,教师研究怎么教,就是为了促进学生更好地学,因此学生是课例研究的终极受益者。另外,"课例研究"的问题来自课堂,研究过程也依托课堂,课堂是课例研究阵地,因此课例研究的价值还体现在先进教育教学理论在教学实践中的真正运用。通过理论和实践相结合,让教学实践变得更加科学,更具智慧。

第二节 "课例研究"的实践与价值

"课例研究"有别于常规教研活动的做课、磨课,其实践性与合作性使课例研究独具研究的价值与魅力。"课例研究"是校本研修的一种重要形式,是教师围绕特定的一节课或一个教学主题进行系统的、合作性的、多回合的研讨活动,是紧紧围绕"学"而进行"教"的研究。相对于传统教研而言,"课例研究"作为一种立足教育教学实践行为的研究方式,带有明确的研究目的,强调对学情、学习内容的深入分析,强调教学目标的准确定位,强调教学活动的针对性,以具体、真实的课例为载体,带动全员深度参与、平等对话、实践反思、总结提升、知识共建。

一、"课例研究"的价值理念

课例研究作为教师专业发展的重要方式,其价值不仅是要凸显教师专业发展的基本理念,还要注重拓展学科价值与专业价值。

1.体现"学生为本"的价值追求

"学生为本"作为教师专业标准基本理念的内容之一,其重要性在于它为教师专业发展确立了明确的目标。虽然能力、师德与终身学习也是教师专业发展目标,但它们是服务于"学生为本"这一根本目标的。就是说,它们的发展要以"学生为本"这一目标为基本出发点,也要以这一目标为最后归宿。"学生为本"的"本",不能理解为"本源",而应理解为"根本",也就是说,学生是最重要的。简言之,学生是根本的,其他是从属的。

基于这一理念的指引,课例研究应该"以学生为中心"展开研究,即使是偏重能力取向的课例研究,也必须建立在学生发展的基础之上,只有基于学生的能力取向才是真正有价值的,才是真正的理性实践。为此,课例研究应该聚焦课堂教学,追求有效教学,通过有效教学促进学生有效发展。"有效果、有效益、有效率是有效教学的三大内涵":"有效果"是要看学生的收获与变化,指的是结果;"有效益"是要看能否为学生所用,指的是教学的产出;"有效率"是要看学生学习过程与方法,指的是科学与时效。从有效教学的内涵可知,衡量教学是否有效,要从学生的角度去衡量,而不是从教师的角度去衡量,即不是看教学计划、教学任务和教学进度是否完成。

由此可见,有效教学的内涵和"学生为本"的理念是相通的。而要在教学中体现有效教学,课例研究是大有可为的,至少从能力取向来看,课例研究可以增强教师的教学效能感。因此,将"学生为本"作为课例研究的价值追求,既可以修正偏重能力取向的价值偏向,又可以提升课例研究的实践性,可谓一举两得。

2.注重学科专业价值的提升

提升课例研究的价值,需要加强对教师专业发展的宏观指导,增强课例研究的专业效能。这就需要研究者在基于课例、聚焦课堂的基础上,拓展课例研究的视野,从学科和专业两方面去进行提升。

首先,要提升课例研究的学科价值。"课例研究"涉及教学论与课程论的理论与实践问题。因此,提升其学科价值,一是要关注学科背景,将课例研究与历史学科关联起来,增强研究的针对性与实效性,切实体现课例研究在教师专业实践中面对实际、具备实效、易于实践的优点,充分展现其所具有的独特学科价值和教学价值。二是课例研究要与教学论、课程论密切相关。一方面要通过研究解释、转化和拓展教学论与课程论的相关理论,使教学论与课程论中的理论在课例研究中变得感性而直接,另一方面又要使课例研究中总结出来的规则与理念变得理性而实用,让二者相辅相成、相互促进,这样既使教师能够进一步深化对教学论与课程论的认识,同时也丰富教学论与课程论的实践内容与实践方式,这对教育学分支学科的发展起到很好的促进作用。"课例研究"还应该注重提升教学研究的层次,增强教学研究的效能。教学研究从其层次划分而言,一般分为描述层次、解释层次、概括层次和理论层次。"课例研究"可以在描述、解释的基础上,对教师在课例研究中形成的经验与教训,经过分析、归纳与总结提升到概括层次,甚至上升到教学论与课程论的理论层次,由此既促进教师专业发展,又丰富教学论与课程论理论;同时,"课例研究"经过这种层次提升,对教学实践产生的效能也得以扩大。

其次,要凸显课例研究的专业价值。教师职业早已被认定为专业,教师的教学活动是其中最重要的专业活动。"课例研究"几乎涵盖了教学活动中所有的专业活动,如对专业标准的理解,专业理念的形成,专业知识的改造,专业技能的提升等。课例可以是经典的,但不一定是专业的;但课例研究应当是专业的,因为对这些活动的研究达不到专业水平,它就不能促进教师专业发展,更不能成为教师专业发展的重要方式。教师专业发展包含着将教师从非专业水平转向专业水平、从较低的专业水平转向较高的专业水平的意涵。因此,"课例研究"作为教师专业发展的重要方式,其本身的研究应该是专业的,也必须是专业的。只有课例研究体现出专业性,教师发展才能体现出专业性。"课例研究"如果仅有实效性,它可能只有职业价值;它只有具备专业性,才能体现专业价值。可以这样说,"课例研究"的专业价值,不取决于课例,而取决于课例研究,取决于课例研究者的专业视角与专业水准。比如,就某个教学片段而言,教学取得了良好效果,如果研究者看到的是教师的敬业精神和扎实的教学基本功,那么这种研究视角与水准是职业的,因为它是基于职业态度与职业技能作出的判断;而如果研究者看到的是教师将教学方法与学生的兴趣特点有效结合,在课堂上体现出"学生为本"的基本理念,那么这种研究视角与水准是专业的,因为它是基于专业标准与专业理念作出的判断。就是说,"课例研究"的专业价值,既是对课例研究本身的要求,也是对课例研究者的要求。在研究的过程中,既要看到课例研究的专业价值,更要体现课例研究的专业价值。只有这样,"课例研究"的专业价值才会真正得到认可。

"课例研究"是教师专业发展的有效方式,要在教学实践中发挥其功能。如果我们视课例研究为一个工具,那就应该物尽其用;如果我们视课例研究为一个方法,那就应该有理有据;如果我们视课例研究为一个平台,那就应该丰富多彩。总之,探讨课例研究的价值,既要明白其价值之所在,又要清楚其价值之意义。这样,对课例研究价值问题的探讨才会有价值,"课例研究"的运用也才会更好地实现其价值。

二、"课例研究"存在的主要问题

1.主题不明确

"课例研究"的起点在于要有明确的研究主题,许多学校在开展课例研究的时候,主题不明确,为了研究而研究的现象较为普遍。许多学校的领导对此也不甚明确,不知道明确的主题对于课例研究的重要性,只是一味地要求各教研组开展课例研究,不太注意每一次课例研究重点要解决什么问题。由于主题不明确,造成部分教师在参与过程中出现了盲目性,研究的效果大打折扣,"课例研究"更多的时候是在完成上级部门布置的任务,为了研究而研究的情况也经常性出现。"课例研究"结束以后,课堂教学可能依然如故,没有得到太多改变,教师的研究意识和反思能力都没能得到很好的提升。

2.课前准备不充分

充分的课前准备是课例研究效果的重要保障。当各备课组或教研组接到课例研究的任务时,有的组长把授课人确定下来后,就不再开展其他准备工作,所有的工作只落在了授课教师的身上。正因为如此,许多教师不愿意参与课例研究,特别是不愿意出课,这样的研究价值相对低,而且容易成为大家讨论的对象,也容易受到领导的批评。"课例研究"的价值在于研究的过程,只有抓住研究的过程才能体现出课例研究的最大意义,教师在参与过程中才能有所收获,能够形成研究共同体,实现教师专业的发展。课前在确定研究的主题之后,应该确定课题和研究的方案,在集体备课的基础上进行教学设计,然后在不断教学实施中总结经验,分析问题症结所在,有针对性地制定措施,并在最后的展示课中体现其研究的效果。课前的准备如此重要,直接影响着课例研究的质量,但一些学校的领导却不重视过程性研究,只关注最后展示的效果,造成了部分授课教师压力过大,甚至导致有的教师在活动中投机取巧,"课例研究"的作用和意义没能充分体现出来。

3.研讨流于形式且停留在表层

"课例研究"反映的是教学改进的过程,在一过程中会出现许多值得研讨的问题和内容,如这节课好在哪里,存在的问题如何解决,如何进行准备和研究,如何体现集体的参与,还存在着哪些需要解决的问题,等等。而目前,一些学校在开展课后研讨时,往往顾及授课教师的自尊心,只说优点不说缺点,你好我好大家都好的假繁荣现象比较普遍;有的想说一些问题,但分析得不到位,反而伤害了教师的研究积极性。还有一种比较严重的现象是,有的领导完全把持了话语权,造成了领导一个人在说,参与的教师都成了"哑巴"的现象,这完全违背了课例研究的主旨。"课例研究"应该想办法让参与的教师都能有机会发表自己的意见或想法,在说的过程中教师会不自觉地反思自己的课堂教学,这样的不自觉的反思行为多了,就会成为自觉的反思行为,最终实现教师专业的自主发展。

4.撰写课例缺乏深入分析

课例研讨结束以后,由授课教师撰写课例,这是对课例研究过程的全面总结和提升的过程,也是为后续研究留下宝贵资料的重要环节。许多授课教师在撰写课例时,往往与课堂实录混淆,只注重了对过程的详细描述,而忽略了对过程中出现的闪光点和问题的分析和整理,虽然对研究的过程描述得很清晰,但对研究的价值和意义却不甚了了。缺乏深入分析的课例,也就失去了重要的研究价值。

5.不注重课例研究成果的运用

"课例研究"最终目的是解决课堂教学中存在的关键问题,也避免今后同一学科教学中类似问题再次出现。而实际情况是,"课例研究"开展得轰轰烈烈,活动结束后的课堂教学依然如故的情况比较普遍。去年曾研讨解决过的问题,今年的课堂教学中依然存在,出现这种现象的重要原因是,学校开展研讨之后,没有能够及时把研究的成果运用于课堂教学中,没有能够在同一学科教师中进行深入的推广和运用。在课例研究中,对课堂教学中存在的问题进行重复性研究、重复性研讨的情况还是较为普遍的,不仅费时费力,而且也容易造成课例研究的形式化。

三、改进课例研究的有效措施

(一)以学促研、去谬存真、扎实内功、务求实效

"课例研究"是一种行动研究,是专业引领下教师联合起来计划、观察、分析和提炼真实课堂教学的过程,是一种通过众多教师不断实践而得出的具有可行性、可操作性且专业性强的研究方式,有着充分的理论依据。我们要在课例研究中取得实效,就不能脱离理论的指导,必须做到以下三个方面:一是充分利用专业引领作用,采取"请进来""走出去"相结合的形式,加大科研专家、教研专业人员、骨干教师与青年教师之间的交流和沟通,在交流中获得更多的研究素材和信息;二是教师不断加强对业务理论知识的学习,夯实自己的理论功底和教研功底,在学习中充实,在学习中提高;三是充分利用现代教育技术和网络教研资源,抓好教师的教研培训,以提升教师教学素质,促进教师专业成长。只有这样,才能加强交流和协作,形成合力,使教师在科研素养和教学能力方面得到更大的提高。在此基础上摸索适合学校、教师、学生实际的最佳途径和方法,从而使课例研究有所突破、有所创新。

(二)切合实际、求小求精、注重过程、稳步提高

学校的办学资源和特色迥异;优与劣、长与短各有千秋,尤其在人力资源的分配上存在不均衡,因此,学校必须紧密联系学校的生情、学情和师资情况,有计划、有步骤地开展课例研究工作,从优势处着眼,从细处入手。不求大只求实、不求全只求精、不求速度只求质量,稳步推进课例研究。在实践过程中可以集中骨干力量优先试点,在试点的基础上再推而广之。尤其是在科研过程中,必须做到"三重":一是重问题,在问题的发现、分析、提出和解决各个环节上把好关。没有问题就不存在研究,只有提高了教师的问题意识,教师的科研能力才能提升。二是重反思,有人说:教师的成长=经验+反思,没有反思就没有进步,只有提升了教师的反思水平,教师的教

学行为才有可能改进。三是重研究,教而不研则死、研而不教则空,只有不断钻研教学问题,探索教学新路,才能使我们的教学手段得到创新,教研才会显得有活力,教学绩效才会凸现出来。我们可以在研究过程中摸索出研究的方法、手段,总结出经验和教训,然后加以改进,从而提炼出具有指导性的、可操作的研究实施方案,再以点带面,全线铺开,稳步推进,最终达到预期目标,取得课例研究之实效。

(三)高度重视、统筹部署、协调合作、均衡发展

教学研究虽然是教育发展的灵魂,但它的作用不能立竿见影,只是在潜移默化渗透之后,化作用于无形之中,因此内功不厚、悟性不足的教育管理者难以感觉到它的重要性。校长和教师们要有一个良好的研究氛围,一方面,必须把教研作为教学创新的必由之路,坚持不懈走下去。另一方面,还得设法取得上级教育行政机关、教研专业机构相关组织和人员在政策、机制、经费等各方面的重视和支持。而作为教育行政管理部门和教研专业引领机构,在高度重视校本教研的基础上还必须做好几件事:(1)建立好一个有利于教育教研良性发展的机制(包括有效的管理机制、评价机制、激励机制)。(2)成立好一个能畅通指挥校本教研工作全局且专业性强的校本教研领导机构,以协调指挥大局性的校本教研工作。(3)落实对辖区内的学校校本教研工作的检查和评比,促进校本教研的协调、均衡、和谐发展。这样才能做到高度重视、统筹部署。

另外,教育科研机构(如教研室)要发挥其专业引领的作用,在发展优势学校的同时,还要不失时机地重点抓好弱势学校的帮、扶、带工作。同时要督促学校之间加强校际交流与合作。组织开展校际教研活动,达到优势互补。此外,还可以充分利用教研网络体系,开通网上教研论坛和博客,为教师的校本教研提供学习和交流的平台和机会,在达到互相促进、共同提高之目的的同时也增强了校与校之间的交流、教师与教师之间的合作意识。这样大范围的校本教研才能和谐、均衡、全方位地发展。

(四)创设氛围、优化环境、激发兴趣、热情参与

教师参与课例研究的面不广、兴趣不高,并不能说明教师不愿参与教研。教师不愿参与教研的原因是多层面的,除了自身的主观因素之外,还与教育管理部门和学校的政策、管理机制有关,也与教研的大环境有关。要使更大范围的教师乐意参与校本教研活动,其关键是鼓励。如:(1)建立

奖励机制,让一些课例研究取得成绩的教师得到应有的精神上和物质上的奖励,进一步激发他们的潜能。(2)在时间、经费、评价等方面向参加课例研究的教师倾斜,使参与教师在以上几个方面得到保障,让他们成为教研的楷模,发挥好带头、示范作用。(3)为广大教师提供更大、更多的舞台和机会。让教师大展身手,让他们享受到成功的喜悦,这样可以激发其教研兴趣,使他们产生研究动力,提高他们的教研积极性。(4)学校可以成立教研机构,设立一定的教研岗位,为教研人员提供优越的科研环境。(5)尊重教师选择,充分考虑教师的兴趣和爱好,让教师愿教研、肯教研、乐教研。

做好以上几点,不愁教师教研热情、积极性上不来。

四、"课例研究"的价值和意义

"课例研究"在中国内地一般被称为"教学研究",简称"教研"。在新课程改革的背景下,以校本教研为核心的教师专业发展活动在我国逐步推展开来。作为广大中小学积极推行的一种研究方式,课例研究虽以"改进教学"为直接目的,但它正以其自身的无穷活力悄悄地改变着教学研究的面貌和教师、学生乃至专业研究人员的面貌。

(一)"课例研究"的主要价值

"课例研究"超越了以往教学研究的单纯思辨和实验等方法,倡导教师深入课堂,直接触及课堂教学的实际,揭示课堂教学的问题,引导教学研究回归真实的教学生活,解决教学的实践问题。"课例研究"引导教师走向专业发展道路,不仅使个体教师成为教学研究的专家,而且使教师群体超越学科、超越教室、超越学校成为当之无愧的教学研究共同体。

提升课例研究价值,应加强课程理论研究,比如课程理解与课程观、课程的价值与价值取向、课程领域的基本问题与核心问题等,通过理论研究引导教师在专业发展过程中明白应该选择什么理论和应该遵循什么理论,使其避免在理论的云雾中无所适从,为教师专业发展找准明确的方向与正确的路径。"课例研究"要特别针对基础教育新课程改革加强研究,将基础教育新课程改革提出的理念和目标,与课例研究紧密联系起来,并将其融入教师专业实践之中;同时针对新课程改革中出现的问题,如新课程改革中课程标准实施问题、教师角色转变与适应性问题,将其作为研究重点置入课例研究中,增强理论研究的指导性和课例研究的实效性,同时也提升课例研究的理论价值。

从课例研究的实施过程来看,"课例研究"应注重理论与实践结合,完善课例研究的形式,增强教师专业实践的科学性。"课例研究"理论与实践结合,意味着教师要有理念意识,没有理念引领的教学实践不能称为科学实践。"课例研究"既要帮助教师获得理念,更要引导教师践行理念;通过理念引领,使教师在专业实践中逐步形成一种对教学行为加以审视和对价值判断加以追问的学习定势,让教师的专业素养在学习与实践中得到稳步提升,让教师专业发展真正产生实效,从而也使课例研究的价值得到较大提升。

(二)"课例研究"的意义

1.有利于精致化传统教研活动

与日本模式、欧洲模式中的课例研究相比,中国模式课例研究的一个显著特征是来源于教研制度保障下的中小学广泛开展的"磨课"形式的教研活动,而教研活动正是中国教师在职阶段获取实践性教学知识的校本学习形式。随着近10年国内外聚焦课堂教学研究的相互融合和借鉴,中式课例研究也不断地在传统教研活动"磨课"基础上越来越精致化,不再仅仅停留于"磨"出一节所谓的"好课",而是逐渐发展和形成了对于课例研究内涵的独特认识。课例研究就是讲课堂教学背后进行的研究的故事,课例就是"以课为例讲道理"(以例示理)等。可以说,中式课例研究对于克服传统教研活动中的一些弊病、精致化传统教研活动有积极的作用。

2.有利于提升磨课活动中的方法论研究效果

近年来,研究者越来越重视中式课例研究中所蕴含的方法论层面的思维模式,并通过大量的教研活动观察把它概括为"基于中国教研活动的关键性事件分析法"("四元分析法"):"磨课"活动往往从本节课的学科内容角度的重点出发(目标分析),探讨学生认知角度可能遇到的困难(条件分析),探讨教材教法角度的关键环节设计(过程分析),评估学生在课堂中的实际表现情况(结果分析)。参与教师通过现场观课评估学生的学习效果,循环往复地"磨课",直到得到自认为相对满意的"好课"。中国教师在教研活动中集体经历这种磨课形式的活动,多年来潜在使用的这种具有方法论特征的思维方式并非来自某种理论,而是教学实践研讨中自然而然的一部分。任何一位教师只要到某个学校工作,就自然而然地成为教研组的一员,在长期的教研组或备课组集体研讨中浸润而形成了分析教学、研讨教学的思维方式,这一思维方式具有鲜明的中国本土特色的方法论价值。

3.有利于践行中华优秀传统文化和思想

北京大学教育学院陈向明教授在其论文研究中分析了中式课例研究的文化背景,并把公开课、同课异构、师徒制作为中式课例研究实践三大样式,认为中国教师具有"知行合一、实践推理、见贤思齐"等中国文化基础。在行动上,中国教师通过"知与行"的统一,来实现对公开课的教学理解(知行合一)。在思维上,中国教师运用实践理性,通过群体探究和反思的方式,在反复实践中进行反思。在合作学习上,新教师学习"专家教师的好榜样"时,模仿比自己好的教师的倾向是明显的(见贤思齐)。上海市教科院所开发的"行动教育"模式作为中式课例研究一种模式,早在 2004 年的国际教育教学大会中,就被加拿大安大略省教育研究院研究员、原香港教育学院院长许美德这样评价:"研究体现了中国传统中最精髓的东西,即对行动智慧的认可,以及强调蕴含在行动中的各种教育知识胜过现有教育理论中表达的知识的主张。"它体现了中国认知论的两大深远的学派思想——宋代朱熹的"格物致知"的理学体系和明代王阳明创立的"知行合一"心学体系,从中"寻根"并体会什么是中国认识论的血与脉,思考感悟其真正的内涵。自党的十九大习近平新时代中国特色社会主义思想确立以来,向世界讲好中国故事、传播中国声音已经成为各行各业的共识,也是新时期中国教育工作者应该主动担当的教育责任和使命。中国基于教研活动的课例研究,其根本特征是以学科教学研究为核心、以教研组为基本活动单位,承载着研究教学和改进教学的中心任务。中国具有独特的开放课堂文化传统,"相观而善之"(《礼记·学记》)是中式课例研究的文化渊源,即把课堂视为一个开放的公共空间,明显不同于"课堂是教师个人隐私空间的西方文化"。讲好"中国故事"需要从中国文化和制度背景的根源去理解。

4."课例研究"有助于教师专业学习能力的提升

"课例研究"的基础是教师对专业理论知识和文化知识的学习与掌握。调研发现,当前教师对于本学科文化知识的掌握好于教学理论知识,他们通常关注教学设计的形式、教学过程的效果、教学内容的传授,极少关注本节课的设计运用了什么理念、实现了什么意图、得到了什么样的延伸等,这些问题的根源在于缺少对专业教学理论知识和文化知识的学习与运用。课例研究的过程可以帮助教师自觉、主动、精准地学习专业知识,提升课堂教学的整体效果和教学质量。

5."课例研究"有助于教师团队合作能力的提升

"课例研究"鼓励教师组建研究团队,通过团队合作的方式改进教学,使教师在分析课堂教学的过程中相互交流启发,从而进一步学会教学,共同解决课堂上的实际问题与困难。教师常常会觉得教学和研究像两座大山一样压在身上,单打独斗完成两项任务,压力太大。而在课例研究团队中,教师之间交流合作会更融洽,大家可以基于同一教学内容进行"接力赛"式的教学改进或完整环节的顺序演绎,也可以针对不同教学内容进行探索性的试教。不管是哪种课例研究的形式,都有利于教师专业合作能力提升。

五、"课例研究"的启示

1.明确课例研究的目的,是为了更好地改进课堂教学,聚焦"原汁原味"课堂,使课例研究更具有针对性和实效性。

2.关注课堂教学瓶颈问题,在众多问题中找到关键的真问题,围绕真问题开展课例研究活动,寻找问题症结,攻克教学瓶颈,总结有效策略。

3.形成教学与研究的合力,在日常教学中时刻保持"在研究的状态下教学,在教学的过程中研究",为进一步完成科学研究奠定研究基础。

4.打造稳定的教学研究团队。研究团队先以校内教师为主,逐步聘请校外科研人员加入,提升团队的科研专业引领,使课例研究过程及其成果更具专业性、理论性及科学性。

"课例研究"这种教师专业发展模型,既有利于新教师的快速成长,也有利于更多教师成为成熟的"研究型"教师。

第三节　历史教学课例的研究与评析
——从"世界文明衔接"到"全球文明的航程"

打开烟波浩渺的历史画卷,人类的发展史就是一部碰撞与交融的历史,不同地域文明之间交融与碰撞是人类社会发展史上永恒的主题。古代丝绸之路、近代新航路开辟都为文明交融带来了新的机遇与发展,近代文明的碰撞是人类社会转型的重要时期,人类历史开始从分散走向了整体,世界市场的雏形形成了。文明的交融也伴随着早期的殖民掠夺与扩张,它给欧洲带来大量的财富与发展,给亚非拉人民带来了深重的灾难,人类文明的交融也促进了世界文化的交流与发展,这是人类文明的转折点。

近年笔者先后开设了人民版高中历史必修"开辟文明交往的航线"和统编版高中历史必修"全球航路的开辟"研讨课。这两课的内容在《普通高中历史课程标准(2017年版)》《普通高中历史课程标准(2017年版2020年修订)》的要求是:通过了解新航路开辟所引发的全球性流动、人类认识世界的视野和能力的改变,理解新航路开辟是人类历史从分散走向整体过程中的重要节点。新课标强调新航路开辟对人类认识世界能力的改变,新航路开辟使人类文明从分散的区域文明朝着整体的世界文明迈进,最终促成世界市场雏形的形成。

【第一次课例】"开辟文明交往的航线"教材内容由"分散的文明"、"资本主义经济的萌生"和"文明的链接"三个目构成,教师习惯沿用传统教学方法,从新航路开辟的背景、条件和影响三个方面进行分析,着重认识:第一,新航路开辟与早期资本主义发展的关系;第二,新航路开辟与生产力和科学知识进步的关系;第三,新航路开辟与资本原始积累的关系以及对欧洲的影响。

【问题诊断】学科组教师经过问诊,认为教学没有突破传统思路,教学设计没有新意。建议要从教学立意入手,对标题设计进行修改调整,突出教学主题立意,改变传统教学模式,以主题立意来推动教学设计的创新。

【初步反思】为此笔者查阅大量的书刊,特别是详细阅读了《哥伦布大传》,对这一历史时期的背景与伟大航海家的生平有了更深刻的理解与启示。

【第二次课例】突出教学主题"世界文明的链接",教学设计为两条线索,一条以"哥伦布一生的探索"为明线,另一条以"人类文明的链接"为暗线,标题以"点状文明"、"线性文明"和"面上文明"三个方面来阐释新航路开辟促成世界文明从分散走向整体,促成世界市场雏形的形成。

【教学设计与理念】

一、教学立意,凸显唯物史观

地理大发现是近代世界文明开启的重大事件,新航路开辟对人类文明发展产生了重要影响,正如马世力教授在《世界史纲》中所说:"它打破了以往人类文明区域性分割和孤立发展的局面,首次把全球人类联系起来,开始了人类文明一体化进程。"本课教学立意是"世界文明的链接",教学设计以点状文明、线性文明和面上文明勾勒近代文明发展的三部曲。新航路开辟把世界各大洲链接成整体,随之而来的是商品、物产大交换、大流通:美洲白银、黄金、烟草,亚洲丝绸、茶叶、香料,非洲黄金、象牙等商品大量运往欧洲;欧洲毛织品运往美洲,手制用品运往非洲;欧洲还把大量非洲奴

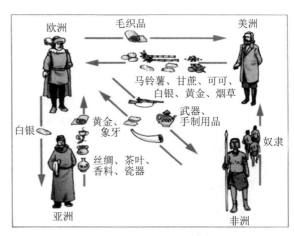

图 2-1　世界市场雏形形成

隶销往美洲,再从美洲运回大量的黄金与白银(见图 2-1)。商品的大交换导致贸易中心的转移,世界贸易中心从地中海转移到大西洋沿岸,引发了欧洲商业革命。商业革命促进欧洲生产力的发展,生产力的进步又导致欧洲生产关系的变革,引发阶级矛盾的加剧,从而爆发了资产阶级革命,建立了资产阶级政权,发展资本主义经济,使生产力与生产关系互为条件、相辅相成(生产关系适应生产力的发展是马克思主义唯物史观的重要组成部分,只有两者相互适应,才能促进经济发展),最终促成世界市场雏形的出现。

二、情景创设,渗透时空观念

时空观念是认识历史的标尺。历史学科的时空观念包含历史时序观念和历史地理观念。历史是曾经发生过的事物,一切人类活动都必然发生在一定时间和空间范围,正如恩格斯在《反杜林论》中所说,一切存在的基本形式是空间和时间,时间以外的存在和空间以外的存在,都是非常荒诞的事情。

导入新课时,教师创设情境,播放《大国崛起》视频片段,让学生了解新航路开辟前的人类世界:当时的世界是相对隔绝的,人们认识世界也是片面、肤浅的,他们不知道地球是圆的还是方的,都认为自己是世界的中心,于是就出现了几个相对独立的区域文明,这就是从时空视角勾勒出的当时世界的"点状文明"。接着教师展示"五大区域文明图",学生在时空观念框架下可以直观地了解区域文明的分布格局,从图中可知五大区域文明主要分布在亚洲、欧洲、非洲和美洲大陆,有东亚的儒家文明、南亚的佛教和印度教文明、西亚北非的伊斯兰教文明、欧洲的基督教文明、美洲大陆的印第

安文明,五大区域文明与宗教文化发展密切相关。学生通过观察地图,可以大致了解到区域文明发展的主要特征,即分散性、独立性和封闭性。时空情景再现,有助于学生在时空观念框架下对历史现象、历史文明有更深刻的认识,进而领会分散的文明对世界文明发展的严重阻碍。

三、史料运用,培养实证意识

史料是指能够记录或反映过去发生、存在过的事情的文字记载和一切物品,或者说,过去遗留下来的所有文字记载和物品都可以作为了解、认识

图 2-2　哥伦布碑像

历史的资料,而实证是研究历史问题的基本途径。"开辟文明交往的航线"一课以"世界文明的链接"为主题,以典型人物哥伦布为主线,凸显新航路开辟的艰辛历程。

讲授新课时,教师展示"哥伦布碑像"图片(图 2-2)导入,问:他是谁?学生观察石碑雕刻的"CRISTOFORO COLOMBO",可以说出是克里斯托弗·哥伦布。接着教师追问:哥伦布是个怎样的人?教师接着展示哥伦布大事年表(表 2-1)。大事年表从时间、空间再现哥伦布航海的人生轨迹,信息丰富,概括了哥伦布航海的主要历程,有助于学生对历史人物、历史事件及其发展脉络的基本了解与认识。

表 2-1　哥伦布大事年表

时间	地点	主要事件
1451 年	意大利	哥伦布出生在热那亚
1465 年	意大利	当上少年见习水手
1476 年	葡萄牙	开始大量阅读航海书,立志成为优秀航海家
1484 年	葡萄牙	向葡萄牙国王提出航海计划,请求资助,被拒绝
1485 年	西班牙	向西班牙王室寻求支持
1492 年	西班牙	通过自荐信获得西班牙女王赏识
1492 年 8 月	西班牙	开始第一次西行
1502 年	西班牙	最后一次西行,结束对美洲的发现与探险
1506 年	西班牙	在西班牙逝世

学生阅读表 2-1,提取有效信息。

生甲说:他是一位有梦想的人,为了梦想,从见习水手到最后一次西行,用了整整 37 年,可以说他把自己的一生都奉献给了航海事业;

生乙说:哥伦布是个崇尚科学的人,他相信地圆学说,认为从欧洲出发,一直西行就能够到达亚洲;

生丙说:他是一位不畏困难、富有冒险精神的人,为了筹募航海的资金,他四处求助、处处碰壁,但始终没有气馁,最终用了八年时间才获得西班牙王室的资助。

教师设问:哥伦布为什么能够得到西班牙女王的赏识与资助?这还得益于哥伦布的自荐信。

材料 1

自 荐 信

尊敬的国王陛下:

我克里斯托弗·哥伦布认为我们开辟一条通往东方的新航路是迫切而有必要的……而且现在我们也完全有能力开辟一条通往东方的新航路……恳请国王陛下恩准并给予我们大力支持。

克里斯托弗·哥伦布
1492 年 3 月 15 日

这封信之所以能够打动西班牙女王,得益于哥伦布的真诚与自信;哥伦布的执着与坚持不懈的冒险精神,也深深地感动了西班牙女王,于是西班牙王室慷慨解囊,哥伦布远航顺利成行。哥伦布大事年表和自荐信折射出新航路开辟的艰辛历程,也体现了航海家的坚韧不拔、锲而不舍的追求精神,正是由于哥伦布热衷航海事业、执着地追求与努力,最后他才能发现美洲新大陆。通过史料的筛选、运用、分析,培养学生的问题意识、实证能力。

四、探究缘由,学会历史解释

所有历史叙述在本质上都是对历史的解释,历史解释是以时空观念为前提,以史料实证为支撑,以历史理解为基础,有意识地对过去提出理性且具有因果关系的叙述。于是教师引用一则关于哥伦布发现美洲新大陆的不同观点,让学生思考,并给出合理的解释。

材料2

有人认为,哥伦布是因为"迷路了",才偶然"发现"了美洲。也有人认为,当时即使没有哥伦布,也必然会有别人"发现"美洲。请问哥伦布"发现"美洲是偶然的还是必然的?根据材料并结合所学知识,谈谈你的观点,并说明理由。

这是一道开放性试题,开放性试题易于激发学生的思维。开放性试题解题应该给予适当的方法指导,如观点+理由、论点+论据,论点要正确、论据要充分,论据要能支撑论点,做到自圆其说。通过教师指导,学生小组合作讨论、交流归纳,最后阐述观点并说明理由。

观点一:是偶然的。理由:哥伦布远航的目的地是东方(或印度、中国),结果却到了美洲,而他还认为是到了亚洲印度,因此把美洲土著居民称为印第安人——印度人的意思。

观点二:是必然的。理由:当时欧洲已经具备了"发现"美洲的主客观条件,例如经济发展需要、社会发展需要,商业危机、宗教危机,技术、知识、资金、天主教传播的需要等,各种条件都已经具备了,可谓万事俱备,只欠东风。

观点三:既有偶然性,也有必然性。理由:偶然性的理由参见观点一,必然性的理由参见观点二,将两种观点结合起来阐述。

学生交流分享,引发思维碰撞,让不同观点、不同理由激发学生发散性思维,使学生学会从不同视角、多个维度对历史问题进行理性思考、客观分析、正确理解、准确叙述,不仅学会描述历史现象,还能够从历史表象背后揭示深层的因果关系。通过历史叙述不断接近历史真相。

五、辩证分析,孕育人文素养

辩证唯物主义是马克思主义的一种哲学理论,它把唯物主义和辩证法有机统一起来。而历史学科作为人文科学,不仅承担着历史人文知识传承的重任,还担负着人文素养培养的使命。人文素养是指人文知识及人文精神内化在人身上所表现出的气质和修养,主要表现为思想品位、心理素质、思维方式、人际交往方式、情感态度、人生观、价值观等个性品格,这有利于推动我国教育根本任务立德树人目标的实现。

为了培养学生人文素养,教师引用一则新闻——"1992年怪事"。

材料3

1992年是哥伦布地理大发现500周年纪念日,世界许多国家都以不同方式隆重举行纪念活动,然而在美国一所大学却出现了另一种声音,美国

明尼苏达大学法律系对哥伦布进行了一次缺席审判……

1992年美国明尼苏达大学法律系学生穿着15世纪服装对哥伦布进行长达3小时的审判,最后裁定:被告克里斯托弗·哥伦布,现年541岁,意大利人,在500年前犯下了谋杀罪、剥削奴隶、专制、灭绝种族的屠杀及国际恐怖主义等罪行。有鉴于此,判处哥伦布350年徒刑。

图 2-3　哥伦布到美洲

为什么人们对哥伦布有着截然相反的评价呢?学生在学习哥伦布地理大发现的基础上,可以知道哥伦布发现美洲新大陆具有双重影响。一是积极方面:哥伦布发现美洲新大陆,对世界文明的形成与发展作出了卓越贡献,它拓宽与提升了人类认识世界的视野与能力,推进了整体世界文明的到来。二是消极方面:当哥伦布到达美洲时(图2-3),美洲的印第安人为他们提供淡水、糖浆、"栗子味"的甘薯、美洲豆和木薯粉,而换来的却是大肆奴役与屠杀,给美洲人民造成深重的灾难。学生通过对欧洲早期殖民侵略的辩证分析,懂得殖民主义的双重作用:一是促进欧洲资本的原始积累,二是造成殖民地的落后与贫困。

通过辩证分析,培养学生正确的道德观、人生观和价值观,实现以史为鉴、以史育人的功能。

【教学升华】

西方有句谚语叫"条条大路通罗马",新航路开辟为世界文明链接开通了哪些道路?学生小组合作,设计思维导图。

$$
路
\begin{cases}
(1)\text{“世界文明之路”}\\
(2)\text{“世界市场之路”}\\
(3)\text{“殖民掠夺之路”}\\
(4)\text{“思想解放之路”}\\
(5)\text{“社会转型之路”}
\end{cases}
$$

最后让学生从不同视角审视新航路开辟的道路。

(1)"世界文明之路":世界由分散走向整体。

(2)"世界市场之路":引起商业革命和价格革命,世界市场开始形成(雏形显现)。

(3)"殖民掠夺之路":作为资本原始积累重要手段的殖民制度和殖民掠夺登上历史舞台。

(4)"思想解放之路":证明了"地圆说",冲击了教会神学理论。

(5)"社会转型之路":加速欧洲封建制度瓦解,促进资本主义生产关系进一步发展。

【问诊反思】

"世界文明的链接"虽然主题线索清晰、分明,效果不错,但在教学理念上还有提升的空间,学科组老师建议可以与个人教学主张结合。教学主张往往来自教学实践,又高于教学实践,它实现了历史价值的正确导向和价值判断,是历史教学目标的追求。笔者在长期教学过程中提出了历史"本真"教学主张,将历史"本真"教学主张与教学设计相结合,让教学主张渗透课堂教学的每个过程。

2020年福建省普通高中开始全面使用新教材,其中统编版高中历史必修《中外历史纲要》下册第6课"全球航路的开辟"的内容与人民版高中历史必修2专题五第1课"开辟文明交往的航线"相近,由"新航路开辟的动因和条件""新航路开辟"和"其他航路的开辟"三个目构成。对此,笔者进行了新的思考和尝试。

为了能够在教学理念、教学设计上有所创新,笔者将教学主张融入教学设计中。"本真"教学主张立足历史学科的特点与教育功能,融入课程改革新思想,一方面强调历史教学要体现学科思想与方法,把握历史教学的本质与内涵;另一方面强调改革教学方式,注重"以学为本""以生为本",强调课堂学生主体性,追求对话教学,在对话中融入"本真"教学主张,在对话中让学生学会辨析与思考,获得感悟与启示。

【第三次课例】

本课以"全球文明链接"为主题,用"变化中的世界地图"引出 15—16 世纪之交"世界航路的变迁";借用《马可·波罗行纪》中对东方财富的描绘,以"诱惑中的东方财富"导出"探寻中的世界航路";最后以"争议中的人物评说"导出"链接中的全球文明"。三个环节层次分明、循序渐进、环环相扣。同时以问题为导向,用问题链将三个环节紧密相连,使教学设计与教学主题融为一体。

【教学设计与理念】

所谓问题导向就是以解决问题为方向。马克思在《莱茵报》第 137 号刊论《集权问题》中提出:"历史本身除了通过提出新问题来解答和处理老问题之外,没有别的方法。"人类认识世界、改造世界的过程,就是一个发现问题、解决问题的过程,可见问题导向是马克思主义世界观和方法论的重要体现。2018 年高考大纲也明确规定了高考历史学科注重考查学生在唯物史观指导下运用学科思维和学科方法发现问题、分析问题、解决问题的能力。可见发现问题、分析问题、解决问题是学习历史、认知历史所必备的关键能力。以问题为导向的微课教学设计可以帮助学生逐渐形成问题意识,这是有效解决课堂教学疑难问题的必由途径。

一、首尾呼应,渗透"本真"教学主张

导入新课,笔者引用一张图片——山间的清泉(图 2-4),让学生观察并用一个词来描绘观感。有人说清澈,强调山泉的纯净;有人说舒适,凸显山间的静美;还有人说空灵,仿佛听见了山间的鸟鸣,闻到了清新的空气、淡淡的花香,尝到了山泉的清甜,忘却了城市的喧嚣,以愉悦的身心融入山林、融入大自然。

学生以多元视角来感受山间的清新和诗情画意般的意境,沉浸于遐想中。接着教师又引出一句话:梦醒时分,便会发现绚烂之极终归于平淡,繁华过后也要洗尽铅华,万物最终必然回归本真,来处便是去处。

图 2-4　山间的清泉

学生在朗诵中感悟其中的道理：人生无常，起起落落，即使经历绚烂和繁华，也终将归于平淡、回归本真。生命如此，教育也是如此，历史学习就如同山间的清泉——归于平淡，回归本真，透过表象，寻找表象背后的真相，再从真相中揭示其发展的"本真"。

在回顾总结时，教师引用陶行知的名言："千教万教教人求真，千学万学学做真人。"人民教育家陶行知告诉我们，"学史"始于"求知"，"求知"进而"求智"，"求智"重在"求真"，"求真"务必"立德"。历史课堂不仅传授知识，更重要的是教会学生做人——做"本真"的人。只有如此，才能发挥历史的育人功能，使学生树立正确的世界观、人生观和价值观，最后实现立德树人根本任务。

本节教学设计融入"本真"教学主张，采用首尾呼应、前后交融的形式，将"本真"教学主张、历史教育功能与教学设计融为一体，让"本真"教学主张更好地指导教学设计，引领课堂教学。

二、史料运用，理解人类视野变迁

"问题链导学"必须经历三个步骤：问题的发现、问题的解决和问题的感悟。首先，问题的发现。爱因斯坦曾说，提出一个问题往往比解决一个问题更重要，因为解决问题也许仅仅是一个技能而已，而提出新的问题，是从新的角度去看待旧问题，需要创造性的想象力，它标志科学的真正进步。教师用史料、图示创设问题新情境，以若干小问题组成问题链，问题设计由浅入深、层层递进。学生通过阅读史料，比较分析，理解事物的发展与变迁。

问题一：观察三幅世界地图，指出人类视野的变迁。教师提示观察地图要关注时空变化，从时空变化中找出其中差异，增强学生时空意识和史料实证的能力。

第一幅图是《圣经》宣扬的三叶草地图，它将世界分为三块陆地，陆地上长满三叶草。三叶草是欧洲常见的一种植物，可见三叶草地图或许就是以欧洲为中心，此时的世界还没有"洲"的概念。第二幅图是15世纪葡萄牙人绘制的世界地图，人们开始从不同视角来审视世界。这时的世界已经出现了欧洲、亚洲和非洲三大洲的轮廓，有了"洲"的概念。此时各洲之间是相对隔绝、孤立的，大家不知道地球是方的还是圆的，都认为自己是世界的中心，人类对世界的认识是局限和片面的。第三幅图是16世纪的世界地图，地图不仅呈现了欧亚非三洲版图，还出现了美洲新大陆。15、16世纪之交新航路开辟，不仅打破了奥斯曼土耳其阻断东西方传统商路的局面，还使哥伦布发现了美洲新大陆。

通过三张地图的比较分析,勾勒出人类对世界的认识,由抽象到具象、由局部到整体、由分散到统一,不仅可以培养学生读图识图能力,而且可以提升学生史料分析和历史理解能力。

问题二:观察变化中的世界航路,比较新旧航路的异同。教师引导学生对新旧航路的起点、路线、终点进行对比,并概括出两者的概念。所谓传统商路是指从元朝大都出发或印度卡里库特出发,经海路或陆路前往中亚和西亚,最后到达欧洲;而新航路是指15、16世纪之交,从西欧出发,由海路到达美洲和亚洲的商贸之路。

历史概念是人们对历史事实的概括和总结,是人们对历史事物从现象到本质的全面认识的概括性的反映。利用地图,让学生通过时空差异的比较推导历史概念,这是历史知识建构的过程,也是提升学生认知能力的过程,可以让学生加深对新旧航路概念的准确认识和理解,提升学生概括归纳和分析理解问题的能力。

问题三:绘制不同时期的航路图。为了加深学生对各历史时期世界航路的全面认识,教师让学生合作探究,以小组为单位,在学案地图中绘制出不同时期开辟的航路。教师用手机将学生绘制的路线图拍照上传到希沃白板,学生互评、教师点拨修正。

通过路线图的绘制可以知道,在葡萄牙和西班牙支持下,早期航海家们先后开辟了东线和西线的航路。紧随其后,英国、法国、荷兰、俄罗斯等国家也开始向北、向南探寻新航路,如北线的英国卡伯特父子发现纽芬兰岛;法国的卡蒂埃到达了拉布拉多半岛;南线的英国德雷克到达美洲南端的一个岬角合恩角;荷兰的塔斯曼环航澳大利亚,到达新西兰和塔斯马尼亚岛。他们开辟了通往北大西洋和南太平洋的海上航线,于是东西南北四个方位的航线先后出现,实现了全球海路大互通,人类对地球的认识有了新的飞跃。

学生通过动手绘图,将分散的世界链接成一个整体,进而认识到随着世界物产大交换,世界市场的雏形形成了。全球航路的开辟改变了世界的格局,它把世界链接起来,人类文明开始从分散走向整体,从区域文明走向全球文明,开启了人类文明的新征程。

观察图例、分析比较,可以提升学生从史料中提取有效信息的能力,使学生能更好地理解新航路开辟的前因后果和历史意义;通过比较概括新旧航路的概念,帮助学生在理解历史概念的基础上,提升历史解释的能力;通过新航路图例的绘制,可以提升学生学习历史的时空观念和动手实践能力,从而让学生更全面客观地理解新航路开辟对人类文明的贡献。

三、人物争议,学会辩证分析评说

15—17 世纪出现了一大批著名的航海家,这些航海家中最有影响力的是哥伦布和麦哲伦。

然而在 1992 年哥伦布航行到美洲 500 周年之际,世界上却发生了许多奇怪的事情,对于哥伦布的评判出现两种截然不同的声音。发达国家纷纷举行纪念活动,或准备沿当年的路线再次航行,或准备在哥伦布所到之处立碑纪念,以表彰哥伦布伟大的历史功绩。而美洲印第安人却对哥伦布发起了严正的谴责和声讨,他们打出标语:"你们庆祝的是我们的苦难。"

1992 年美国明尼苏达大学法律系还专门设立法庭,对

图 2-5　马克坦岛双面碑

哥伦布进行缺席审判,并以哥伦布犯谋杀罪、种族灭绝、国际恐怖主义等罪行,判处哥伦布 350 年徒刑。

无独有偶,在菲律宾马克坦岛上就立着这样一块双面碑(图 2-5),石碑一面刻着:"1521 年 4 月 27 日,费尔南多·麦哲伦死于此地。他在与马克坦岛酋长拉普拉普的战士们的交战中受伤身亡。麦哲伦船队的一艘船——维多利亚号,在埃尔卡诺的指挥下,于 1522 年 9 月 6 日返抵西班牙港口停泊,第一次环球航海就这样完成了。"石碑的另一面则刻着:"1521 年 4 月 27 日,拉普拉普和他的战士们,在这里打退西班牙入侵者,杀死了费尔南多·麦哲伦。由此,拉普拉普成为击退欧洲侵略者的第一位菲律宾人。"石碑的两侧还立着麦哲伦和拉普拉普的纪念碑。一块石碑双面刻着这样一对敌人的事迹,实属少见。

问题四:为什么称他们是一对值得尊敬的人呢?说明理由。

双面碑的一面是纪念麦哲伦的墓碑,纪念他的船队实现第一次环球航行,表彰其探险勇气、无畏精神,受后人敬仰,而石碑的另一面是纪念菲律宾击退欧洲入侵者的第一人拉普拉普,以表彰其抗击殖民者的勇气与精神。由此可见,一切事物都有两面性,对历史人物的评价,要全面客观理性地分析,一分为二辩证地评判。随着新航路的开辟,哥伦布们在美洲、亚洲等地犯下了滔天罪行,他们残杀当地土著,掠夺财富,他们被称为殖民地的强盗。

问题五:在看清殖民者残暴的同时,我们也要看到他们的另一面。通过哥伦布大事年表和反映麦哲伦船队在太平洋上艰苦生活的材料,分析航海家哪些品质精神值得学习借鉴。

从哥伦布大事年表中可知,哥伦布 14 岁当上见习水手,51 岁最后一次远航,55 岁去世,他将一生奉献给了航海事业,在 37 年的航海生涯中也并非一帆风顺。从材料中可知,1484 年他求助于葡萄牙王室,被拒绝了。1485 年他又求助于西班牙,也没有成功。直到 1492 年他给了西班牙女王一封自荐信,这才打动了女王。女王同意资助他远洋航行,这才有哥伦布发现美洲新大陆的壮举。而麦哲伦船队在环球航行的过程中也历尽艰辛。一名船员记述了他们在横渡太平洋期间的苦难:"我们吃的饼干变成了粉末,并被蛆虫吞噬,粉末中还浸透了耗子撒的尿,散发着叫人无法忍受的臭气。我们喝的水同样是恶臭、令人作呕……没有食物了,我们就吃木屑、耗子过活,而且一个耗子能卖得半个达卡金币。"

从哥伦布的生平和麦哲伦船队的艰辛历程,我们可以知道:他们是一群富有梦想的航海家,为了心中的梦想,坚持不懈、顽强拼搏,这种永不放弃的执着精神值得我们学习。人的一生并非一蹴而就,只有抱着坚定的理想和信念,努力拼搏,才能实现心中梦想,才能走向成功的彼岸。航海家们的努力,打开了欧洲通往世界的大门,他们自己也成了欧洲英雄。

对典型史料比较分析,既培养了学生辨析史料、解释历史的能力,又培养了学生用多维视角来审视历史人物的能力,使学生加深对历史人物全面客观的认识,进而理解事物发展的两面性,即既有可歌可赞的一面,也有阴暗黑恶的一面。因此对历史人物的评价要客观、理性,不能绝对肯定或否定,要学会用唯物史观来辩证分析、全面理解。

总之,学习历史必将要回归历史的"本真"。历史"本真"教学以陶冶人的精神和升华人的精神境界为根本,通过历史学习,学生的认知由浅入深、由表及里、由感性上升到理性、由抽象变为具体,学生从而学会求真知、办真事、悟真理、成真人,形成正确的价值判断、历史认知和国家认同,增强对国家、民族的历史责任感和使命感,成为有品德、有知识、有能力、有理想的高尚的人,从而实现立德树人。

第四节　历史典型教学课例的研究
——从学法指导到素养提升

俗话说,"授人以鱼不如授人以渔",说明方法比知识更重要。这与孔子"不愤不启,不悱不发"的教育思想如出一辙。对于"不愤不启,不悱不发",朱熹是这样解释的:"愤者,心求通而未得之意;悱者,口欲言而未能之貌;启,谓开其意;发,谓达其辞。"即当学生对某一问题急于解决而又解决不了时,教师就对学生思考问题的方法给予指导;学生对某一问题想说又难以表达时,教师帮助学生明确思路,用比较准确的语言表达出来。

一、用兴趣点燃课例教学研究

俄国文学泰斗列夫·托尔斯泰曾说过:"成功的教学需要的不是强制,而是激发学生的兴趣。"兴趣是最好的老师,动机是学习的源泉。教师如果能点燃学生心中的兴趣之火,教学就会事半功倍,教育就将水到渠成。教授知识固然重要,但养成兴趣更为重要。兴趣于"教"而言,是指引,是方向,是目标;兴趣于"学"而言,是无限延展的动力、认知力、想象力和创造力。任何一个学科的教与学在兴趣的推动下,都会点燃对获取知识的渴望,并能使"星星之火"形成"燎原之势"。那么,怎样使课堂中的教与学兴趣盎然呢?

首先,从情感上引发学生的兴趣,让课堂充满真切的情感。"教"在课堂中呈现的情感态度影响着"学"对知识和意义的兴趣浓度。学习者对教师的情感认同,将决定他对该教师所教授课程的认同感;学习者如情感上不认同教师,就会在情感上排斥该教师所教授的课程,更毋庸说产生兴趣了。因此,"教"要在课堂中融入情感的关怀,以充满爱的教育装载课堂,关注每一个个体,让学习者感受到信任和期待。这种情感将融入个体情感态度、价值观的建构中,同时也有助于认知的发展和品质的形成,有利于教学实践。

其次,用方法的更新引发学生的兴趣。教师在充分了解学生的建构能力的基础上,指导学生掌握历史学习的技巧,让历史学习内容从"背景"移到"前景",成为学生的兴趣关注点,使得学习快乐而有效。学习内容移至"前景",而与学习内容无关的其他因素移至"背景",不再干扰学生的兴趣关注点,有利于学生认知的真实建构和本真教学的实现。

因此,在具体的课堂实践中,情感的力量和学习方法的更新对于学习者而言,是兴趣提升、动力驱使的重要源泉。而在兴趣提升、动力驱使的学习过程中,课堂实践促使"教"与"学"实现有效交往,生成"本真"教学。

二、创设情境,注重学法指导

孔子曰:"知之者不如好之者,好之者不如乐之者。"只有好学、乐学才会有高涨的学习热情和强烈的求知欲望,方能以学为乐,甚至欲罢不能。当老师点燃了学生心中的兴趣之火,求知的火苗就会迅速发展成燎原之势,不但会照亮孩子们人生的前程,亦能点亮老师们的名师之路。

苏联教育家苏霍姆林斯基说:"在人的心灵深处,都有一种根深蒂固的需要,这就是希望自己是一个发现者、研究者、探索者,而在儿童的精神世界中,这种需要特别强烈。"可见好奇心从孩童时代就已经开始萌发。正所谓学贵在疑,心中有疑才会有解惑的动机和意愿,人的潜能和主观能动性才能瞬间迸发,学生的学习何尝不是如此。下面笔者以中学历史教学实践典例为引子,展示如何在课堂各环节中巧用不同方法排疑解惑。

案例一　用比较,增兴趣

爱因斯坦有句名言:"兴趣是最好的老师。"导课中如何激发兴趣,需要老师下一番功夫。学生兴趣被调动,教学效果也就事半功倍。在学习高中历史"美国1787年宪法"时,教师引用了两张图片。

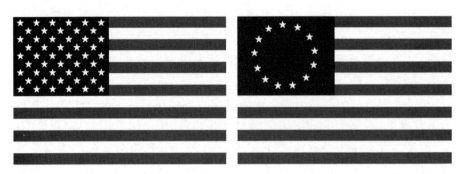

图 2-6　美国国旗　　　　　图 2-7　美国国旗(1777—1794 年)

　　向学生出示图 2-6 并提问:这是哪个国家的国旗呢?(答案:美国国旗。)上面 50 颗星代表什么?(答案:美国现在的五十个州。)接着出示图 2-7 并提问,这是哪个国家的国旗?学生有些疑惑,多数人会说没见过,这时老师可以提示,它其实也曾经是美国的国旗。接着,向学生提问:那么,你们能判断出这是什么时期的国旗吗?学生根据前一张图及初中所学知识可能推理出 13 颗星代表美国建国时的 13 块殖民地。这样的导课既自然又能激发学生思考,何乐而不为呢?

　　通过图片比较,直观而生动,先易后难,循序渐进,这不仅符合学生的认知水平,还能激发学生的学习动机和潜能。

案例二　厘概念,揭本质

　　历史概念是人们对历史事实的概括和总结,是人们对历史事物从现象到本质的全面认识的概括性反映。《全国高考历史考试说明》明确提出:加强历史概念教学是学生深刻领会教材内容,把握知识结构的需要,是培养发展学生历史思维能力的需要,也是为高校培养合格人才的需要。历史概念教学是历史教学的核心任务,是实现历史课程目标的重要载体;历史概念学习是建构知识的过程,是师生共同整合历史知识,形成深度历史认知的过程,这也是提高学生认知能力的关键。

　　在学习"美国 1787 年宪法"关于独立后美国国家结构形式变化的内容时,涉及两个重要的概念:邦联制和联邦制。虽然两个概念只有字序之差,但是内涵有着本质的区别。为了让学生更好地了解什么是邦联制,什么是联邦制,理解两者之间的差异,教师设计了独立后美国国家体制变化比较表(见表 2-2)。

表2-2 独立后美国国家体制变化比较表

国家结构形式	构成	中央权力	各邦权力
邦联制			
联邦制			

建国初期美国实行邦联制,所谓邦联制是指两个或两个以上国家为各种利益组成松散的国家联合体。邦联的成员国主权独立,邦联中央政府权力很小,各邦权力很大,这种国家结构形式加剧了美国的内忧外患。

①内忧:经济上没有税收权,无力保护本国的工商业;八年战争欠下大量债务无力偿还;社会上矛盾重重,人民起义不断。②外患:外部受英国和西班牙的威胁。面对内忧外患,邦联政府无力解决。为了摆脱危机、解决内忧外患,必须要加强中央集权,于是1787年宪法确定美国实行联邦制,联邦制取代了邦联制。

所谓的联邦制是指两个或两个以上的政治实体(州、邦)组成的一种国家结构形式,是主权统一的国家,其成员加入联邦后不再享有完全的主权,权力主要归联邦政府,各邦保留一些管理内部事务的权力。联邦制使美国成为真正独立的国家,中央权力大大加强;联邦制的确立为美国摆脱政治、经济危机奠定了坚实基础。

通过对两个概念的比较、分析,学生对邦联制和联邦制两个基本概念有了清晰的理解与认识,这对学生学习历史、理解历史概念的内涵与本质有着重要的意义。

案例三 小故事,大道理

老子曰:"天下难事,必作于易;天下大事,必作于细。"课堂教学中如何将复杂问题简单化,也是一门学问。如在学习高中历史"美国1787年宪法"关于美国国会的建立时,教师讲了一个故事。

各州由于利益不同,在国会议员名额分配上分歧很大,大州提出了弗吉尼亚方案,认为应该按财产和人口来分配名额;小州提出新泽西方案,认为每州一票制,才体现公平公正。会议上双方针锋相对,各不相让,就在矛盾难以调和时,德高望重的美国《独立宣言》起草者富兰克林站起来说:"都说人类是最有智慧的,你们争吵不休,有助于问题的解决吗?"于是他讲了一个故事:一个木匠有两块不规则的木板,一块大,一块小,如果他要做一张桌子,请问要锯哪一块? 教师让同学根据这一故事模拟情境:如果你是那位木匠,你会怎么做呢? 同学们的兴趣一下子被调动了起来,开始讨论交流,最后逐渐形成共识。大家知道,桌子是由一个面和四只脚组成,大块可以锯成一个面,小块可以锯成四只脚,两块木板只有同时锯,才能做成一张桌子。接着教师追问:他们争论的结果如何呢? 学生在书中找到答案:最后大州、小州代表达成妥协,国会采用两院制,由参议院和众议院组成,参议员每州两名,任期六年,每两年改选三分之一,体现小州的利益;而众议院议员按各州人口比例分配名额,任期两年,体现大州的利益。于是一个棘手的问题就解决了。美国1787年宪法的颁布,实现了权力的有效制约与平衡,避免了专制与独裁,为美国长期稳定发展奠定了基础。

教师继续引申:两块木板的故事告诉我们什么道理? 使学生认识到,两块木板的故事背后隐含着深刻的寓意:无论做人还是做事,当遇到矛盾困难时,针锋相对不利于问题的解决,只有相互协商、妥协,才能解决问题,实现和谐的局面。正如雨果所说:"世界上最宽阔的是海洋,比海洋更宽阔的是天空,比天空更宽阔的是人的胸怀。"只有拥有宽广的胸怀,才能做到宽容和妥协。只有彼此宽容,才能实现人与人、人与社会、人与自然的和谐共处。

案例四　引诗词,释疑惑

古人云:"供人以鱼,只解一餐;授人以渔,终身受用。"可见教会学生学习方法何其重要。如学习"王安石变法"时,教师以王安石不同时期创作的三首诗入手,再现变法的艰辛。首先引用王安石变法前的诗《河北民》:"河北民,生近二边长苦辛。家家养子学耕织,输与官家事夷狄。今年大旱千里赤,州县仍催给河役。老小相携来就南,南人丰年自无食。悲愁白日天地昏,路旁过者无颜色。汝生不及贞观中,斗粟数钱无兵戎。"教师引导学生从诗中得出变法前河北民的六苦:养家苦、赋税苦、边患苦、灾害苦、徭役苦、南逃苦,进而让学生思考北宋社会存在的问题:"三冗"问题导致北宋中期国家积贫积弱,统治危机四伏。接着引出《元日》一诗:"爆竹声中一岁除,春风送暖入屠苏。千门万户曈曈日,总把新桃换旧符。"《元日》写于改革开始时,诗句轻松明快,让人误以为写的只是春之喜庆。教师提问:诗中"新桃"暗喻什么?"旧符"又指什么? 引导学生联想"新桃"实指新改革,"旧符"则指旧局面。体会作者通过对新年新气象的描写,所抒发的执政变法、除旧布新、强国富民的抱负和乐观自信的情绪。最后引出王安石晚年的诗作《梅花》:"墙角数枝梅,凌寒独自开。遥知不是雪,为有暗香来。"诗词是变法失败后作者心境的写照,这时王安石已走下政坛,不问政事,也不能问政事,于是醉心风景,外人称其高雅超脱,其实只有他自己知道,这不过是无奈的人生装饰。可是作者没有改变自己的政治主张,仍然保持一位政治家"孤芳不变"的高风亮节。

通过引用王安石诗词,再现历史场景,让学生身临其境,感受作者不同时期的不同心境,从而更好地理解改革的前因后果及艰辛曲折,收到了良好的教学效果。

案例五　巧设问,助理解

陶行知先生说过:发现千千万,起点是一问。智者问得巧,愚者问得笨。可见课堂上问题的设置尤为关键。

例如,在学习"民国时期民族工业的曲折发展"时,教师抓住民国时期民族工业发展的阶段特点——"短暂春天",围绕"春天"设计若干小问题:这里"春天"是指什么? 什么原因促成春天到来? 教师引导学生结合时代背景,从内因和外因加以分析。内因:一是辛亥革命为民族工业发展扫清了一些障碍,二是中华民国建立和南京临时政府的推动,三是抵制日货和提倡国货的群众爱国运动。外因:一战期间,帝国主义国家忙于战争,暂时放松对中国的经济侵略。接着教师追问,"短暂春天"给中国经济带来哪些收获和缺憾? 学生阅读教材,提取有效信息,包括企业数量、新增资本速度和规模、轻工业发展等。归纳缺憾时,教师让学生小组交流合作讨论,得出结论:首先,这一时期民族工业发展以轻工业为主,发展不均衡、比例失调,由此推导出这一时期没有形成完整工业体系;其次,从资本数量来看,民族资本与外国资本差距显著,可知其没有走上独立发展道路;最后,从经济发展形势看,这个时期民族工业在国民经济总产值中所占比例很小,传统自然经济仍占主导地位,可见这时期民族工业发展仍受到很多束缚。最后学生思考:春天为什么这么短暂? 原因是,一战后列强卷土重来,导致民族工业迅速萧条,春天戛然而止。

抓住民国时期民族工业发展特点,围绕"春天"一词作文章,问题设计环环相扣,由浅入深、层层递进,既解决教学重难点,又提升学生分析问题、理解问题的能力。

案例六　善归纳,益记忆

孔子说:"学而不思则罔,思而不学则殆。"归纳总结的过程也是通过梳理知识进行思考的过程,是课堂教学的重要环节。如在学习高中历史"新中国成立初期的外交"时,在小结阶段,教师结合本节课的内容和特点,采用了趣味数字记忆法,和学生一起完成板书总结(图2-8)。

艰难·智慧·博弈
——新中国成立初期的外交(1949—1955)

[一个原则]独立自主的和平外交政策

[两场会议]1954年参加的日内瓦会议
1955年参加的万隆会议

[三个方针]"另起炉灶"
"打扫干净屋子再请客"
"一边倒"

[四大成果]新中国成立初期出现第一次建交高潮
1953年提出和平共处五项原则
1954年首次以大国身份参加日内瓦会议
1955年万隆会议提出"求同存异"方针

图2-8 板书总结

通过数字归纳法,使课堂学习的重点知识条理化、系统化,便于学生理解、记忆和巩固知识,一举多得。

教学不仅是一门科学,还是一门艺术。要从课堂教学实践中得到启示与感悟,需要师生共同的智慧;教师要科学引导,用自己的智慧开启学生智慧之门,点亮学生智慧之光,才能让课堂充满勃勃生机。

三、寓史料于时空,培养学科核心素养

历史是一条波澜壮阔的长河,在这条长河里遨游,会领略到人类灿烂文明的无限风光;追本溯源,探寻这条长河的源头,可把握人类发展的来龙去脉;观看长河的波澜,你会感叹人类走过的每一步都是那么豪迈与艰辛;俯瞰长河的蜿蜒曲折,你会感叹兴盛与衰亡、辉煌与没落的沧桑;遥望长河走势,你会为光明战胜黑暗,新生战胜腐朽而欢欣鼓舞。辛亥革命是20世纪中国历史上第一场伟大变革,在近代中国民主革命中产生了深远的影响。

辛亥革命是近代中国"百年话题",笔者以探索民主共和道路为主题,

从实现"中华民族伟大复兴的中国梦"切入,以"一封家书""一声枪响""一座丰碑""一场争议"四个维度展开课堂,层层递进,借助"智慧课堂"信息技术,在核心素养背景下,对"百年话题"进行新的解构和思维发散。

第一目:一封家书

导入新课必然会涉及辛亥革命的历史背景及革命形势的发展,而"时空观念"的渗入恰恰有助于学生对辛亥革命史实有更准确的理解与认识。本课导入设计采取情境创设、情感烘托的方式。

史料实证:

教师播放音频:"意映卿卿如晤:吾今以此书与汝永别矣!吾作此书时,尚是世中一人;汝看此书时,吾已成为阴间一鬼。……吾充吾爱汝之心,助天下人爱其所爱,所以敢先汝而死,不顾汝也。汝体吾此心,于啼泣之余,亦以天下人为念,当亦乐牺牲吾身与汝身之福利,为天下人谋永福也。汝其勿悲!……"

——林觉民《与妻书》

教师适时设问:"林觉民是何人?""林觉民为什么写《与妻书》?""《与妻书》写的时间、地点?""林觉民为什么会成为福州人的骄傲?"这些问题都是学生较为熟悉的,大家争相回答:林觉民是福州人,家住三坊七巷,是黄花岗七十二烈士之一。接着教师补充一张表(表2-3)。

表2-3　林觉民参加广州起义前路线表

时间	地点	事件
1911 年 1 月底	日本	回国筹备起义
1911 年 4 月 9 日	福州	带领 20 多位革命者赴香港
1911 年 4 月 24 日夜	香港	写下《与妻书》
1911 年 4 月 27 日	广州	起义失败被捕

这张起义前的路线表渗入"1911 年""日本""福州""香港""广州"等"时空观念",既能增强学生时空观念,又能加深学生对林觉民革命抱负和牺牲精神的理解。为了响应同盟会广州起义的号召,林觉民放弃留学,回国动员福州革命党人参加起义,《与妻书》写于 1911 年 4 月 24 日深夜的香港。《与妻书》用最深情的文字向最挚爱的人告别,三天后林觉民就参加了试图

推翻清朝的广州起义。

为了加深对这段历史的了解与认识,笔者利用到广州学习的机会,专程瞻仰了黄花岗烈士陵园(图 2-9),身临其境地去感受那场轰轰烈烈的武装起义。1911 年 4 月 27 日,革命党人攻打广州总督署,两广总督张鸣岐早已逃走,当他们准备撤出时正好撞上清军巡防营,双方展开激烈的巷战,林觉民受伤力竭被

图 2-9　黄花岗烈士陵园

捕,几天后慷慨就义。二十四岁的林觉民和其他七十一人葬于广州黄花岗荒丘,被称为"黄花岗七十二烈士"。

教师通过林觉民《与妻书》导入"黄花岗起义",既突出革命志士舍小爱为大爱,舍生取义的英雄气概,更是渗入"1911 年""福州""香港""广州"等"时空观念"。这既增强了学生对福州英烈的崇敬之情,也自然地引发学生对起义影响的思考。一封家书再现了辛亥革命前夕那场惊心动魄、轰轰烈烈的资产阶级革命风暴;起义虽然失败了,但不到六个月武昌起义爆发。黄花岗起义揭开了辛亥革命的序幕,为武昌起义革命胜利奠定了基础,同时也预示着全国革命形势发展已趋于成熟。

在新课导学时,通过创设学生熟悉的历史情境,激发学生学习兴趣,拉近了学生与历史的距离,同时将时空观念融入历史课堂教学中,让学生学习历史更有时序性、时效性,推动历史课堂教学的变革。只有适应历史新课标教学的需要,课堂教学才会焕发新的生机。

第二目:一声枪响

武昌起义是辛亥革命爆发的起点,这是教学过程的重要环节。

史料实证

教师以 2011 年 2 月 2 日凤凰卫视《腾飞中国》节目中播放的"民国往事——偶然的胜利"为问题导引,让学生观看视频。视频中某香港著名评论家提出:在 1911 年 9 月 24 日那一天……一个老兵的寻衅滋事枪杀长官……为什么这次革命能成功,这其中当然不能排除偶然的因素……教师

设置疑问:"1911 年 10 月 10 日武昌起义是偶发事件吗?""武昌起义是偶然的胜利吗?"

教师让同学结合所学知识,以小组为单位交流讨论思考。接着让学生完成"武昌起义前革命形势发展简表(时空对照)"加深对这场革命的理解,最后教师利用希沃软件拍照上传学生制作的时空对照表(表 2-4),并进行讲评。

表 2-4　武昌起义前革命形势发展简表

时间	地点	历史事件	结果或标志
1894 年	檀香山	兴中会成立	中国近代第一个革命团体
1901 年	北京	《辛丑条约》签订	中国完全沦为半殖民地半封建社会
1905 年	日本东京	中国同盟会成立	中国近代第一个资产阶级革命政党
1911 年 4 月	广州	黄花岗起义	加速革命进程
1911 年 5 月	四川	保路运动	武汉地区兵力空虚
1911 年 10 月 10 日	湖北	武昌起义	革命开始
1911 年 11 月下旬	各省响应	全国有十几个省区宣布独立	清政府的统治土崩瓦解
1912 年元旦	南京	中华民国成立	革命高潮
1912 年 2 月 12 日	北京	宣统帝退位	清王朝统治结束
1912 年 3 月 10 日	北京	袁世凯就任中华民国临时大总统	袁世凯窃取革命果实
1912 年 3 月 11 日	南京	《中华民国临时约法》颁布	中国近代第一个资产阶级宪法
1912 年 4 月	北京	临时政府迁都	革命结束

教师提问:根据时空对照表分析,武昌起义前革命具备了哪些条件?

1.组织基础:1894 年孙中山在檀香山成立兴中会,第一次提出"振兴中华"的口号。其他资产阶级革命团体如雨后春笋般建立,1905 年在日本东京成立中国近代第一个资产阶级革命政党——中国同盟会。

接着教师追问:1905 年孙中山在日本东京成立同盟会,为什么称它是近代中国第一个资产阶级革命政党? 它与革命团体有何区别呢?

学生交流,教师点拨归纳得出:

(1)有统一的领导人——总理孙中山;

(2)同盟会是全国性革命组织,有总部、支部、分会,有国内的,也有国外的;

(3)有革命纲领,提出"驱除鞑虏,恢复中华,创立民国,平均地权",并将它阐发为三民主义;

(4)有自己的机关报——《民报》。

正是有资产阶级革命政党的领导,革命形势才如火如荼。

2.思想基础:中国同盟会纲领阐发为三民主义,成为革命的指导思想。同时这时期邹容、陈天华等积极宣传民主革命思想。

3.军事基础:同盟会成立后,在三民主义思想的指导下,领导了一系列武装起义。其中影响最大的是黄花岗起义,福州人民为其作出重大贡献,七十二烈士中福州籍有十九人,占四分之一多。

4.群众基础:1911年5月清政府为了向英法德美银行团借款镇压革命,宣布将已经商办的川汉、粤汉铁路收归国有,又转卖给四国银行。已经商办的川汉铁路采用股份制,股东不仅有绅士、商人、地主,还有大量农民,农民购买股份占很大比例。清政府收回路权,但没有退还或补偿先前民间资本的投入,严重损害了广大人民的利益,因此四川掀起轰轰烈烈的保路运动。清政府派湖北新兵前往镇压,导致武昌空虚,为武昌起义成功奠定了基础。

除此之外,还有其他条件吗? 其他同学补充,教师归纳。

5.政治基础:1901年《辛丑条约》签订,清政府沦为洋人的朝廷,民族危机空前严重。

6.经济基础:清末新政鼓励私人兴办实业,民族资本主义经济得到发展。

7.革命力量:清末新政淘汰绿营,编练新军。武昌有1.5万新军,其中有5000人受文学社、共进会的宣传影响,接受了革命思想,成为武昌起义的中坚力量。

教师展示革命形势简表(表2-5),学生对照表格和相关史实分析指出,虽然武昌起义有其偶然性,但是也有必然性,因为革命爆发前已经具备了各种条件,诸如"中国完全沦为半殖民地半封建社会""革命团体如雨后春笋大量出现""革命政党同盟会的建立",特别是"革命形势在全国高涨"等各种条件,一声偶然的枪声打响了武昌起义的第一枪,揭开了辛亥革命的序幕,其根本原因是资产阶级民主革命条件的成熟。

表 2-5　革命形势简表（时空对照）

时间	地点	历史事件	标志或影响	革命条件
1894 年	檀香山	兴中会成立	中国近代第一个革命团体	组织
1905 年	日本东京	中国同盟会成立	中国近代第一个资产阶级革命政党	
1905 年	日本东京	三民主义提出	资产阶级革命的指导思想	思想
1911 年 4 月	广州	黄花岗起义	加速了革命进程的发展	军事
1911 年 5 月	四川	保路运动	武汉地区兵力空虚	群众
1901 年	北京	《辛丑条约》签订	中国成为半殖民地半封建社会	政治
1901 年	北京	清末新政	鼓励私人发展工商业	经济
1901 年	北京	清末新政	编练新军	革命力量

　　根据时空对照表，学生可以发现武昌起义前革命已经具备了不少条件，如组织基础、思想基础、军事基础、群众基础、政治基础、经济基础以及革命力量，可以说革命形势已如东风，蓄势待发。

　　教学中学生透过历史表象，如抽丝剥茧般将历史背后的真相一一揭示。接着教师从不同视角来进一步分析辛亥革命胜利并非偶然。

　　为了培养学生的论据意识，教师通过辛亥革命发展形势时空变化的数据再次印证革命胜利绝非偶然，如：8 小时武昌起义成功；2 天占领武汉三镇；41 天 10 多省市宣布独立，清政府土崩瓦解；83 天中华民国成立；125 天清帝退位（表 2-6）。这些数据再次印证辛亥革命在武昌起义爆发后发展之迅猛，绝非一声枪声能决定的。清王朝的腐朽没落，才是辛亥革命成功的根本原因。用多种史料，从不同视角论证历史事件，增强学生论从史出、史论结合的历史证据意识，提升学生的学科核心素养。教学透过历史现象，还原历史真相，揭示历史本质，践行本真教学主张。

表 2-6　辛亥革命形势变化时序表

	地点	事件
8 小时	武昌	占领湖广总督署
2 天	武汉	武汉三镇光复
41 天	10 多省市独立	清政府土崩瓦解

续表

	地点	事件
83 天	南京	中华民国成立
125 天	北京	清帝退位

第三目:"一座丰碑"——革命伟大功绩

引用两则史料,比较《中华民国临时约法》和清末《钦定宪法大纲》。

史料实证

材料1 《中华民国临时约法》

"中华民国之主权属于国民全体。"

"中华民国人民一律平等……人民享有人身、言论、著作、集会、结社、请愿、诉讼、选举及被选举各项之自由权。"

"中华民国立法权以参议院行之。""中华民国临时大总统代表临时政府,总揽政务。""法院依法律审判民事诉讼及刑事诉讼。"

材料2 1908年,清政府颁布《钦定宪法大纲》

规定"大清皇帝统治大清帝国……君主神圣不可侵犯"。

臣民的权力完全限制在"法律范围内",而"法律虽经议院决而未奉大清皇帝诏令批准颁布者,不能见诸实行",宪法还规定"皇帝有权罢黜百官、设职制禄,宣战议和,解散议院,统率海陆军,总揽司法权等"。

阅读两则材料,理解其本质不同:(1)主权在君—主权在民;(2)等级特权—自由平等;(3)君主专制—三权分立。《中华民国临时约法》在法律上彻底否定封建君主专制制度,体现资本主义基本原则,是中国近代第一部资产阶级宪法,从法律上宣告了君主专制制度的灭亡、民主共和政体的确立。

尽管《中华民国临时约法》为辛亥革命树起了法制的丰碑,但是在这座丰碑背后是否还隐藏着瑕疵?为了进一步加深学生对它的理解,教师展示武昌起义后重大事件时空对照表(表2-7)。

表2-7 武昌起义后重大事件时空对照表

时间	地点	历史事件	结果或标志
1912年元旦	南京	中华民国成立	革命高潮
1912年2月12日	北京	宣统帝退位	清王朝统治结束

续表

时间	地点	历史事件	结果或标志
1912 年 3 月 10 日	北京	袁世凯任中华民国临时大总统	袁世凯窃取革命果实
1912 年 3 月 11 日	南京	《中华民国临时约法》颁布	中国近代第一个资产阶级宪法
1912 年 4 月	北京	临时政府迁都	革命结束

学生观察武昌起义后大事简表,从中发现《中华民国临时约法》是在袁世凯任中华民国临时大总统的第二天颁布的,这背后是否隐含深意? 接着教师展示材料 3、4:

材料 3 "临时大总统有统治全国之权""临时大总统有统率海陆军之权"。

——1911 年底《临时政府组织大纲》

材料 4 "国务总理及各部部长均称国务员。国务员辅佐临时大总统,负其责任。……临时大总统提出法律公布法律及发布命令时,国务总理须副署之,方可生效。"

——《中华民国临时约法》

材料 3 和材料 4 在临时大总统权力的规定上有什么不同?

行政权归属变化:原来行政权归总统,现在行政权归总统和国务总理,总统签署命令,国务总理副署后才能生效。国务总理是内阁首脑,对议会负责,一定程度上对总统权力做了限制。中华民国从总统制改成责任内阁制,责任内阁制取代总统制的目的是限制袁世凯的权力,防止其专制独裁。

可见《中华民国临时约法》的颁布一定程度上是为了限制袁世凯的权力,这种因人设法的做法违背了宪法制定的原则——法律面前人人平等。这部约法的瑕疵也最终导致其无法顺利实施,袁世凯上任不久就将其废除了,这也说明该法在政体设计上存在缺陷。

第四目:"一场争议"——评说革命成败

"一场争议"说明教学进入思维拓展环节,是巩固本课教学的重要环节。教师利用课后的思考题,组织学生通过"争议"达成共识。

材料 1 有人认为,辛亥革命因没有完成反帝反封建的任务而失败;有人则认为辛亥革命是中国"从君主到民主"社会转型的成功开始。你赞同

哪种看法?

如何评判革命成败,这个问题教师要进行适当的方法指导,告诉学生判断革命的成败,要看革命的根本目的、预定目标和革命任务是否达成:

标准(一)革命的根本目的——解放、发展生产力;

标准(二)革命预定目标——建立资产阶级专政;

标准(三)革命主要任务——反帝、反封建。

为了帮助学生分析认识,教师展示了民国初年民族工业分布示意图,再次渗入"时空观念"。要求学生列举出民国初期("时间")全国各地("空间")出现、兴办的实业。

学生通过图示可知,民国初年近代中国民族工业如雨后春笋大量出现,全国掀起兴办实业的热潮,近代民族资本主义经济得到迅速发展,解放思想、发展生产力的目标基本得以实现。

同时,辛亥革命推翻了清王朝,结束了统治中国两千多年的封建君主专制制度,建立了资产阶级共和政体,辛亥革命后民主共和观念逐渐深入人心。1915年袁世凯复辟,1917年张勋复辟,都以失败告终。

最后,归纳总结可知,辛亥革命完成了革命的根本目标和预设目标,虽然取得了巨大成就,但是它没有实现民族独立,没有完成反帝反封建任务,也没有改变中国半殖民地半封建社会的性质,因此说辛亥革命既有成功的一面,也有失败的不足,我们要用辩证唯物主义史观加以分析评判。

四、运用微课与图表,揭示事物本质

"互联网+"时代,信息技术日新月异,微课、慕课等新的教学形式、手段应运而生。所谓微课就是指教师使用多媒体技术,在5～10分钟内就某一个知识点进行有针对性讲解的一段音频或视频。微课的运用打破了历史学习的时间和空间限制,学习历史已不再局限于课堂,学生可以随时随地利用网络平台进行学习,可以是课前的预习,也可以是课中的讲解,甚至还可以是课后的复习与再认知。微课突破了传统教学的局限,是课堂教学的有益补充。

学习"新文化运动"时,课前教师组织学生观看微课——《新文化是如何"运动"起来的?》。微课着重介绍了新文化运动主要阵地《青年杂志》的成长历程。

教师导入:大家知道,《青年杂志》创刊标志着新文化运动的开端,该杂志身上笼罩着许多光环。为了激发学生的兴趣,教师设计了若干个小问题:

《青年杂志》是否一创刊就名扬天下呢?学生对照时空表(表2-8)思考。

表 2-8　《青年杂志》创刊时空对照表

时间	地点	杂志名称	演变过程
1915 年 9 月	上海	青年杂志	少人问津
1916 年 3 月	上海	青年杂志	发行 1000 多份
1916 年 9 月	上海	新青年	更名
1917 年 8 月	北京	新青年	一度停刊
1918 年 1 月	北京大学	新青年	改版
1919 年 5 月	北京	新青年	发行 15000~16000 份

其一,从时空对照表中,学生可以直观了解到《青年杂志》创刊并不是一蹴而就的,也不是一帆风顺的。

其二,《青年杂志》是如何从一份少人问津的刊物变成一代名刊的呢?1915 年《青年杂志》在上海创刊,当时杂志少人问津,到 1916 年发行量也不过 1000 多份。后移师北京,更是水土不服、一度停刊。直到该杂志在北大改版后,1919 年杂志发行量才增至近 16000 份,重获生机。

《青年杂志》到底是如何发展起来的呢?为什么杂志创刊到发展会一波三折呢?教师引发学生设疑置问,当问题生成时,学生的思维探究也就水到渠成了。为了解决学生的疑问,教师创设新情景,引用《青年杂志》封面两次"变脸"的故事。教师出示了杂志的三张封面(图2-10),三张封面都是第一手史料。

图 2-10　《青年杂志》(后更名为《新青年》)三张封面

教师让学生从细节中找出杂志封面的异同。三张杂志封面都有一个法语单词 LA JEUNESSE,是"青年"的意思,由此杂志服务的对象一目了然。陈独秀还在创刊号《敬告青年》一文中强调:"科学与人权并重。"他希望通过创办《青年杂志》来宣传民主科学思想,为新文化运动摇旗呐喊。《青年杂志》创刊蕴含了编者的殷切希望,陈独秀将这场思想解放运动的希望寄托在青年身上,他希望杂志创刊能唤起年轻人的觉醒,只有青年觉醒了,才能改变中国的现状、挽救中国的危亡。《青年杂志》在上海创刊后少人问津,1916 年《青年杂志》更名为《新青年》,更寄托了陈独秀的期望。他希望一批具有新思想的青年来拯救中国、振兴中国。《青年杂志》第一次"变脸"是否达到了预期的效果呢?现实是残酷的:从图表数据来看,1917年 8 月《新青年》杂志一度停刊,显然没有达到预期效果。这主要是由于中国长期受到封建专制的统治,中国人民智未开,对西方的新事物还不能马上接受,因此杂志更名后发行也不太理想,甚至一度停刊。于是就有了1918 年《新青年》杂志封面的第二次"变脸"。学生可以观察两个封面的变化,原本封面上的"陈独秀先生主撰"七个大字被删除了,《新青年》杂志从陈独秀一人主编变为北大六位教授共同主编。改版后的杂志到五四运动前夕,发行量已增加到一万五六千份。改版后的《新青年》杂志为什么声势会不断壮大呢?主要是因为杂志依托了北大雄厚的学术与思想资源,凭借着一批才华横溢而又风格迥异的编辑和精英;他们宣扬"民主"与"科学",这种思想主张适应了时代的需要。至此杂志销量稳步上升,可见《新青年》能够发展壮大与北大开放的办学思想和北大精英的共同努力分不开,于是北大成为新文化运动中心,《新青年》成为新文化运动主阵地。

三张杂志封面的选取富有新意,三张杂志封面的细微变化揭示了杂志发展的曲折历程,这符合论从史出、史论结合的特点,也符合史料实证的原则。大家知道,历史发展过程是不可逆的,认识历史只能通过对现存的史料进行重新搜集、整理和辨析,去伪存真,才能还原真相,这是学习历史的重要方法。通过运用图表,学生可以透过现象看本质,努力还原历史真相,揭示事物发展的本质规律。

其三,评价新文化运动时,在以往教学中,对新文化运动这批名儒往往持否定的态度,像辜鸿铭这些质疑者固然多以维护周孔之道和传统价值为依归,未脱"中体西用"的窠臼。

教学中为了能让学生更深入地了解新文化运动的影响,教师引用了一幅油画——《北大钟声》,《北大钟声》又名《宽容》或《兼容并包》(图 2-11)。油

画重现了新文化运动的先驱，
他们是沈尹默、陈独秀、胡适、
蔡元培、鲁迅、李大钊、钱玄同、
刘半农等 16 位北大的学者与
教授。在画面中，有一位老者
显得有些特别，他就是名儒辜
鸿铭。教师可以利用智慧教室
中的"批注"和"聚光灯"功能，
让学生在聚光灯下观察历史人
物辜鸿铭。此时清朝已经灭
亡，剪辫已成为时尚，而"异类"
的辜鸿铭仍然留着长辫子，穿
着长马褂，戴着小圆帽：他的衣
着与新文化运动干将们西装革
履的打扮形成了鲜明对比。民

图 2-11　《北大钟声》油画

国时期，辜鸿铭对坚持蓄辫的做法是这样说的："我的辫子长在脑后，笑我的
人辫子长在心头，老夫头上的辫子是有形的，而诸公心中的辫子却是无形
的。"他还说：纵观世界，哪个国家用于统治的精神，不是自己国家和文化所孕
育出的思想？面对满腹经纶、政治保守的老学究，我们将采用何种态度？是
一味地批判，还是以包容的心态看待？辜鸿铭主张中西文化融合，这与此前
的顽固守旧者相比亦有了新的变化；他在文化转型理论方面也提出了若干有
价值的思考，如新文化能否在被摧毁的旧传统的废墟上重建……他所说的这
些话难道没有一定道理吗？对于特殊时代出现的特殊人物，我们何尝不能以
宽容的态度来理解他、评价他，取其精华、去其糟粕。

　　课堂上通过探究这些学者的时代背景和不同主张，我们对新文化运动
先驱们的所思所想有了更理性的认识，对他们的主张和所作所为也抱以同
情和理解的态度。学生从而懂得运用唯物史观对历史事物进行理性分析、
客观评判。只有了解运动的时代背景，才能更好地理解先驱们的不同主
张，还原历史真相、客观评价历史。

　　总之，基于问题导向的微课教学改变了传统教学方式，打破了课堂教
学的种种限制，弥补了传统教学的不足。微课应用激发了学生的思维，实
现了教学的创新。以问题为导向的微课教学设计必将在未来教学中发挥

越来越重要的作用。

五、历史教学设计的反思

"对话:新文化运动"教学设计新颖独特,教师依据新课标,教学设计凸显了学科核心素养的培养。历史学科核心素养是学生在学习过程中逐步形成的具有历史学科特征的必备品格和关键能力,它包含唯物史观、时空观念、史料实证能力、历史解释能力和家国情怀。其中,唯物史观是探究历史的核心理论和指导思想,时空观念是了解历史的基础,史料实证是用历史思维理解的方法与途径,历史解释是检验学生历史观和方法论发展水平的关键能力,家国情怀是实现历史教育的重要功能。由此可见,历史五大核心素养是有机的整体,彼此关联、缺一不可。

(一)落实素养核心

1.注重时空观念的培养

在介绍《青年杂志》曲折的发展历程时,教师特别设计一张杂志发行量时空对照表。时空对照表直观而形象地呈现杂志创刊到发展的艰辛历程。我们不难发现,《青年杂志》经历了从上海创刊,早期少人问津,再到北京水土不服,一度停刊,再到北大期刊改版,从一人主编到集体主编,才给杂志带来生机。有了时空的比照,学生可以直观地了解杂志从创刊到兴起的时空变化,这对培养学生时空观念有很大益处。因为任何历史事物都是在特定的、具体的历史时间和地理条件下发生的。只有将史事置于历史进程的时空框架当中,才可能对史事有准确的理解。最后再提出设问,你认为《新青年》杂志命运逆转最重要的原因是什么? 就如学生回答:有人认为是人才;有人认为是陈独秀的坚持。学生的回答可以让我们从不同角度来了解杂志变迁的前因后果。

2.史料选择独具匠心

历史发展过程是不可逆的,因此认识历史只能通过现存的史料。要形成对历史正确、客观的认识,必须重视史料的搜集、整理和辨析,去伪存真、去粗取精,这是历史学的重要方法。在介绍《青年杂志》创刊、两次变脸时,教师设计杂志发行量的时空对照表,并选择三张杂志的封面,在当时都算是第一手史料,都是真实可信的。从杂志发行量及三张杂志封面,可以了解其中的细节变化,从历史表象背后可以进一步了解历史的真相及其前因后果。三张杂志封面选取富有新意,教师通过三张杂志封面细微变化深刻揭示了杂志发展的曲折历程,这符合论从史出、史论结合的特点,也符合史料实证原则。

3.注重在历史理解基础上的历史解释

历史解释是指以史料为依据,在历史理解基础,对历史事物进行理性分析和客观评判的态度、能力与方法。在介绍新文化运动内容时,教师利用一幅油画,多次对北大的主要人物的出身背景、性格做了介绍、比较,其目的就是要加深学生对他们思想主张的理解,这节课老师突出了两个聚焦:一是白话与文言之争。在介绍白话与文言之争时,教师引用几个趣闻轶事增加课堂的生动趣味性。白话与文言孰优孰劣?平心而论,各有利弊,很难一概而论。对于白话、文言之争,必须理性思考其背后隐藏的秘密,胡适、陈独秀对白话文推行的态度不同,胡适认为要静心讨论,而陈独秀认为坚决不容讨论,两者表面上是文体形式之争,实质上是两种不同思想的斗争,白话文通俗易懂,倡导白话有助于普及文化,唤醒民众,新文学易于宣传西方资产阶级民主思想,这是资产阶级反封建思想的利器。二是反孔与尊孔之争。陈独秀、李大钊都明确讲过,他们反孔,不是反对孔子本人,而是反对"孔子之道"。1915年袁世凯打着尊孔的名义要复辟帝制,加上一战期间,日本趁着列强忙于战争,提出妄图灭亡中国的"二十一条",1915—1917年,两年间就先后出现袁世凯和张勋复辟,尊孔和反孔实质上是复辟帝制与反对复辟帝制的斗争,这实际上是两种制度的斗争。要想防止复辟,就要反孔,要走向共和,就必须要唤起民众觉醒。历史解释就是通过史料搜集、整理和辨析,辩证、客观地理解历史事物,不仅要将其描述出来,还要揭示其表象背后的深层因果关系。通过对历史的解释,不断接近历史真实。

(二)体现教学新意

1.体现新课改新理念

这节研讨课是针对即将到来的新一轮课改进行的新尝试,符合高中新一轮历史课程改革的需要,体现新课改新理念。教学设计突出强调培养和提高学生历史学科的核心素养,所谓核心素养是指适应个人终生发展和社会发展所需的"必备"品格和"关键"能力,它是历史学科三维目标实现的综合表现。

2.教材处理方式的"新"

传统教学通常采用三部曲:新文化运动的背景、内容和影响。而教师以教材为依托,选取教材中最重要的知识点——两次论争,即"白话与文言之争,反孔与尊孔之争"为突破口,两次论争实际上是国人在探索器物救国、制度救国无门之后,提出的思想文化救国,教师对教材进行大胆取舍,教学设计形式比较独特,富有新意。

3.与新技术的深度融合

本节课依托智慧教室系统,将信息技术与历史课堂教学紧密结合,课前让学生观看微课视频《新文化是如何"运动"起来的?》,老师用娓娓动听的语言再现《新青年》杂志创刊的艰辛历程,为新课教学做了较好的铺垫。在课中教师利用"批注"和"聚光灯"功能,介绍辜鸿铭。课后利用智学网、校和家平台等软件进行作业布置与跟踪,及时了解并解决学生存在的问题。

4.激发思维深度思考

在评价辛亥革命时,教师运用唯物史观进行客观分析评判,同时为了培养学生的分散性思维,教师还可以进一步补充史学材料,加深理解。例如,当时英国的《泰晤士报》称辛亥革命是中国式的光荣革命,如何理解?

所谓光荣革命是 1688 年英国发生的一场宫廷政变,是指英国资产阶级和新贵族发动的推翻斯图亚特王朝詹姆士二世统治,迎来玛丽和威廉三世,一场被西方标榜为没有流血的宫廷政变。英国通过光荣革命走上资本主义发展道路,逐渐确立君主立宪制政体。而辛亥革命之所以被称为光荣革命,是因为清帝退位也是采用和平不流血的方式,即便辛亥革命后,全国各省市纷纷独立也少有流血冲突,造成这种局面,除了由于清政府腐朽没落失去民心外,主要是得益于各方议和谈判的结果。辛亥革命后,革命党与袁世凯进行了南北议和,因为革命党没有自己的武装,军事力量比较弱小,而袁世凯拥有兵权,军事力量要强于革命党,最后革命党妥协,提出只要袁世凯逼清帝即位,赞成共和,孙中山同意辞去中华民国临时大总统,把总统职位让给袁世凯。于是,袁世凯以继续保留宫廷待遇不变作为交换条件,让清帝和平退位。1912 年 2 月 12 日溥仪退位,标志统治中国 260 多年的清王朝统治结束。1912 年 3 月 10 日袁世凯出任临时大总统,3 月 11 日中华民国临时约法颁布。可见,三方议和减少了流血冲突,一定程度上缓和了各方矛盾;三方达成议和是彼此妥协的结果,也是政治智慧的产物。

5.联系古今,学以致用

在学习王安石变法评价后,为了让学生懂得学以致用、联系实际,请学生谈谈王安石变法对当今的启示。

教师引用穷人经济学家尤努斯"借出一个和平奖"的事例来分析。

诺贝尔奖委员会宣布,孟加拉国银行家穆罕默德·尤努斯(图 2-12)及其创办的孟加拉乡村银行,获得 2006 年度诺贝尔和平奖。颁奖词称:"持久的和平,只有在大量人口找到摆脱贫困的方法后才成为可能,尤努斯创设的小额贷款正是这样的一种方法。"尤努斯和他的乡村银行做了一件了不起的事情:贷款业务

图 2-12　银行家穆罕默德·尤努斯

向穷人和乞丐开放,不需要任何抵押,有时甚至不用支付利息,就能从他的银行借到钱。

尤努斯通过推行对农民的小额信贷来发展农业生产,这一点和王安石的青苗法是十分相似的。很多历史学家惊叹于王安石的金融信贷理念是十分超前的,可惜的是,他的理念是现代的,但是他所处的社会却是古代的。他所依靠的是贪官横行的封建政府,而非体系完善、制度健全的银行机构。所以,历史学家黄仁宇感叹"王安石离我们近,而离那个社会远"。

再好的改革也要符合社会发展实际。中国历史上的改革变法不外乎两种:一种是社会关系的调整,主要是阶级关系的调整,这种调整往往具有短暂性和非延续性的特点;另一种是生产关系的调整,即随着生产力的发展,客观上要求对生产关系加以必要的调整,当这种调整以改革变法的方式来实现时,必然具有持久性、延续性的特点。

从王安石变法的背景来看,当时的主要问题并不是生产关系能否适应生产力发展,而是阶级矛盾异常尖锐的问题,这就决定了王安石变法的性质不可能是生产关系的调整,而只能是社会关系的调整。这种调整固然具有短暂性的特点,但就调整后的实际效果来看,王安石变法并非失败的,同时,对后世也产生了深远的影响。

第五节　历史教学典例的研究

——高考命题新导向，承载教改新方向

2017 年党的十九大明确提出："要贯彻党的教育方针，落实立德树人根本任务……培养德智体美全面发展的社会主义建设者和接班人。"2019 年国务院办公厅印发《关于新时代推进普通高中育人方式改革的指导意见》指出，要坚持以习近平新时代中国特色社会主义思想为指导，全面贯彻党的教育方针，落实立德树人根本任务……努力培养德智体美劳全面发展的社会主义建设者和接班人。

培养"五育"新人成为新时期教育改革的根本任务。如何实现"五育"并举，高考命题发挥重要的导向功能，近年全国卷历史试题着重考查学生核心价值、学科素养、关键能力和必备知识，有利于高校选拔新生，有利于引导中学教学，有利于国家教育方针的落实与目标的达成。正如教育部原考试中心主任姜刚所说：高考是立德树人的"一堂课"，高考是服务选才的"一把尺"，高考是引导教学的"一面旗"。

一、紧扣时代主旋律，树立正确价值观

习近平总书记在党的十九大报告中提出实现中华民族伟大复兴的中国梦，这是党和国家面向未来的政治宣言，体现中国共产党的高度历史担当和使命追求。实现中华民族伟大复兴就必须要坚持"立德树人"，培养德智体美劳全面发展的社会主义建设者和接班人。2019 年全国 I 卷文综历史试题突出了时代特征，彰显以史育人的积极导向，如全国 I 卷客观题 28～31 题主要考查近代以来中华民族为追求伟大复兴的艰辛历程。第 28 题从川沙县部分名人简历，体现"传统社会结构受到冲击"，表层意思是儒生弃文从商，实质上考查的是时代变迁、社会转型对社会结构带来的变化，体现了仁人志士勇于创新、突破自我、向西方学习、实业救国的爱国主义精神；第 29 题以"革命"一词在不同时期《新青年》杂志中出现的频率为切入口，1919—1922 年"革命"一词出现频率最高，这种变化的原因在于五四运

动后,新文化运动后期激进民主主义者从向西方学习转为向苏俄学习,积极宣传马克思主义思想,主张用暴力革命夺取政权,说明新文化运动后期主流思想发生变化,引导考生坚定理想信念,追求革命真理;第30题从毛泽东比较中俄两国革命的差异,强调中国革命要联合资产阶级完成民主革命任务,意在阐释中国革命的性质,这与近代中国社会变迁、民族资产阶级产生及其特征密切相关,由于中国民族资产阶级的双重性,无法独立承担民主革命任务,于是新民主主义革命任务就落在中国共产党肩上,试题蕴含了中国共产党立足国情、努力探索中国特色革命道路的光辉历程;第31题的落脚点是"一五计划","一五计划"期间,新中国掀起轰轰烈烈的工业化建设,意在改变工业基础薄弱的现状,当时工业化建设得到苏联大力援助,故俄文书刊借阅量增加显著,体现了中国人民为了工业化建设,积极学习外国先进科技、投身社会主义建设的时代精神;又如第41题,反映新中国成立70年来我国现代化建设取得的伟大成就,通过1950—1980年中国、美国、苏联、日本钢产量变化的比较,不仅展示了中国从贫穷落后到世界领先的伟大成就,还展示了中国共产党带领全国人民从站起来、富起来到强起来的伟大历程,激发学生民族自信心和自豪感。这些客观题充分展示了中华民族伟大复兴的探索与发展历程,承载了无数先辈不懈追求和努力奋斗的民族精神,先辈们的榜样将激励青年学子努力奋进,有助于培养学生正确价值观念和必备品格,有助于选拔具有家国情怀、德才兼备、兼具历史使命感和社会责任感的优秀学子。

二、"五育"并举为导向,全面育人新发展

《普通高中历史课程标准(2017年版)》遵循党的十九大精神,以立德树人为根本任务,发展素质教育、推进教育公平,培养德智体美全面发展的社会主义建设者和接班人。而2019年高考"考试大纲"新增加的指导思想是"全面贯彻党的教育方针,落实构建德智体美劳全面培养教育体系的要求,以立德树人为鲜明导向,以促进素质教育发展为基本遵循"。2019年国务院办公厅印发的《指导意见》进一步明确改革的目标,到2020年,德智体美劳全面培养体系要进一步完善,立德树人落实机制也要进一步健全,2019年高考"考试大纲"和《指导意见》都增加了培养学生劳动观念和劳动技能,突出"五育"并举,全面发展。

培养德智体美劳全面发展的社会主义建设者和接班人是新时期教育

改革的目标,2019 年全国Ⅰ卷文综历史试题突出体现了"德智体美劳全面发展"的教育理念,在培养学生德育、智育的基础上,增加了体美劳等相关内容,引导学生崇尚体育、重视美育、尊重劳动、勇于创新,命题既关注历史对现实的借鉴,也强调"五育"并举、全面发展的重要性。如全国Ⅰ卷第 26题,引用唐玄宗的诗词——《观拔河俗戏》,这首诗反映了唐开元盛世时期民间流行的一项体育活动——拔河,诗歌描绘了"壮徒恒贾勇,拔拒抵长河"的壮观活动场面,强调参加拔河的须是身强力壮的男子,获胜者被看成是实现英雄志,可见唐代推崇阳刚与力量。该试题选取与体育运动和健康观念相关的史实作为素材,以古喻今,引导学生领悟健康的要义——强健体魄是个人实现人生价值和追求幸福生活不可或缺的条件,体质健康和人文素养的培养对学生、对国家建设都有极其重要的意义。第 35 题材料引用了一战期间一些青年艺术家在瑞士组成艺术新的团体"达达派"。一战前后伴随着工业化和科技的发展,艺术家拓宽了认识世界的视野,传统的艺术表现形式已无法满足精神需求,他们尝试用新的表现形式和艺术创作手法,于是出现了许多与传统艺术表现形式不同的新流派,统称现代主义。它们主要特征是反传统和反理性,追求艺术家内心的"自我感受",用艺术手法表达对现实的不满,体现不同时期人们对美学的不同认识,不同流派艺术的产生往往与当时社会发展、时代特征息息相关,有助提升学生人文素养和审美意识。第 34 题考查瓦特改良蒸汽机。瓦特作为一线劳动者,修理过蒸汽唧筒,并在其基础上发明了单动式蒸汽机和万能蒸汽机,瓦特改良蒸汽机的历程反映了第一次工业革命期间生产领域的主要发明创造"源于劳动实践"的特点,瓦特修理蒸汽唧筒为改良蒸汽机提供了宝贵经验,生产经验积累最后促成万能蒸汽机的伟大发明,折射出劳动光荣、工匠精神和科技创新等时代主题。又如第 47 题,以刘源张院士对现代化的贡献和李四光、刘源张等模范的先进事迹进行设问,试题通过再现多位艰苦奋斗、自强不息的集体和个人事迹,引导学生正确认识个人奋斗与时代精神的关系,感悟科学家热爱祖国、报效祖国及其对科学的执着追求,奋发图强的民族精神,激励学生做新时代的奋斗者,树立正确的世界观、人生观和价值观。这些试题不仅考查学生的理想信念和基本能力,而且还特别引用体育、美育和劳动实践等素材,突出强调了体质健康教育、提升审美意识和劳动观念、劳动能力培养的重要性,折射出新时代青年培养的责任与目标,引领教育改革的方向——培养德智体美劳全面发展的社会主义建设者和接班人。

三、凸显文化认同感，尊重文明多样化

《普通高中历史课程标准(2017 年版)》的课程理念是以立德树人为历史课程的根本任务、坚持正确的思想导向和价值判断,课程目标是使历史教育成为形成和发展社会主义核心价值观的重要途径,逐步形成具有历史学科特征的正确价值观念、必备品格和关键能力。

2019 年全国Ⅰ卷文综历史试题以人类社会历史发展演变和重大历史事件为主要载体,运用新材料,创设新情景,贯通古今,关联中外,突出强调了高考的选拔功能和导向功能,助推素质教育的发展。2019 年全国Ⅰ卷文综历史试题充分体现鲜明的价值导向,弘扬传统文化,传承优秀文化遗产,尊重文明多样性,实现文化认同感,如第 42 题节选了钱穆先生在《国史大纲》的观点,引导学生建构国家认同以及对中华优秀传统文化、革命文化、社会主义先进文化的认同。钱穆先生认为国家要发展,国民要对本国历史略有所知,只有对本国历史略有所知,才会对本国历史抱有温情与敬意,才能杜绝偏激的虚无主义,唯有对历史怀有"温情与敬意",才能认同伟大祖国、认同中华民族、认同中华文化。全国Ⅰ卷第 24～27 题考查中国古代史内容,都是围绕这一主题展开。第 24 题考查中国古代早期政治制度。材料引用商、周两个王朝君王数量和辈数的变化,表层考查的是王位继承方式的变化,商朝兄终弟及到西周嫡长子继承制,这和宗法血缘政治的发展密切相关。嫡长子继承制实际上是按照血缘亲疏关系来确定继承的关系,这有利于社会政局的长治久安,于是西周成为中国朝代持续时间最长的王朝,长达 800 多年。第 25 题考查中国古代最重要的政治制度——专制主义中央集权制度,主要是中央集权制度。汉武帝通过制作皮币,强迫诸侯购买进献,虽然具有强制性、专卖性和暴利性,但却增加了中央财政收入,削弱了诸侯的经济基础,达到加强中央集权的目的。第 27 题考查明朝商业发展特点。表层介绍明朝时期北方山东广种棉花,后运往江南加工布匹,又返销北方。山东成为江南重要的原料产地和棉布市场,究其原因是自南宋以来,南方已经成为经济重心,江南工商业发达,大量原料运往江南加工生产,造成长途贩运贸易兴盛。明朝中后期,江南经济发达地区出现早期资本主义萌芽,江南城镇兴起,区域分工越来越细,地域性经济得到了发展。这些试题素材有的呈现中国古代政治制度演变,有的反映中国经济发展与生产方式的变迁,都折射出政治制度演变对经济发展的影响,打上了鲜明的时代烙印。因此唯有了解中国历史,才会理解和尊重中国历史、尊重中国文化。又如第32题关于古代雅典陪审法庭审查的权限问题。雅典是西方民主政治的摇篮,伯里克利执政时期,雅典民主政治走向鼎盛,公民广泛参与政治生活。陪审法庭可以审查当时政治生活中的所有问题,并根据法律作出判决,而公民大会和议事会通过的法令如果违反法律,则以法律为准。公民大会的法令来自民众的意愿,而民众的意愿也要服从法律,体现了"主权在民""法律至上"的政治原则。再如第33题西方殖民国家移植本国生产方式问题。西方殖民国家在对外扩张过程中,也在输出它们的生产方式,不同性质的国家输出的生产方式也不尽相同。英国通过工业革命,向北美输出资本主义生产方式,导致独立后美国进入现代化快车道,而入侵拉美国家的是典型中央集权的封建国家,葡萄牙、西班牙殖民者向拉美输出落后的生产方式,导致拉美现代化发展的停滞不前,成为拉丁美洲发展滞后的历史包袱。可见,不同的生产方式对经济发展起了不同的作用与影响,先进的生产方式是推动生产力发展的催化剂。正如钱穆先生所言,只有了解历史,才能真正领会世界历史文化的差异,认识不同文明发展的特点,理解不同国家、不同民族采用不同政治制度的缘由。只有了解历史、认识历史才能增强国际意识、拓宽国际视野、认同多元文化、尊重不同文明。

四、高考命题新导向,破解统编教材新瓶颈

2019年底,高考评价体系正式发布,"一核四层四翼"的架构从核心功能、考查内容、考查要求三个维度回答了高考"为什么考""考什么""怎样考"的问题。近些年来,全国卷历史小论文题颇受关注,每年一面世便成为一线研讨的焦点话题。如2020年全国Ⅰ卷第42题。

(2020年全国Ⅰ卷第42题)阅读材料,完成下列要求。(12分)
材料:关于宋代历史,海内外学者著述颇丰,叙述各有侧重,如《儒家统治的时代:宋的转型》《中国思想与宗教的奔流:宋朝》《宋史:文治昌盛与武功弱势》等,这些书名反映了作者对时代特征的理解。
结合所学知识,就中国古代某一历史时期,自拟一个能够反映其时代特征的书名,并运用具体史实予以论证。(要求:论证充分,史实准确,表述清晰。)

本题情境并不复杂,甚至还有些简朴、直接,试题提供的关于宋代的三本著作,分别来自哈佛中国史、日本讲谈社中国历史、中信出版社的新编中国史系列,是通史中关于宋代的论著。其中关键是每一部书的书名都表达出一种历史认识,是著作者对宋代历史基于某个视角的阐释,或者对宋代社会特征的提炼。以此为样例,让学生仿照这些书名,"就中国古代某一历史时期,自拟一个能够反映其时代特征的书名"并加以论证。

(一)试题的考查内核

本题采用的不是常见的小切口、深分析,而是大跨度、高概括的命题思路。从所给示例来看,三本关于宋代的史学著作都是通史巨著中的宋代部分,而三本书的书名则因视角的不同而各有千秋。能够拟定这样的书名,著者必须要有整体的通史视野,而不是局限于断代历史,要能够从整体上了解中国历史的发展演变,并在此基础上把中国古代历史划分成若干个特征鲜明的历史时期。著者还要有一个观察宋代历史的特定视角,并基于这个视角来表达自己对宋代历史的认知。这种整体视野和特定视角的重叠是命题的主要意图,实现了历史学的本体论和方法论的统一,可谓匠心独运。

在整体视野和特定视角之下,要求考生对某个历史时期的时代特征进行提炼、表达并论证。理解并阐释特定历史时期的时代风貌是时空观念的重要组成部分,是对某一时代政治、经济、文化等多重因素作用下所呈现出的特定社会面貌的概括性论述。不同时期的时代风貌各不相同。探讨时代风貌要求学习者关注多重因素的交互作用,明晰前后时段的发展状况对比,并能够探析其"何以如此"。这就要求考生的思维具有较强的综合性和必要的逻辑性。以试题提及的宋代为例,中国古代唐宋两个时代在政治、经济、文化上就有巨大的差异,以致有史家称之为"唐宋变革",把唐代称为中古,而宋代则被称为近世。如果以此作为书名并加以阐释,就需要考生明晰这两个朝代在经济文化等方面的突出特点,然后在此基础上探讨唐宋变革何以发生。

本题是一道典型的知识、能力、素养多维度的综合题。从知识层面说,它要求考生对历史演进中的基本史实、重要观点大致知悉;从能力维度看,它要求考生能从阅读试题情境中获得作答的范例和思路,能够调动所学,表达并论证自己的观点;从学科素养的目标看,它指向的主要是历史学科核心观念——时空观念、核心方法——史料实证、核心能力——历史解释等,对应考查三大素养中"将认识对象置于具体时空条件下进行考查""从史料中提取有效信息,作为历史叙述可靠证据,并据此提出自己的历史认识""客观论述历史事件、历史人物和历史现象,有理有据地表达自己的看法"。

(二)契合统编新教材

2020 年统编版教科书《中外历史纲要》在福建省全面铺开,统编版教科书纲要式的行文、大跨度的结构、密集型的内容,给一线教学带来了新的挑战。如何用好统编版教科书,如何在教学中培养和提高学生的历史学科核心素养,如何基于课程标准有效设计历史课的教学过程,这一系列问题摆在高中历史教师面前,亟待解决。

这其中,最让一线教师感到头疼的是统编版高中历史教科书课时跨度长,容量大。比如《中外历史纲要(上)》第 4 课"西汉与东汉统一多民族封建国家的巩固",介绍了两汉的政治、经济与文化。一课时共出现 14 个历史人物,8 个年份,涉及 30 多个历史概念,仅"西汉的强盛部分"给出的汉武帝对内的治国措施就有十项之多,课时容量远超过去各版教科书。据了解,2019 学年使用统编版教科书的个别地区或学校并没有完成预定的教学任务,而把本应高一完成的部分内容顺延到了高二,这固然有其他因素的影响,但教科书课时容量过大已可见一斑。如果连教科书内容的适当处理和合理取舍都无法实现的话,创设情境开展探究、基于问题的史料研习又如何开展?关键能力、高阶思维就更难以实现了。

(三)测评导向的大观念教学

2020 年全国Ⅰ卷第 42 题给应对统编版教科书的挑战提供了一种有效的路径——大观念教学。试题以历史解释素养作为主要的考查目标,却不是对某一具体历史事件、人物进行分析评论,更不是对某一段史料进行抽丝剥茧,而是让学生表达自己对某一时期历史发展的整体感知,是一种对历史发展阶段的高度概括。这种对历史较为宏观的认知是基于史实而又超越史实的。从逆向教学设计的理论出发,应对这一类型试题,培养学生对宏观历史认知的有效途径正是大观念教学。

大观念教学在很多时候也称作大概念教学,是针对教学中的知识碎片化现象而提出的。布鲁纳认为,任何学科都有一个基本结构,这个结构能够带领学习者超越无组织的知识,理解学科中具体知识间的关联。以学科大概念来统摄和组织教学内容,将更为充分地揭示知识间的纵横关系,大观念的理解和运用体现出核心素养的本质要求。

从历史哲学的角度说,所有的历史叙述都是一种基于视角和史料的历史解释,具有无可避免的主观性,因而,笔者更愿意使用"大观念"这个词语,而不是"大概念"。历史学科的大观念是一种对历史的宏观认知,是一种跳脱出具体史事而能够串联起某一方面或者某一时期的历史洞见,是侧重于对历史发展大问题、大脉络、大趋势的"史识"。从历史教学的角度来说,它是基于教与学而形成的蕴含思想性和价值判断的历史见解,是能够统摄课时甚至单元的一种教学立意。本题中所给的"中国思想与宗教的奔流:宋朝""宋史:文治昌盛与武功弱势"等书名,正是这样一种能够统领单元教学的大观念。

运用大观念统领教学,以"大"带小,是破解统编版教科书教学难题的有效抓手。第 1 课"中华文明的起源与早期国家",从远古一直讲到西周,涵盖石器时代和青铜时代、部落到国家,容量是旧版教科书的三到四倍。以"中华文明从多元到一体"为大观念,统领全课,在这条主线上连缀基本史实,重点阐释中华文明逐渐走向一体的趋势和历程,不仅抓住了这段历史的核心,更可以让整节课熔铸为一个整体。笔者在教授第 11 课"辽宋夏金元的经济与社会"时,运用"流动的王朝"作为课堂标题,实际上是以"宋代:流动的王朝"的大观念来统摄教学,不仅充分挖掘了课标所提出的"新变化"的"新",吻合了这个时代商品流通、土地流转、阶层流动的典型特征,更把零散的、细碎的知识关联于主线之下,实现了知识的结构化,有助于学生系统理解这段历史。"联想和结构"是深度学习的首要特征,大观念教学正是以知识的结构化为手段,指向深度学习的教学行为。历史大观念本身就是一种精辟的历史解释,直接对接了历史学科五大核心素养中的"核心"能力——历史解释,从这个维度说,历史大观念教学是明确指向学科核心素养的引导学生深度学习的教学方式。

新课程、新高考、新教科书背景下,教、学、评逐渐一体化,2020 年全国Ⅰ卷第 42 题给统编版教科书为参照的教学提供了一个重要的教与学的路径,研析、体悟其中奥妙,对于改进教师的教、优化学生的学大有益处。

五、核心素养巧落地,承载教改新方向

《普通高中历史课程标准(2017 年版)》最大的亮点是凝练历史学科核心素养。核心素养是学科育人价值的集中体现,是落实立德树人根本任务的具体要求。历史学科核心素养包括唯物史观、时空观念、史料实证、历史

解释、家国情怀五个方面。唯物史观是诸素养达成的理论保证;时空观念是诸素养中学科本质的体现;史料实证是诸素养达成的必要途径;历史解释是诸素养中对历史思维与表达能力的要求;家国情怀是诸素养中价值追求的目标。通过五大核心素养的达成,实现立德树人的教育目标。

历史学作为一门综合性学科,2019年全国Ⅰ卷文综历史试题考查的知识点涵盖了中外文明、现代化历程和影响人类历史发展的重大事件、重大制度等,不仅有学科内部、不同模块之间的结合,如中国史和世界史、横向与纵向的综合,更有不同学科间、不同能力和素养间的结合。很多试题将历史元素与政治、经济、体育健康、文学艺术、道德修养、价值理念等融为一体,从多个角度考查学生的人文素质与核心素养。如全国Ⅰ卷第45题,考查改革与时代要求的关系,材料摘编自杨光辉的《汉唐封爵制度》:秦朝推行的"二十等爵"制,始创于商鞅变法时为奖励军功所设立的军功爵制。……曹魏末年,专权的晋王司马昭为取代曹魏政权……建爵五等,或以进德,或以酬功。此次改革仿照《周礼》,设公、侯、伯、子、男五个等级,把爵位封授给支持司马氏的群臣。……问:两种爵位制分别代表什么思想流派?分别有什么作用?比较两种爵位制的思想流派及其作用,需要运用唯物史观。用辩证唯物主义和历史唯物主义观点分析历史现象,秦朝推行的"二十等爵"制创始于商鞅变法,为奖励军功而设立,依据商鞅变法的时代背景,可知其代表的是法家思想。而曹魏末年,"建爵五等,或以进德,或以酬功",改革仿照《周礼》。"五等爵"制强调"德治"、仿照《周礼》,由此可知其与儒家思想息息相关,其代表的是儒家思想。"二十等爵"制的作用可结合商鞅变法的影响,从打破世卿世禄、提高军队斗志、有利于统一等角度加以概括;而曹魏末年"五等爵"制的作用,可以从它对西晋建立的影响加以思考,"五等爵"制壮大了司马氏力量,为晋朝建立奠定了基础,从而突破了"分封制是历史倒退"的思维定势,肯定了曹魏"五等爵"制度的实际作用,渗透着"制度自信"的价值取向。又如第26题唐玄宗《观拔河俗戏》诗,也是考查唯物史观,即社会存在决定社会意识,唐玄宗诗词描绘了场面盛大的拔河比赛,这种盛大活动来源于当时的现实生活,是开元盛世时期唐朝社会生活的一种真实写照。再如第28题中国社会结构近代化,还是考查唯物史观的运用,即经济基础决定上层建筑。近代随着西方列强入侵,西方资本主义经济传入中国,冲击传统士农工商分立的社会结构,儒家传统义利观发生变化,最后导致士农工商社会结构的变化,可见唯物史观作为历史学科核心素养的理论保证,在2019年全国Ⅰ卷文综历史试题中得到充分体现。

"时空观念"是历史学科的本质体现,"史料实证"是历史学科素养中的核心方法,"历史解释"是历史学科思维与表达的具体要求,"家国情怀"是历史学科素养追求的价值目标,这些素养的达成在 2019 年全国Ⅰ卷文综历史试题也得到了体现。如第 24、26、28、29、31、32、34、35 题,它们均是在时空观念的基础上考查史料实证,试题题干中显性特征均有"这反映出""据此可知""可说明""这表明"等关键词,如第 29 题考查的是新文化运动的历史。题干材料包含着"过去……现在……"的时间表述,而强调的重点却是"现在",即 1919—1922 年,学生从时间可以判断,它属于新文化运动的后期。新文化运动前期口号是民主与科学,主张向西方学习,新文化运动后期,随着俄国十月革命胜利,给中国带来了马克思主义,激进民主主义者开始从原来向西方学习,转为向俄国学习。李大钊率先举起社会主义大旗,1919 年李大钊发表《我的马克思主义观》,第一次比较系统全面地阐述马克思主义思想。在马克思主义思想的指导下,1919 年五四运动爆发,无产阶级登上历史舞台,马克思主义思想得到广泛传播,1920 年中国共产党早期组织纷纷建立,1921 年中国共产党诞生,确定了党的中心工作是组织领导工人运动,通过革命暴力推翻资产阶级统治,建立无产阶级专政。作为宣传马克思主义阵地之一的《新青年》,重点宣传社会主义和十月革命,此时"革命"一词出现频率高顺理成章,而"民主"一词出现频率减少是因为早期《新青年》宣传的"民主",是资产阶级性质的民主,主张建立真正的资产阶级民主共和制,而北洋军阀统治时期的民主是假、专制是实,资产阶级民主共和有名无实,人们对资产阶级民主抱有怀疑态度。综上所述,新文化运动后期,"革命"成为《新青年》宣传的高频词,说明新文化运动宣传的主流思想发生了变化,通过史料比较分析,做到论从史出、史论结合,有利于培养学生实证意识和思辨能力。

又如全国Ⅰ卷第 41 题,题干材料分别以表格和文字展示数据变化,考查学生获取和解读有效信息、运用历史唯物主义基本观点说明历史现象,运用归纳、概括、比较等历史思维方法分析问题和正确解释历史事物的能力。第 41 题第(1)问要求学生善于观察,能够从"1950—1980 年中、美、苏、日四个国家钢产量的变化表"中发现各国钢产量的变化趋势,能够对照时空要素,联系所学知识,对四国钢产量变化趋势进行历史解释,该题重点考查"时空观念"和"历史解释"等素养。2019 年全国Ⅰ卷文综历史试题也渗透"家国情怀",如第 47 题关于刘源张院士的先进事迹。20 世纪 50 年代,留学美国的刘源张冲破美国政府阻挠回到祖国,将西方先进质量管理科学引进中国,他倡导并参与 2012 年国务院颁布的《质量发展纲要》的起草和定稿工作,《纲要》明确规定推动建设质量强国。劳模、院士们舍小家为大家的爱国情怀值得传承和弘扬。可见历史学科五大核心素养在 2019 年全国Ⅰ卷文综历史试题中得到贯彻与落实。

2019 年全国Ⅰ卷文综历史试题承载高考评价体系"一核四层四翼"的总体要求,明确"必备知识、关键能力、学科素养、核心价值"四层考查目标,明确"基础性、综合性、应用性、创新性"四个方面考查要求。今后全国Ⅰ卷文综历史试题仍然会侧重考查"一核四层四翼",尤其是历史学科的五大核心素养,而历史学科五大核心素养并非一朝一夕能够养成。它需要广大一线教师认真研读新课标,领会《指导意见》精神要旨,将学科素养培养落在课堂上、落在教学教研中,同时教师还要不断开阔视野,阅读中外名家经典著作,如钱穆、吕思勉、陈旭麓、斯塔夫里阿诺斯、亨廷顿等人代表作,熟悉当代史学名家关注的热点话题。通过多读书、多研究,做到教学教研时时新、日日新、月月新。教师只有领会历史学科的核心价值导向,感悟新课程改革的真谛,将其思想理念渗透在日常教学教研中,乐于在史海中泛舟、在书海中漫游,才能更好地适应新课程改革的发展和需要。

第六节　历史"本真"教学的追求

陶行知先生说:"道德是做人的根本。"如果不具备良好的道德品质,一切素质都是没有基础的空中楼阁。而良好的道德品质就是"学做真人",即做真善美的人、做德智体美劳全面发展的人。

实践"本真"教学,首先是承认学生个性差异。学生各具禀赋、各具个性,有各自的兴趣爱好且多元发展。实践"本真"教学是对教学对象潜能的挖掘。"本真"之"真"包含对学生发展可能性与规律性的肯定,对文化传承与素质提升的承诺。作为教师,心中的理念应该是"教育是人的教育"。好的教师好似一部观光电梯,在引领学生接受知识技能的同时,不知不觉上升到一个新的高度。

一、历史"本真"教学——追求梦想

大千世界,教育宛若一片宁静的港湾,只有怀揣教育梦想的人才能耐得住寂寞、守得住宁静、葆得住激情、留得住爱心。激情是追逐梦想的前提,实力才是实现梦想的基石。教师的任务是"传道授业解惑",教师的实力就是先做人再做学问,德艺双馨,成为道德的典范、人格的楷模、知识的化身、智慧的源泉,成为莘莘学子人生路上可靠的引路人和心灵的塑造者。因此必须提升教师追求梦想的基本功,插上腾飞的翅膀,筑牢逐梦的基石。

谈及治学之道,大文豪苏轼的体会是"博观而约取,厚积而薄发"。"博观"是知识的基础,"约取"是针对实际的分析,"厚积"是成功的底气,"薄发"是实践的方法,这种充分学习、巧妙释放的过程就是实现教育梦想的过程。梦想是奋斗的动力,梦想是动力的源泉。世界上最幸福的事情是彻彻底底地了解自己的人生追求和梦想,并依托自己的才华,让自己的梦想得到实现,让自己的才华得到彰显。

二、历史"本真"教学——决不放弃

人生要想成就事业,必须努力争取,决不放弃。只有决不放弃今天的努力,才有明天的成功。做真正的自己,就要决不放弃。

历史像一本书,它告诉我们许多做人的道理。如:1948 年丘吉尔在牛津大学举办了一场"成功秘诀"的讲座。丘吉尔不仅是伟大的政治家、外交家,还是获得诺贝尔奖的文学家。在正式演讲的三个月前,众多的媒体就开始炒作这位伟大首相将会讲些什么,各界人士也在翘首以盼。这一天终于到来了,会场上人山人海,水泄不通。全世界各大新闻机构都到齐了。人们准备洗耳恭听这位伟人的成功秘诀。丘吉尔用手势止住了大家雷鸣般的掌声后,说:"我的成功秘诀有三点:第一,决不放弃! 第二,决不、决不能放弃! 第三,决不、决不、决不能放弃! 我的演讲结束了。"说完就走下讲台。会场在沉寂了一分钟后,才爆发出雷鸣般的掌声,且经久不息。

正是因为丘吉尔决不放弃的精神与信念,才会有 1940 年二战中惊天逆转,敦刻尔克大撤退后,希特勒已经占领了西欧大部分地区,英国迎来最艰难的时期,法国沦陷了,接下来可能就是英国,为了鼓励士气,他是这样说的:"虽然欧洲的大部分土地和许多著名的古国已经或可能陷入盖世太保以及所有可憎的纳粹统治机构的魔爪,但我们绝不气馁、绝不言败。我们将战斗到底,我们将在法国作战,我们将在海洋上作战,我们将以越来越大的信心和越来越强的力量在空中作战! 我们将不惜一切代价保卫本土,我们将在海滩作战! 我们在敌人登陆地点作战! 我们在田野和街头作战! 我们在山区作战! 我们任何时候都不会投降。即使我们这个岛屿或这个岛屿的大部分被敌人占领,并陷于饥饿之中,我们有英国舰队武装和保护的海外帝国也将继续战斗。""……在今后的时间内,我们可能还会遭受更严重的损失,曾经让我们深信不疑的防线,大部分被突破,很多有价值的工矿都已经被敌人占领。从今后,我们要做好充分准备,准备承受更严重的困难。对于防御性战争,决不能认为已成定局! 我们必须重建远征军,我们必须重建远征军,我们必须加强国防,必须减少国内的防卫兵力,增加海外的打击力量。在这次大战中,法兰西和不列颠将联合一起,决不屈服,决不投降!"

丘吉尔的演讲让每个听演讲的人内心充满信心和坚定信仰,让英国经受住考验,这些演讲进入英国人灵魂深处,唤醒每个英国人内心的雄狮,最后拯救了英国,也拯救了世界。

是的,决不放弃,是实现成功的必备条件。其实成功者与失败者并没有多大区别,只不过是失败者走了九十九步,而成功者走了一百步。失败者跌下去的次数比成功者多一次,成功者站起来的次数比失败者多一次。你走了一千步时,也有可能遭到失败,但成功却往往躲在拐角后面等着你,除非你拐了弯,否则你永远不可能成功。决不放弃,因为天下没有解决不了的困难,现实生活中许多人遇到一点挫折,就对自己工作产生怀疑,甚至半途而废,这样的后果就是前功尽弃,一切努力都白费了。唯有经得起风雨和种种考验的人,才是最后的胜利者。因此,如果不到最后关头决不言放弃,要永远相信这一原则:成功者不会放弃,放弃者不会成功!

只要我们有决不放弃的精神,变困难为动力,认真分析失败原因,吸取教训,最后必将会体验到成功的喜悦。

三、历史"本真"教学——相信自己

拿破仑有一句名言:"我成功是因为我志在成功。"拿破仑率军横扫欧洲改写了欧洲乃至世界近代史,他的成功可以说源于他具有坚定的自信心。自信是成功的原动力。有信心未必能成功,没信心则一定不会成功。

高尔基说:"所谓才能,是相信自己,相信自己的力量。人活着,是应该拥有一份自信的,自信是自立之基,自信乃自立之本,人无自信,何以能绘出绚丽的七彩人生?"

在选择做什么样的人时,首先,你必须做真正的"自我"。"尺有所短,寸有所长",在现实生活中我们每一个人都有优点和缺点,所以我们一定要自我完善,努力提高自身的修养。有人可能会借古人的一种说法"金无足赤,人无完人"来搪塞,掩盖自身的种种缺点。这是一种对自己极其不负责任的想法。世界上确实没有十全十美的人,但却有一颗颗追求完美、努力改造自我的美丽心灵。

有这样一个小故事:在日本的一所学校里,老师问班级里的学生们,他们的理想都是什么,同学们各抒己见,到了一个腿有残疾的孩子发言,他嗫嚅地说他爸爸是个鞋匠,他不能像别的同学那样志向高远,他想做一名鞋匠,要做日本最好的鞋匠,在同学们的一片嘘声中他羞愧地低头。几年过后,人们发现他真的实现了自己的理想,真的成了日本最好的鞋匠,通过自己不懈的努力他给了人生一个满意的交代。

从这个故事中我们可以看出,正视自己的缺点和克服自己的缺点需要努力完善自己,信心百倍地去做最好的自己。再乱的云经过太阳亲吻也会变成彩霞,再多缺点的人经过自我不断充实完善也能成为最好的自己。

四、历史"本真"教学——锲而不舍

所谓的"头悬梁,锥刺股""卧薪尝胆""凿壁偷光",无不是先人挑战自我,成就自我的例子。成功与失败,取决于自己,关键是自己怎样去做。其实这样的例子有很多,为人熟知的有:爱迪生勇于挑战自我,在 1000 次失败之后,终于点亮了一盏明灯;霍金勇于挑战自我,亲口推翻自己的理论;张海迪勇于挑战自我,使自己被黑暗笼罩的生命焕发新的光彩……

我们不妨来看看大师、巨匠的例子。巴尔扎克的父母要求他做一名律师,而巴尔扎克也已拿到法学院学士学位,并且在一家律师事务所谋到了一个职位。但 20 岁的他却向父母提出要当一名作家,当一个名扬天下的作家。他的想法遭到父母的强烈反对,他们认为他居然要放弃一个收入有保证的职位,放弃自己的光明前程,把一生耗在一个靠不住的手艺上,何况在此之前,他从没写过一首让人感动的诗和一篇像样的文章,连翻译课成绩也只是第 32 名,而全班只有 35 名同学。经过很长时间的争执,父母才与儿子达成协议：每月提供120法郎生活费，限期两年，如两年中他创作不出足以使他成为伟大作家的作品，他必须重新坐到律师事务所的工位上，没有任何讨价还价的余地。当巴尔扎克写出第一部诗剧《克伦威尔》，在家中向亲友朗诵之后，一名有名气的诗人毫不隐讳地写信给巴尔扎克的父亲说："令郎可以尝试各种职业，就是不要搞文学。"这对巴尔扎克来说简直是一个可怕的判决，但巴尔扎克的信心并未动摇，在父母断绝生活援助之后，仍克服重重困难，坚持走自己的路。巴尔扎克如果听从父母和那位诗人之见，放弃自己的追求，他的家乡都尔城可能会多了一名好律师，但法国却少了一位天才作家，世界文学宝库将不会有《人间喜剧》这部伟大作品。又如马克思年轻时曾想做一个诗人，也努力写一些诗（他自称是胡闹的东西），但很快他就发现自己的长处不在这里，便毅然放弃做诗人的打算，转到社会科学的研究。如果他不能正确认识自己，那么德国至多增加一位蹩脚诗人，而国际共产主义运动史上则失去一颗光彩夺目的明星。

可以说，挫折增强人的意志力。现在的青少年长期生活在被服务的环境中，从小学到大学，直到工作选择都由父母去承受压力，因而他们对各种困难体验不深，缺乏忍耐力，没有坚强意志，一旦遇到挫折就被击垮。实际上生活中有许多轻度挫折，是意志的"运动场"，当你大汗淋漓地跑完全程，克服了生活的挫折，就会获得愉悦的体验。心理学家把轻度挫折比作"精神补品"，因为每战胜一次挫折，都会化为自身力量，为下一次应付挫折提供"精神力量"。水滴石穿，绳锯木断，只有坚持，成功才会出现！愚公移山的故事告诉我们只要坚持了，生活就会变得更美好。因此要把握自己的命运，崇尚"本真"的人生。

"本真"人生不是一种逃避，"本真"人生是一种积极的人生、是一种让人欣慰的人生。"本真"是一种真实平淡、豁达乐观的人生。人若返璞归真，让生活简单一点，让头脑也"简单"一点，摈弃各种私心杂念，同时将生活中不必要的东西一一卸掉，你一定会感到非常轻松、非常愉快！追随自己的心境，简简单单，快快乐乐。不为人而活，不为时间和环境而活，不为活着而活……追随本色自我，享受"本真"人生。做真正的自己，是人生最大的欣慰！

第三章

历史"本真"教学实践之二——单元主题教学

第一节　单元主题教学发展沿革与主要特点

单元教学又称为单元主题教学，一般说来就是以一个单元作为教学基本单位，从整体出发，统筹安排，将整个单元形成一个不可分割的教学整体。单元主题教学是根据课程实施的水平目标，确立若干个教学主题，教师遵循学生学习的一般规律，以主题为线索，开发和重组教学内容，进行连续课时的单元教学。开展单元主题教学体现了学习领域水平目标达成的针对性、知识技能教学的连贯性和生本化、生活化等特性，将整个教学置于具体的生活情境之中，有利于学生对知识技能的意义建构，重视学生技能综合运用的实践体验，提高学生理解和运用知识和技能的能力和意识。

一、单元主题教学的产生与发展

"单元主题学习"理念的提出由来已久，最早由比利时的德克乐利提出，是19世纪末欧美"新教育运动"的产物，其基本思想是打破学科界限，重组单元知识内容，进行"整体化教学"。德克乐利提出了教学"整体化"和"兴趣中心"的原则，认为构成学科的基础单位就是"单元"，教学中的"单元"是基于一定的目标与主题所构成的教材与经验的模块或单位。整体教学设计是为了实现预定的教学目标,对各个教学因子进行整合,形成一个完整的教学过程,使各个教学因子发挥最大功能,使教学过程最优化,使教学设计达到最佳效果。它增强了教学设计的科学性、完整性和效益性。只有从整体上把握教学规律,教师才能有效地开展教学。

单元教学思想来自赫尔巴特的教学四段说,由"明了、联想、系统、方法"四个阶段组成,并将教学看成一个系统的过程。后来他的学生齐勒尔和赖因将其发展成五段教学法,这为单元教学奠定了基础。

20世纪初期,美国强调培养学生适应社会生活的能力,教师按照生活需要为主题,组织单元教学,简称"单元学习"或"生活单元"。杜威主张实用主义的单元教学,并提出了单元主题的教学模式,其基本程序为"设置问题情境—确定问题与课题—拟定解决课题方案—执行计划—总结与评价"。随后其弟子克伯屈发明了"设计教学法",该教学法的主要特点即采取"学习大单元"制度,围绕学生的兴趣布置一切教学活动。

20世纪30年代,美国心理学家莫礼生创设了"莫礼生单元教学法"。他认为学生学习的目的,不只是记住教科书零散的知识,教师应该引导学生领悟知识,学会归纳,并达到熟练的程度。该教学法可以用于指导学生解决问题,也是对赫尔巴特教学法的改良。

20世纪50年代,一些教育家和科学家还进行了单元法的理论分类,其中最为普遍的分类法是:以教材为中心构成的"教材单元"和以经验为中心的"经验单元"。

20世纪60年代,布鲁姆提出"掌握学习"教学理论,并进行了教学试验,进一步推动单元教学的发展。"掌握学习"要求以单元为单位组织教学,通过教学目标控制整个单元内的教学活动,按照教学目标将教材分成若干小的教材单元。同时,在教学中不断运用反馈和矫正程序,保证学生掌握单元内容,最终达到教学目标。"掌握学习"的教学主要特点有:目标明确,可以量化;教学过程中提供反馈和矫正;强调单元教学与教学评价结合,增强了对教学的系统控制,避免教学的模糊无序,保证了大多数学生达到单元要求,提高教学效率。布鲁姆的"掌握学习"教学理论,为我国80年代单元教学的发展提供了启示。

20世纪80年代以来,单元教学重新受到重视和关注,并出现了一次声势浩大的研究热潮。该时期,关注单元教学最多的是语文教育工作者,不同类型的教学法应运而生:有钱梦龙的"自读—教读—作业—复读"三主四式单元教学法,黎世法的"六课型单元教学法",万兴厚的"比较归纳单元教学法"等。

二、单元主题教学的概念

《汉语大词典》将单元解释为"相对独立、自成系统的单位"。对于课程单元的解释,马兰教授认为:"单元是指一个主题关联性的教学内容集合及其与之相联系的有机的教学过程'板块'。单元是学校课堂教学活动的基本单位。"单元主题教学是指本单元的每节课都围绕一个中心主题,既突出了重点、提高了课堂效率,又可以更好地把握教学主线和脉络。而单元主题教学设计是以系统理论和方法论为基础,依据整体教学思想,从单元内容和主题出发,采用多种教学形式和教学策略,把某个相同或相近的内容组成一个单元进行教学,教师依据课程标准和本单元在教科书中的位置和作用,根据具体课时特点和学生学习特点等从整体上确定教学目标、优化教学方法等,从而使课堂教学最优化。单元主题教学设计更强调中心主题的整体性和系统性。

三、单元主题教学设计的必要性

1.历史课程结构内在需求

在当前教育改革的背景下,高中历史学科内容属于专题史或通史,教材中所涉及的内容贯通古今,在不同程度上反映出人类社会经济、政治、思想文化等多个领域的历史内容,在实际教学中可采用主题式并联式教学方法,有序开展历史教学活动。历史单元主题设置需要充分考虑教材内容之间的作用和联系,这样做有助于让学生了解应该学什么,紧紧围绕主题开展学习活动。

2.历史学科特征本质需求

历史是一门人文学科,其中所讲述的内容更多的是强调人的生存状况,以人为本的特点十分突出。通过历史教育教学,帮助学生在了解历史知识的同时,树立正确的价值观,养成良好的道德情操和兴趣爱好,产生一种责任感,从而获得更加丰富的情感体验,升华人格。历史学科是一门从多种角度揭示人类历史活动的学科,通过对重大事件和主要人物的介绍分析来展现丰富的历史文化遗产,吸取前人的经验教训,深刻反思,不断升华人格,为人类社会发展奠定基础。历史学科的自身特性决定了历史课程的思想性教学内涵,主题化课堂教学则进一步丰富了历史学习内涵。

3.历史学习特点的必然需求

高中阶段,学生自身的知识结构逐渐完善,学习能力和解决问题能力有了长足的进步,能够更加深刻地理解历史问题。伴随着学生年龄的增长,对历史问题的认识角度逐渐多样化,心理素质水平显著提高,学生具备了一定的独立探究和学习的能力,迫切表现独立人格的愿望更加强烈。在历史课堂教学中树立一个明确的主题思想,可以有效激发学生探究学习的兴趣,使学生积极主动参与其中,养成良好的独立学习能力,在学习知识的同时,获得更加丰富的情感体验,从而实现人格升华。

四、单元主题教学的理论依据

1.教学设计系统观

教学设计本身是一个系统性思维的体现。从教学设计的内部来看,教学设计包括内容分析、学情分析、目标分析等方面。学期教学设计、单元教学设计和课时教学设计都是教学设计的主要呈现方式。学期教学设计是对本学期教学内容的整体统筹,起到指导性思想的作用。课时教学设计在课堂具体实施时,可操控性强。课时教学设计作为教学设计的基本单位,形成了整个高中历史教学设计的每一个点。一节课要全部实现三维目标、实现五大核心素养的培养是困难的,而单元教学设计是连接课时教学设计和学期教学设计的必不可少的一个环节,与课时教学设计和学期教学设计形成一个系统;在系统性思维的指导下,将课时教学设计与单元教学设计结合起来,将三维目标、五大核心素养的培养进行整体规划后再分解到每一课时的教学设计中,这样更有利于高中历史教学目标的有效实现。

2.有意义学习理论

有意义学习理论是美国著名教育心理学家奥苏伯尔提出的,他根据学习材料和学习者原有认知结构之间的关系,将学习分为机械学习和有意义学习。所谓机械学习就是通过死记硬背而记住知识的学习,而有意义学习受学习材料性质和学习者自身因素两个方面的影响,学习材料必须符合学生实际情况,学习者也必须要有主动学习、建立新旧观念之间联系的意愿。

因此在单元主题教学设计中,教师要充分考虑到学生知识水平和认知发展状况,选择的材料要在学生接受和理解能力范围之内;单元教学设计也要有一定的逻辑和规律性,引导学生循序渐进,不断学习,掌握单元知识内容,并在接受知识的过程中不断与之前的知识内容相联系,从而掌握新内容。当然,在这一过程中,学习者的学习态度占有重要地位,因为有意义学习强调的是学习者主动联系新知识和已有知识的学习观念,因此在有意义学习中,学生学习的意愿是教师要重点关注的地方。这就要求教师在单元主题教学设计的过程中充分发挥自己的能力,尽可能调动学生在历史课堂上的积极性和对历史学习的兴趣,只有这样,学生才会掌握基本历史知识,也才会有进行有意义学习的意愿。

3.教育目标分类学

布鲁姆和他的团队通过对教学目标进行分类整理,率先提出教育目标分类学。随着时间推移,布鲁姆体系的问题逐渐暴露出来,马扎诺体系由此产生。但马扎诺体系不是对布鲁姆体系的简单修正,而是提出一套包括自我系统、元认知系统和认知系统三部分的崭新的学习过程模型,创造了知识和过程运作两个维度,认为学习行为水平会随学习者对相关内容的熟悉程度变化。总的来说,马扎诺分类理论在理论性和时间可行性方面都达到了一个新高度。

在单元主题教学过程中,从马扎诺教育目标分类学体系的特点来看,学生的学习行为水平不仅随学习内容本身或者认知操作的复杂程度变化,也随学生对相关内容的熟悉程度变化。就像我们学习新知识的时候,因为不熟悉所以刚开始会感到有些困难,但当我们对同一问题多次了解熟悉后,再遇到相同的复杂问题也会感到熟悉,所以解决起来就比较简单。单元主题教学在设计的过程中,要依据马扎诺体系,将知识进行分类与整合,在教学过程中不断地再现之前的学习内容,建立明确有效的检验机制,让学生不断提高对知识的熟悉程度,从而提高学生的学习行为水平。

4.以概念为本的教学

林恩·埃里克森在她的第一本书《激荡头脑、心智和灵魂》中第一次提出了"概念为本的课程与教学"这一概念,"概念为本的课程在设计中专门包括了概念性维度,而这正是激发协同思考所必备的。概念为本的教学清晰地分辨出学生在事实性层面必须知道的,概念性层面必须理解的,以及在过程中策略上、技能上能做的。"传统的课程模式关注的是学生在事实层面上的"知道"或"了解",在过程策略技能层面上的"掌握"或"学会",比较容易忽略在概念性层面上的"理解"。其主要原因在于事实性知识和策略技能都可以用检测作为评价的标准,但是对于"理解"却没有一个衡量的标准。传统认为理解层面的内容无法通过实际的检测作出评价,因此学生理解部分的内容,通常在课程教学设计中被教师忽略。

单元主题教学的教学目标,不能仅仅依靠布鲁姆分类法,用附加在不同主题上代表不同层次的动词来要求学生,这种目标不仅不能保证学生理解学科概念,而且与我们当前教学和学习的实践也不一致。"知道"、"理解"和"能做"也称以概念为本的模式(简称 KUD),在单元主题教学的目标设计过程中,不仅要重视事实性知识掌握,也要重视学生对概念性知识的理解,因此教师要对传统的教学目标作出改变。

综上所述,单元教学思想的产生与发展是有一定的理论基础的,即教学设计的系统论、有意义学习、教育目标分类学等,并且国内外的教育家都尝试着将此主张运用到实际之中。随着新课程改革的深化,这一思想主张为单元教学设计奠定了理论基础。

20 世纪 80 年代以后,国内教育界关于单元学习的理论和实践研究逐渐增多,形成了多种单元设计的教学模式。《普通高中历史课程标准(2017年版)》进一步精选学科内容,以学科大概念为核心,使课程内容结构化,以主题为引领,使课程内容情境化,促进学科核心素养的落实,这就为单元主题学习的实施提供了重要依据。

五、单元主题教学设计的特点

1.结构系统

单元主题教学设计以单元为基本单位,以系统理论和方法作为其理论基础,其基本特点是结构上的整体性。在教学目标上,根据历史课程标准和教学实际制定本单元的教学目标,并将课时教学目标进行整合,统筹运用。

2.主题明确

单元主题教学设计以单元为基本单位。在高中历史课程设置中,每一个单元都以专题形式呈现,都突出一个主题,例如人教版的第四单元"近代中国反侵略、求民主的潮流",这一单元有四节课,即"鸦片战争""太平天国运动""甲午中日战争和八国联军侵华""辛亥革命",都反映了近代中国面对帝国主义侵略时,不屈不挠的民族精神的主题。因此,单元主题教学设计要围绕中心主题,无论是单元教学目标、教学内容,还是教学评价都要体现这一鲜明主题。

3.活动循序

单元主题教学设计既要符合课程标准的要求,也要符合课时教学设计的实际情况,所设计的教学内容和教学活动要做到有条不紊、合理有序。所谓教学活动的循序操作,就是要突出教学在促进学习过程中的程序化与计划性。例如,要对单元系统的各种信息进行分析、鉴别,提取重点,突出相互联系;按教学过程的运行进行检测、评价和反馈调控等。单元教学活动的循序操作就是对上述一系列教学活动要有相对明确的操作程序和基本要求,强调教学外部条件的环环相扣、层层落实,以获得系统的最优化功能。

4.目标全面

在单元主题教学设计中,教师可以根据课时的特点和课程标准将五大核心素养进行分解,将目标细化,并且使目标实现具有一定的可操作性。例如在进行人教版第四单元"近代中国反侵略、求民主的潮流"这一单元的教学目标设定时,可以从时空观念来认识近代中国人民在不同阶段的反侵略和抗争历史;也可以从不同阶级的革命形式和革命主张来理解反侵略、求民主的特点和意义。通过对学科素养进行分解形成一定的逻辑关系,各有侧重点。

第二节 单元主题教学设计的策略与意义

单元主题教学设计是根据课程实施的目标,确立一个教学中心主题,教师遵循学生学习的一般规律,以中心主题为线索,围绕中心主题进行教材重组及教学设计。单元主题教学注重从整体出发,统筹安排,更针对学习目标,更能体现教学的连贯性,从而使单元、章节教学形成有机整体。

一、历史单元主题教学设计

"单元"是一个教学主题,不能简单将其理解为"教材单元";它是由若干节具有内在联系的课程元素组成的。每节课要考虑若干个板块的重组,还要体现知识、方法和态度。单元设计必须建立在教师与教材的深层对话基础之上,教师对教材等教学指导性资源进行深入解读和剖析,对教学内容进行分析、再加工,甚至可以补充相应的教学资源,形成相对完整的教学单元主题与单课话题，让学生在"整体感知—部分感悟—整体回顾"的过程中习得知识。教师的教与学生的学都应建立在教师与教材的深层对话之上。

如何设计历史学科单元主题学习？单元主题设计要求教师必须打破单一课时的视野局限，以联系的眼光、系统的思维把握单元中课与课之间的联系，考虑单元设计的整体性，对学生的核心素养发展起到重要作用。具体而言，教师要站在课程的高度思考如何依据课程标准建构单元，如何创设指向目标的任务和项目学习，如何为学生的项目学习和思维发展创设学习支架，如何培养学生的批判性思维。当前，新的教育理念下推广单元主题学习更注重以单元知识的内在逻辑关系为基点，注重学生学科核心素养的培养，其目的是使复杂、零碎的历史知识在学生的眼里变得条理化、系统化，更贴近学生的学习，从而达到学生好学、学好、会学的目标。高中历史单元主题学习应该从以下几个方面展开。

1.从大处着眼，宏观单元重组

当前使用的高中历史教科书，其单元内容基本上有比较明确的主题，但某些单元主题不是非常明显，某些单元内容冲淡了单元主题，不适合整体设计学习活动。所以，如何设计单元主题，重组单元学习内容，凸显学习内容的核心意义，就显得尤为重要。重组单元不是对零碎的知识内容进行拼凑，而是谋求知识、能力、方法等更合理的结构化。在对知识结构由点及面的重新架构或拓展架构时，要善于挖掘知识结构背后所蕴含的思想方法和价值导向，要有意识地关注历史学科能力及史学思想方法的内在逻辑。比如，岳麓版必修 I 共 7 个单元，单元重组后可变为 10 个单元，同时根据先中国史后世界史的顺序进行调整，使原来中外混编容易造成学生时空混乱的问题得以解决。对于容量偏大的单元，可以在大单元下分不同历史阶段进行学习，从而使单元内容的连贯性、主题性更加突出。

2.从单元入手，中观单元设计

中观单元设计强调各个单元内部知识的结构性，情境的真实性，任务的挑战性、驱动性和学习过程的实践性、整体性。在教学中创设真实的情境，从学生的学习需求和兴趣出发，在情境中导入，在情境中探索，在情境中运用，使情境教学在课堂上贯穿始终。学生在真实的情境中体验习得、内化的过程，学习经历必将记忆深刻。所以，单元设计要寻找贴近学生生活、能够激发学生兴趣的大情境，让学生在同一单元任务的驱动下分步学习，最终完成单元整体的学习。历史情境有很多种，有史料情境、生活情境、社会情境和学术情境等，最常用且最能体现学科特色的就是史料情境。

3.理清基本线索和发展过程

历史知识错综复杂,复习中要将零散的知识串联起来,帮助学生建构单元知识系统,帮助学生理清历史发展线索,使知识条理化、简明化。例如,以人民版教材必修二专题五"走向世界的资本主义世界市场"为例,该单元有四节内容:"开辟文明交往的航线""血与火的征服与掠夺""蒸汽的力量""走向整体的世界"。根据 2017 年版课标的要求,确定本单元主题是资本主义世界市场的形成与发展,复习时教师要引导学生抓住资本主义世界市场形成的线索:①世界市场雏形的出现——15 世纪末新航路的开辟;②世界市场初具规模——16 世纪开始的西方殖民扩张与掠夺;③世界市场初步形成——19 世纪中期第一次工业革命的完成;④世界市场最终形成——19 世纪末 20 世纪初第二次工业革命的完成。

4.明确历史阶段的基本特征

历史阶段性就是人类社会发展的各个时期和每个时期的不同阶段在政治、经济、民族关系、思想文化等方面呈现的带有普遍性的基本特点,若不懂阶段性特征,就不会懂历史现象和历史进程为什么是这样而不是那样。因此掌握这些阶段性特征,对提高学生分析问题和解决问题的能力至关重要。如以人民版教材必修二专题五"走向世界的资本主义世界市场"为例,16 世纪至 19 世纪末 20 世纪初的西欧在政治上,代议制逐渐确立;经济上,资本主义萌芽不断发展;文化上,先后出现了文艺复兴运动、宗教改革和启蒙运动,近代自然科学出现并得到发展。抓住这三大特点,学生就不难理解此段历史是欧洲历史上的一个重要历史时期,也是世界近代史上的一个重要阶段。在历史单元复习中,每个单元都是相对独立完整的,因此在归纳的过程中应力求准确、全面。

二、高中历史主题教学的策略

1.明确主题,确定目标

"主题"是指单元所蕴含的中心思想,是单元的主体与核心。狭义上指在说明问题、发表主张或反映社会生活现象时所表达出的核心观点。广义上指题材概念,是社会生活或现象的某一方面,如改革主题、和平主题等。"历史主题"即历史主旨,是贯穿于教学内容当中的主线,起着引领、统率教学内容的重要作用。主题可大可小,比如高中历史分为政治、经济、文化三个专题即高中历史的三大主题,这是大的方面;小的方面就要涉及每个单元的主题,比如必修一第一单元"古代中国的政治制度"所体现的就是政治制度这一主题。主题不仅仅是高中历史模块的灵魂,也是进行单元教学设计的灵魂。因此,在进行单元教学设计时,要明确本单元的主题,再进行主题教学,从而确定最终的教学目标。

教育改革对新时期的高中历史学科内容提出了新的规划要求,明确了历史学习的价值取向和具体要求。基于此,应结合实际情况,深刻领悟素质教育改革要求,迎合时代发展要求,创新教学理念,设计教学方案。如"毛泽东思想"一课,素质教育改革强调学生应了解毛泽东思想核心内容及其对近现代社会发展产生的影响。对毛泽东思想的理解和学习,应该紧紧围绕主题内容,在教师的组织和引导下开展课堂实践,凸显主题,有序开展教学活动。

2.整合资源,升华主题

教科书是最为典型的教学资源,在高中历史主题化课堂教学中可以充分挖掘教材中的资源,将更为前沿的教学理念融入其中。不仅需要依照教材开展教学活动,还要进一步拓宽教学深度和广度,丰富教学内容。教师可以深入挖掘教材内容,提炼思想,选择同实际教学内容相契合的主题内容。

实施历史主题教学,能够引导学生走进真实历史,触摸历史跳动的脉搏,洞悉历史真相,科学认识历史和现实的联系。历史有其脉动和规律,历史教学要从本质出发,探索表象背后的奥秘,帮助学生点燃史学素养心灵之灯。

3.立足学科,彰显主题

高中历史课堂教学中,树立鲜明的主题内容,应该是在深入分析历史史料的基础上;只有获得充分的论据,才能更有效地开展主题式课堂教学,突出历史教学价值。如在"明末清初的民主思想"教学中,教师可以将社会发展与思想发展的互动作为主题内容开展教学活动,讲述商品经济的发展、西学东渐和异端思想的出现等。为了帮助学生理解,可以通过介绍相关人物的家庭背景和个人经历,实现知识和情感之间的统一,丰富教学内涵。综上所述,在高中历史主题化教学中,教师需要注重教学理念的创新,深入挖掘教材内容,选择更具创新性的主题内容,升华主题,调动学生学习兴趣,提升教学成效。

4.对课文内容的重新整合

单元主题教学对教材内容的整合,首先是对课的整合。统编版高中历史教材将过去三本必修教材的内容压缩进两本教材,每节课的内容都是以往各版本教材两到三课的容量。在保证教学质量的前提下,根据每节课的主题,对教学内容进行重新规划组合,选定教材中关键的知识点作为重点知识进行教学。教师可以依据每节课的结构和教学实际情况进行整理编排,对于统编版教材的课时教学,不需要也没有更多的时间留给教师讲得面面俱到。

如《中外历史纲要(上)》第 16 课两次鸦片战争中第一子目"19 世纪中期的世界与中国",可以整合到第二子目"两次鸦片战争"中。因为从逻辑上来说,正是世界资本主义市场的扩张和清政府的闭关锁国,导致外国资本主义急需打开中国的大门,进而开始向中国走私鸦片并最终导致鸦片战争的爆发。《中外历史纲要(下)》第 9 课资产阶级革命与资本主义制度的确立中可以将一二子目进行重新整合,把英、美、法资产阶级革命和各国资本主义制度的确立分别对应。因为资产阶级革命和资本主义制度的确立是紧密联系的,这样的整合可以让学生对各国的资产阶级革命及制度的确立有完整的概念和理解,也符合学生学习的认知规律。如果将三个资本主义国家的革命和制度分开,尽管在纵向比较上可以给学生直观的感受,但是在横向上对于学生掌握各国知识内容和比较异同点效果并不理想。

5.对单元内容的重新整合

统编版高中历史教材的编写体例,比较适合使用单元主题教学法。因为从编写格式来看,每个单元都可以找到一个或两个主题。考虑到统编版教材总体容量偏大、知识点内容多的特点,如果按照以往的教学方式,很难将教材内所有的知识点讲详细讲透彻。因此,使用单元主题教学法,先寻找到单元主题,打通单元的内容,再跨课时重组单元结构,按照主题的方式安排教学,依据学生认知发展规律选择合适的课时知识内容。这样做既能让学生有逻辑可循,又能满足基本的教学要求,实现教学模式的创新和教学手段的变革,解决统编版教材在教学过程中的问题。

如《中外历史纲要(上)》的第三单元"辽宋夏金多民族政权的并立与元朝的统一",对于本单元的单元主题,可以从单元题目考虑,将其概括为"统一多民族国家的发展和文明的借鉴与交融",以"岁币"作为线索将整个单元的内容知识做一个简单的串联,主要将第三单元的第 9 课和第 10 课内容进行整合。第一部分从时间和空间上对辽宋夏金元各民族政权的建立、发展与灭亡进行说明,首先使学生在心中构建这段时期各民族政权发展的框架;第二部分从政治上对比讲解两宋和辽夏金元少数民族政权的政治制度建设,并从少数民族政治建设中发现"因俗而治"的特点并分析其成因;第三部分对比讲解辽宋夏金元的经济与社会发展,虽然这部分内容中两宋的经济占大部分比例,但是也能从一些方面发现两宋和少数民族政权之间经济的交融;第四部分对比讲解辽宋夏金元文化发展,发掘各民族政权文化的交流与融合。

6.对单元之间的重新整合

对于新教材为什么要用单元主题教学,我们可以从《普通高中课程方案(2017年版)》中找到答案:"重视以学科大概念为核心,使课程内容结构化,以主题为引领,使课程内容情境化,促进学科核心素养的落实"。例如,《中外历史纲要(上册)》总体上可将所有单元划分为三大部分:统一多民族封建国家的建立与发展,近代中国的内忧外患和救国之道的探索,共产党领导下中国社会的发展。

统编版高中历史教材将过去三本必修教材,即政治、经济、文化修改为中外历史两本必修教材。统编版教材从整体上看,是将中外历史分离,因此每本必修教材从整体上把握主体思想的话,上册是中华民族的发展历史,下册则是世界重大历史事件的演变进程,二者各自有鲜明的特点。因此,教师在教学过程中,特别是在上册中国史的教学过程中,要把握教材的中心思想,在教学过程中要培养学生的家国情怀和民族意识。在下册世界史的教学过程中,要培养学生的世界史观以及全面分析问题的能力。

7.教学与评价方式多元化

新课改后,对历史教学方式阐述如下:历史教学是师生相互交往、共同发展的互动过程。教学中应充分发挥学生的主动性,逐步推进教学手段、教学方法和教学形式的多样化和现代化。新课改对教学评价也提出了新的要求:"教学过程中要及时对学生学习进行客观有效的评价,不断激励学生的学习,及时获取反馈信息,更好地进行教学。"做到评价方式和评价标准多元化,评价方式注重学生的参与度,评价标准不仅涉及学生个性化发展,也体现学生全面发展的需要。这种评价不只是以掌握基础历史知识为主,而是多维度地去考查学生的历史意识、历史思维和历史价值观等,具有一定的发展性。

三、高中历史主题教学的作用与意义

1.有利于促进教师理论学养的提高

统编版高中历史教材的推广与使用,对于历史教师来说既是挑战,也是机遇。尽管在教学过程中使用新教材有一定的难度,但这也给了历史教师一个探索教学方法的机遇,有助于教师提升自身理论学养与教学素养。

就历史教师的学养而言,中学历史教师首先需要有扎实的通史知识,就像练功一样,通史知识对于历史教师来说就像扎马步,只有扎马步的功力够深,才能在以后的历史教学中游刃有余。对于通史要有终生学习的觉悟。统编版教材改专题史为通史体例,本身就是对历史教师通史知识的检验,单元主题教学更是要求教师将整个单元的通史内容进行结构化重组,如果教师的通史知识不够扎实,使用单元主题教学的时候可能会在内容的分解与重组的过程中遇到困难。因此,对于历史教师来说,通史知识要时刻学习,无论教材怎么变化,通史知识的学习永不过时,而这也是新教材和单元主题教学敦促历史教师要做到的基本要求。

单元主题教学要求对单元内容进行重组时,不能仅仅局限于对教材中所出现的内容的教学,也需要教师选择一些适合本单元教学的材料作为教学内容。同时对于单元内容涉及的某一时期的历史,教师也需要去广泛阅读相关史学著作,对本单元的历史有更加细致深入的了解,这样不仅能让单元主题教学更加丰富,也能为课堂教学做好充足的准备。在广泛的涉猎后,单元主题教学对教师来说就显得不是那么困难了。历史教师可以在单元主题教学的基础上进行历史研究,这样一来,在单元主题教学设计的过程中,教师已经从整体上提炼出该单元的核心主题,对于其中的内容也进行过选择,最后呈现给学生的知识必定是教师依据课程标准所选择的重点知识。史学研究的意义在于,一方面,作为历史教师,教学和研究应该并重,不能因为教学而忽略了历史研究;另一方面,深入探究史学主题而形成的经验,可以在以后的课堂中发挥重要的作用。

单元主题教学也要求历史教师不断学习教育学与心理学等相关理论知识。在学习和运用各种理论时,都要以学生需求和学科实践为依据。没有实践的理论都是空洞的,没有理论的实践都是盲目的。在运用教育学与心理学理论的时候,不能忘记与历史教育相结合。教育学和心理学是独立存在的,如果不能与历史教学相结合,就不是历史教师所必须要的东西,也就不具备指导历史教育教学的功能。只有与历史教育结合起来的教育学、心理学理论和方法,才能成为历史教育学的组成部分。因此只有与历史教育结合起来的教育学和心理学才能指导历史教师的教学实践。

2.有利于促进历史教育功能的发挥

从历史学科本质来看,历史学是记录和解释人类从古至今一系列活动进程中历史事件、历史人物、历史现象的一门学科,是人类精神文明的重要成果,是一切人文社会科学的基础。"历史学所要解决的问题是在一定历史观的指导下,通过对史料的考证、叙述和分析,不断发掘、解释、理解、评判真实的过去,塑造历史文化认同和家国情怀的历史价值观,探讨人类社会发展规律,为当今和未来提供借鉴。"历史的教育功能需要通过历史学科来实现,我们学习历史的本质是学习历史先进的一面以传承,知晓历史落后的一面以摒弃,从而取其精华、去其糟粕。

"历史教育就是通过历史学习,使学生激发一种天赋的、独立的判断能力和价值取向;一种高尚的情操和趣味,对个人、家庭、国家、天下有一种责任感,对人类命运有一种担当;一种成己成物、悲天悯人的宽阔胸怀,升华自己的人生境界,追问人之为人的终极目的。"

3.有利于培养学生的学科核心素养

"历史学科核心素养是学生在接受历史教育的过程中逐步形成的具有历史学科特征的正确价值观念、必备品格与关键能力,是历史知识与历史见识、能力和方法,以及情感态度与价值观等素养的综合体现,在积淀历史智慧、凝练历史品格、锤炼历史思维能力、升华历史情操等过程中发挥着至关重要的作用。作为一切社会科学基础的历史学,在整个学生发展核心素养体系中发挥着最为基础的作用。"

单元主题教学从学生的实际情况出发,在历史教学的过程中坚持以学生为主体,注重史学思想方法的示范与传授,教会学生从史料中概括中心思想和提炼核心观点,并将其运用于新的史料中,锻炼了学生的历史思维能力和历史品格,使学生能在历史学习的过程中,根据已有经验和方法不断形成解决新问题的新方法,积淀历史智慧和经验,从而升华自己的历史情操,感受历史的魅力;使学生真正掌握历史学习的方法并对历史学习产生浓厚的兴趣,培养学生自主探究历史问题的能力和动力。单元主题教学在设计的过程中,以主题为导向,以单元教材内容的重组为前提,主要目的还是让学生掌握基本的历史知识,丰富学生的历史见识,通过单元主题教学在教学过程关键环节中细化的操作和要求来培养学生历史学习的能力,主题的设定符合社会发展规律和学生认知发展的水平,符合社会主义核心价值思想,使学生形成正确的价值观和爱国主义情怀。

单元主题教学在运用的过程中,坚持唯物史观揭示事物本质、内在联系及发展规律的要求,主题的设定已经是单元内容的核心思想或观点,是单元内容的本质体现,整个教学过程也是围绕主题逐渐揭示事物的发展规律,由浅入深发掘事物的内在联系。单元主题教学比较适合新教材的原因在于新教材按时序编排的特点,因此在教学设计的过程中,时空观念是进行单元主题教学设计的基本要求,在教学的过程中不仅要使学生掌握历史事物的时空发展规律,更要掌握划分历史时间和空间的多种方法,并能按照时间顺序与空间要素叙述过去的历史。单元主题教学所重视的史学思想方法,符合史料实证和历史解释的要求,通过教师的示范使学生学会模仿与迁移,通过对史料的辨析和作者意图的认知,能从史料中提取有效信息并因此提出自己对史料的认识与理解,由此判断史料的真伪和价值。单元主题教学是以学生实际情况为依据进行的教学,始终把培养学生正确的国家观放在首要位置,使学生形成对中华民族的认同感和对祖国的认同感,认同社会主义核心价值观,塑造学生健全的人格,形成正确的世界观、人生观和价值观。

4.有利于培养学生分析问题、解决问题的能力

提出问题是解决问题的前提,提出问题是为了有效地解决问题,分析问题是解决问题的核心。我们的学习、工作、生活中都存在着各种各样的问题,学生成长的过程就是学习解决一系列问题的过程。学科教学着重研究学生在学习知识、应用知识的过程中提出问题、分析问题、解决问题的能力,它是思维积极主动性的表现,在促进心理发展上具有重要意义。培养学生提出问题、分析问题、解决问题的能力,是有效的历史教学追求的目标之一。

人民版必修一的专题三"近代中国的民主革命"的第一课是"太平天国运动",本课由三个子目组成,第一个子目是"从金田起义到定都天京";第二个子目是"《天朝田亩制度》和《资政新篇》";第三个子目是"从天京事变到天京陷落"。课程标准对太平天国运动的要求是:了解太平天国运动的主要史实,认识农民起义在民主革命时期的作用与局限性。如何确定这一课的教学主题,使其既要能达到课程标准对本课的要求,又要能提高课堂教学的有效性? 笔者想到在旧人教版教科书中有一个子目是分析太平天国运动失败的原因,于是从分析失败原因入手确立"太平天国运动"这一课的教学主题,根据具体的历史事件分析运动失败的原因,并通过分析过程帮助学生学会分析失败原因的方法,这将有利于培养学生独立解决学习、生活中问题的能力。有了教学主题,历史学习就不至于变成繁杂的积累和枯燥的说教;确定教学主题是有效教学的基础,教学主题的呈现是有效教学的关键。笔者把第一课的三个子目整合为三个模块。第一个模块:"波澜壮阔",主要学习太平天国运动的过程,让学生了解太平天国运动从金田

起义到天京陷落的主要史实。第二个模块:"纸上天国",主要通过分析《天朝田亩制度》和《资政新篇》,使学生认识到太平天国运动的性质、作用及农民阶级的局限性。第三个模块:"一声叹息",主要分析太平天国运动失败的原因及教训。第一、二模块的学习为第三模块的分析准备了史实。太平天国运动的失败原因有客观和主观两个方面,客观原因:中外反动势力的强大;主观原因:一是战术上的失误,包括流动作战没有根据地,偏师北伐,后期的陈玉成、李秀成分兵作战,困守天京;二是农民阶级的局限性,表现在理论基础拜上帝教,《天朝田亩制度》的空想性,天京事变,以及《资政新篇》不是农民阶级斗争的产物。历史是曾经的现在,太平天国运动失败原因的分析,有助于学生认识到错综复杂的社会现象往往不是一因一果,而是一因多果、多因一果、多因多果;在归因的过程中仅把原因归于外在的、不可控的客观原因,这种分析问题的方法对解决问题是无用的。

5.有利于培养学生正确的价值观、人生观

关于统编版高中历史教材,《中外历史纲要(上)》为中国史,整本教材比较突出的主题是统一多民族国家的建立和曲折发展。不论是中国古代史中华民族的统一和发展,还是中国近代史中华民族的曲折历程,无不展现出深深的民族认同感和浓厚的爱国主义情怀。可以说《中外历史纲要(上)》和历史学科核心素养紧密联系,对家国情怀作了充分的阐释。当然,在具体单元的教学设计中,单元主题教学的主题或直接或间接地与统一多民族国家和中华民族的曲折发展有所联系,因此在实际教学中,为了突显主题,要有对各民族在统一多民族国家中所作贡献的评述,也要有对中华民族近代史曲折发展的客观评价,使学生养成正确的民族观念,真正认识到中华各民族在统一过程中的重要作用;在学习中华民族百年的屈辱与探索的历史中,提高对中华民族的认同感和责任感;从中华民族自古以来无数的爱国志士身上,感受到强烈的爱国主义情感,由此激发学生报效国家和为中华民族作出贡献的思想觉悟。

人民版必修三是思想文化、科学技术等领域的内容。近代以来中国思想解放的潮流大致经历了林则徐、魏源向西方学习的新思想,康有为、梁启超的维新思想,孙中山的民主共和思想,陈独秀在新文化运动中倡导的民主科学的思想,五四运动以后开始传播的马克思主义思想。必修三的专题四"20世纪以来中国重大思想理论成果"的第一课"孙中山的三民主义"由两个子目组成,第一个子目是孙中山首倡三民主义,第二个子目是新三民主义的提出。本课线索单一、条理清楚,可以以三民主义的发展作为教学主题。笔者在处理课程资源时注意到教科书中使用了《武昌起义前孙中山领导的反清武装起义一览表》、"大总统誓词"、"革命尚未成功,同志仍须努力"的题词等史料,这些史料直观地反映了三民主义的政治追求,同时也生动地体现出孙中山的人格魅力。由此笔者想到可以把"孙中山的三民主义"一课的教学主题确定为孙中山的生平事迹与三民主义的发展,重点突出孙中山大公无私、永不言弃、与时俱进的品格,培养学生正确的价值观、人生观。

高中阶段是学生的价值观、人生观形成的重要时期。价值观是人们对价值问题的根本看法,包括对价值的实质、构成、标准的认识,这些认识的不同,形成了人们不同的价值观。每个人都是在各自的价值观的引导下,形成不同的价值取向,追求着各自认为最有价值的东西。人生观是人们对人生问题的根本看法,主要内容是对人生目的、意义的认识和对人生的态度。帮助学生树立正确的价值观、人生观是历史学科教学的目的,也是有效教学的体现。

6.有利于培养学生开放、包容、尊重的历史观

不同的社会现实之间存在着极大的差异性,这种差异性是和谐社会的基础,同时又是影响社会和谐的因素。高中阶段的学生从幼稚走向成熟,开始思考人生、观察社会,浮躁的社会风气不可避免会影响到学生原本简单、平静的生活。一味地说教无法改变客观社会存在,开放、包容、尊重的态度才是分析问题、解决问题的良好开始。人民版必修一是政治史内容,在必修一的教学中要紧扣政治文明这一教学主题。这一主题展现了古今中外、不同时期政治文明的发展情况,反映了人类社会从专制走向民主、从人治走向法治的过程以及人类政治文明的多样化。专题一至专题五是中国史部分,专题六至专题九是除中国以外的世界史部分。中国史部分的主题是从专制到民主,即从封建社会的专制主义中央集权的政治制度到社会主义的民主、法治。世界史部分是民主的发展,即从古代民主政治的产生到近代民主政治的确立与发展。对比古代中国和西方的政治制度,不难发现两者政治传统的不同:中国的专制和西方的民主。在必修一的教学过程中,随着教学的深入,学生时常会由追求民主进而推崇西方,甚至否定自己。面对这样的教学效果,笔者开始思考,认为教学主题的确定不仅要为教学内容服务,更要服务于教学目的,即历史教学的有效性,用历史观帮助学生认识自己、做好自己,用历史观服务人生。历史学科教育的本义就是要凸显人文性。一个人的精神世界有三大支柱:科学、艺术、人文。科学追

求的是真,给人以理性;艺术追求的是美,给人以感性;人文追求的是善,给人以悟性。科学强调客观规律;艺术注重主观情感;人文则既有深刻的理性思考,又有深厚的情感魅力。人类社会政治领域中的问题是极其复杂的,引导学生归纳出历史现象背后的历史规律是困难的,但更为困难的是培养学生的历史观,其中就包括看待历史的开放、包容、尊重的态度。

当前全国很多省市区开始使用统编版高中历史教科书,教科书采用通史加专题的设计,每一单元就是一个专题,主题相对突出,但时间跨度大,内容知识点多,课时紧,容量大,给教学提出新的挑战。鉴于此,开展历史单元主题学习具有多方面的意义:

(1)单元主题学习从大任务、大问题出发,而不是拘泥于某一知识点或某一能力,让学生在真实情境中探究,从而形成历史学科的关键能力、必备品质与价值观念,即学科核心素养。

(2)单元主题学习便于学生完整地、有逻辑地理解学习内容,建构学科知识体系、能力体系、逻辑体系和价值意义体系,更好地把握学科本质。

(3)单元主题学习能够激发教师参与课程资源的开发和利用的主动性,有利于促进教师课程水平的提高,帮助教师实现学习、教研和教学三位一体。只有进行大单元设计,让教师像学科专家那样思考,才有利于教师理解学科育人本质。

(4)单元主题学习避免了以课为单位的教学情境、内容、形式的频繁变换,节省了教学组织时间,更好地保证了学习过程的连贯性和任务的驱动性。

四、单元主题教学设计的反思

在历史课堂教学中,教师需要考虑学生、知识和教材三者之间的融合。传统课堂教学中,学生往往是被动接受知识的一方,这种灌输式的教学颠倒了课堂教学中的主体和客体。因此,教师在历史教学中采用单元主题式教学,提倡师生共同学习、相互交流的教学方式,既有效地弥补了传统教学的不足,又能提高学生学习能力。教师在进行单元主题教学时,要注意以下两点:

1.发挥教材中的主题编排作用

历史教材编排中的主题架构,使得历史发展的脉络在教材中展现出循序渐进的特点,并切实与主题相联系。教师在教学中要充分利用这一特点,在进行单元主题教学时,通过多种教学活动,利用历史背景创设出有效的教学情境。此外,主题与教学内容的相互联系,更加贴近学生的认知水平和生活实际,使课堂教学变得更加丰富、形象。引导学生在特定的历史情境中了解历史知识,更能发掘学生的历史学习潜能,提高其对历史知识的掌握和运用能力。例如,在"秦汉时期:统一多民族国家的建立和巩固"与"明清时朝:统一多民族国家的巩固与发展"中都出现了"巩固"的字眼,教师在进行主题教学时,就可以从两个时期的政权建立入手,从经济发展、对外民族关系、文化成就等方面理清线索,分析教材中的主题教学内容,通过对教材的反复探究和总结,使师生在课堂教学中形成一个有机整体。

2.加强对单元主题教学的理解

教师在教学过程中要关注教学方式和方法,不要忽视学生在教学中的主体感受。教师在单元主题教学中,应考虑到学生的实际认知情况,关注学生的个性差异,在教学中给予学生充分的独立思考时间,从而使历史思维在学生的思考中进行有效渗透,这也是主题式教学中对学生情感态度的培养及价值观塑造的体现。单元主题教学目标是引导学生掌握历史知识和学习方法,形成历史认知思维,并能够有效运用历史知识培养自我理性认知态度。因此,教师在主题式教学的目标设置、教学过程及教学资源开发的过程中要充分考虑学生的实际需求。

单元主题教学首先在教学目标上要培养学生解决历史问题的能力,即培养学生的史学思想方法,要求使学生掌握辨据、集证、解析为一体的基本方法。基于这个要求,单元主题教学在史学思想方法的各个关键环节不断细化,真正使学生掌握该方法,拥有理解和判断能力来解决历史问题。至于更深层次的要求,则是期望学生能够形成正确的价值取向,在日常生活中运用历史思维的方法解决实际生活中的问题。

综上所述,单元主题教学符合新课改精神,它在转变教师教学及学生学习方式的同时,实现了教学主题与新课改理念的有机结合,真正体现了历史教学的探究性、建构性和创造性。

第三节　单元主题教学设计的实践与反思
——以"西方人文精神的起源及其发展"单元教学设计为例

一、"国培计划"学习的启示

2013年笔者参加教育部"国培计划"——一线优秀教师培训技能提升研修项目。培训中,齐鲁师范学院齐教授对课程改革以来历史教学思想滞后的问题提出忠告,认为不同学科的教学方法可以互相借鉴,单元主题教学就是一种很好的尝试。随后三位青年教师在西安中学为国培班学员献上了富有激情的观摩课。他们以高中历史人教版必修三第二单元"西方人文精神的起源及其发展"为例,分别开设了"希腊先哲的精神觉醒""挑战教皇的权威"等三节课,每节课中心思想明确,立意高、有深度,形式新颖,对单元整体教学史观的探索具有借鉴性。

由于三位教师来自不同学校,对中心主题立足角度不同,造成单元中心主题缺乏整体性,与构建单元中心主题统一性的教学模式存在一定距离。基于学习借鉴和总结反思,在听评课汇报时,笔者尝试对本单元主题教学提出自己的设想。

二、确定单元主题教学设计

人教版必修三第二单元"西方人文精神的起源及其发展",主要内容包括西方人文主义思想的起源、文艺复兴和宗教改革、启蒙运动等三个课时。这一单元的内容归根到底就是西方对人价值的认识和发展过程,实质是人文主义的起源与发展;人文主义者冲破宗教神学思想束缚,解放了人的思想,促进了资本主义经济的发展,为西方资本主义社会勾勒了理想的蓝图,为资产阶级革命做了思想上的准备。本单元不仅在欧洲近代史中占有重要地位,而且在整个世界近代史中也是举足轻重的。单元主题的确立,意在让单元每节课都围绕中心主题,既可以突出重点、提高课堂效率,又可以更好地把握教学主线与脉络。

从人文精神之源到科学理性发展,实质上就是西方对人的价值的认识和发展的过程;本单元中心紧紧围绕着一个"人"字,即对人的价值进行重新认识与思考。于是,笔者将本单元的中心主题确定为"人"。为突出中心主题,拟将本单元内容分为以下四个层次来阐释。

第一层次:从"眼中无人"到"心中有神"。

中世纪的人被神权束缚,在人的心目中只有教会和神权,而在教皇与教会眼中只有宗教神权,根本看不到人的价值与作用,只看到教权高高在上。从中世纪《圣母与圣子像》(图 3-1)的宗教绘画中,可以看到圣母头戴光环,面无表情、目光呆滞、没有生机,反映出中世纪人们心中只有庄严、充满神秘色彩的宗教神灵,呈现"眼中无人""心中有神"的现象。

第二层次:从"眼中无人"到"眼中有人"。

从早期个别智者、先哲的觉醒到文艺复兴时少数知识分子、上层人士的觉醒,再到宗教改革时多数基督教信徒民众的觉醒,不同世俗阶层对人的价值都有了新的认识,人们意识到人的价值和作用,要求把人从宗教神权的束缚中解放出来。文艺复兴时期宗教内容的绘画与中世纪相比发生了很大的变化,同样是《圣母与圣子像》(图 3-2),文艺复兴时期的神头上也有光环,但不同在于神的表情充满慈爱和温情,圣母、圣子就像邻家的母亲和小孩,充满了人性色彩,充分体现了人文主义思想。

图 3-1　中世纪《圣母与圣子像》　　图 3-2　《圣母与圣子像》

到了马丁·路德的宗教改革,直接把斗争的矛头指向掌握神权的教皇与教会,这时西方的人文主义精神已渐入人心,1555 年,新旧教诸侯签订《奥格斯堡和约》确立"教随国定"原则,路德宗取得合法地位,因此就出现了"眼中有人"的局面。

第三层次:从"眼中有人"到"心中有人"。

从"眼中有人"到"心中有人",这是西方人文主义发展中质的飞跃。启蒙运动从英国到法国、从法国到西欧,甚至影响到整个世界,这时期涌现了一大批杰出思想家,有英国的洛克,法国的伏尔泰、孟德斯鸠、卢梭,还有德国的康德等,他们已经开始意识到造成社会主要问题不仅仅是教权、教皇、天主教会,还有教权根植的土壤——整个旧制度,于是启蒙思想家们提出了天赋人权、自由平等、三权分立、社会契约、人民主权等资产阶级政治学说,为建立理想的资本主义国家提出许多新的构想,他们开始把斗争矛头从教权转向了封建专制制度,于是西方对人文主义认识也就从感性上升到理性,从人文主义上升到理性主义,资产阶级为了追求自由、人权掀起轰轰烈烈的资产阶级革命,欧美国家先后走上资本主义道路,于是出现"心中有人"的景象。

第四层次:从"眼中有人"到"心中有神"。

当人文主义发展到理性主义,并不意味着人的追求达到了顶点,它显然不是人类发展的终极目标。人教版必修三《文化发展历程》第二单元的

图 3-3 《法国人权宣言》

标题是"西方人文精神的起源及其发展",然而随着西方资本主义的发展,资本主义社会的各种弊端暴露出来,这和启蒙思想家所希望建立的理想王国产生了很大的差距,启蒙思想家所宣扬的理性主义也无法解决现实生活中的许多问题。为了揭露资本主义社会的罪恶,表达个人的内心情感,18 世纪末 19 世纪初西方出现了浪漫主义思潮,既然理性主义不是人类追求的终极目标,那么为了让学生更深刻领会人文主义精神实质,有必要将该单元中心主题做进一步的升华:探讨人类社会追求的更高目标是什么,即有尊严的、幸福的生活。如何才能过上有尊严的、幸福的生

活,这也是当今社会探讨的热点话题。只有当人们对理性主义有了新的认识,在理性主义升华的基础上才能做到"眼中有人""心中有神",这恰好体现了人类追求理想目标。当然这里的"神"不仅代表宗教诸神,更多的还应该是人们对自然的再认识、对人性的再认识,以及对科学发展、对人类进步不懈追求的一种精神。

三、单元主题教学的实践

第1课时

【主题】从"眼中无人"到"心中有神"——人文主义和人文精神产生

(一)预期目标

1.了解古希腊智者学派和苏格拉底等人对人的价值的阐述,理解人文精神的内涵。

2.理解"人是万物的尺度"是古希腊时期人文精神的基本内涵,理解苏格拉底"知识即美德"的观点。

3.理解苏格拉底的名言"认识你自己",体现尊崇理性和追求思想的自由。

(二)实施步骤

1.体验从"眼中无人"到"心中有神"

古希腊有句谚语:"眼睛能看见所有的东西,但看不到它自己。"这句谚语讲的是何许人呢?让我们一起来看看古希腊的预言吧。

【一个神谕】

古希腊有一个神话故事——《俄狄浦斯王》,俄狄浦斯原是忒拜国的王子,德尔菲神谕预言他长大后将"杀父娶母"。为了避免厄运,他的父母抛弃他,但幸运的他被科林斯国王捡到并收为养子。长大后,俄狄浦斯从神谕中得知自己的命运。

为了避免厄运降临在父母身上,他发誓不再回到科林斯国,却走上了去往忒拜国的道路。在路上,因一时冲动他误杀了微服私访的忒拜国王。

图3-4 德尔菲神庙遗址

到了忒拜国,俄狄浦斯机智地猜破人面狮身女妖的谜语,为忒拜国除了一害,于是被拥戴为王,并娶了前王的王后。经过一番曲折,俄狄浦斯最后得知了真相,他悲愤欲狂,刺瞎了双眼,怀着难言的痛苦,离开了忒拜国。

这个悲剧神话宣扬了什么?在古希腊众神时代,人们心中充满了神与宗教,眼中看不到自己,神完全主宰了世界,神是一切万物的尺度。

2.体验从"眼中无人"到"眼中有人"

这种心中有"神"的局面什么时候才被打破呢?(公元前5世纪中叶,古希腊出现了一场智者运动。)

何谓智者?"智者"本义为"智慧的人",也译为哲人派或诡辩派。为什么会出现智者?他们的主要职能是什么?大家知道,一种意识形态思想的产生往往取决于经济,经济基础决定上层建筑。请看古代希腊地图,它地处哪里?(地中海沿岸)气候温暖湿润,适宜生产什么?(橄榄、葡萄酒)这里港湾多、海上交通便利,商业十分繁荣。经济发展为智者出现奠定了物质基础。公元前6世纪初梭伦改革,奠定了雅典民主政治的基础,公元前5世纪伯里克利改革,雅典民主政治发展到顶峰。民主政治发展需要公民广泛参与城邦管理,公民要想在公共事务中有所作为,就必须在公众场合演说,发表自己的政见,以赢得大家支持,这就需要演说能力与技巧,智者正是为了适应这种需求应运而生,他们是专门教授雄辩术和修辞学的教师。

智者运动中有一杰出代表——泰勒斯,泰勒斯是梭伦的朋友,是梭伦改革的坚定支持者,也是古希腊的第一位哲学家,被称为"哲学之父"。公元前6、7世纪,泰勒斯认为"水是万物的本原",他是如何得出这一结论的?请同学们先阅读下列材料,看看后人是怎样认识和理解这一问题的。

材料1

泰勒斯观察到,"水的变化形式最明显:河流聚成三角洲,水结为冰而后又化为水,水还能变为蒸汽,蒸汽成气,气以风的形式扇起火"。

——[美]唐纳德·帕尔玛《快乐学哲学》

材料2

第一是因为希腊人面向大海,什么事情都容易和水联系起来。第二也许是因为水没有固定的形态,你要说世界万物是用水做成的,你就比较容易想象。

——何兆武《西方哲学精神》

泰勒斯直接面对大自然,用观察等方法探索,用实践和经验解释世界。这时泰勒斯眼中关注的对象已经从神转向了自然,他走出了神的世界、摆脱了神的主宰,标志着人文精神的启蒙。

智者进一步唤起人的觉醒,最突出的代表就是普罗塔戈拉。普罗塔戈拉和伯里克利是挚友,是伯里克利改革的坚定支持者,他提出"人是万物的尺度"的哲学命题。什么是尺度? 尺度是指一种标准。他强调标准的核心是人,他强调人的重要性,认为人是评判一切事物的标准,那么人是如何感知评判事物的呢? 让我们一起来看看这样一场官司。

【一场官司】

一天,一位叫欧提勒士的青年要拜普罗塔戈拉为师学习诉讼和辩护。师徒事先签订好合同,规定欧提勒士先付给普罗塔戈拉一半学费,剩下一半,等他打赢第一场官司再付。一年满师后,欧提勒士迟迟不替人打官司。普罗塔戈拉十分生气,向法院提出起诉。他对学生说:"如果你在我们的案子中胜诉,按契约你应向我交付学费;如果你败诉,也应按法院判决付给我学费。总之,你非得付学费不可。"欧提勒士振振有词地回击说:"如果我胜诉,根据法院判决我不用付钱;如果我败诉,根据合同我也不应付钱。总之,我决不会付钱。"这就是著名的"普罗塔戈拉悖论",也称为"半费诉讼"。为什么普罗塔戈拉和他的学生都认为这场官司有利自己? 谈谈你的认识。他们都将自己的感觉作为判断事物的标准,强调每个人都可以对事物作出自己的判断。这也正如罗素在《西方哲学史》一书中所说:"每个人都是万物的尺度,于是当人们意见有分歧时,就没有可以作为评判客观真理的依据。"

当智者眼中关注的对象从"神"转向"自然",再转向"人"时,开始真正从人的角度去理解和解释社会,把人置于世界的中心,这就是人文精神,这也是人类自我意识的第一次觉醒。

可是人人从自己出发,过分追求功利,忽视道德标准,又引发后继哲学家的批判与反思,其中最著名的是古希腊哲学家——苏格拉底。德尔菲神谕宣称苏格拉底为全希腊最富有智慧的人,马克思称他为"哲学的创造者",是"智慧"的化身。苏格拉底提出了一个著名哲学命题"美德即知识"。美德和知识两者到底是什么关系? 请看寓言。

材料3

【一则寓言】

有一位栖息于山林的隐士同一头熊成为极要好的朋友。有一天,隐士在林间睡着了,他的朋友熊坐在一旁守护着他,挥舞着巨大的熊掌为他驱赶蚊蝇。有一只苍蝇不停地在隐士头上叮咬,任凭熊怎样驱赶也不离去。

熊被激怒了,拣起一块大石头想狠狠地惩罚这只苍蝇。当这只苍蝇再次落在隐士的头上时,熊举起石头,狠狠地向苍蝇砸了下去……

——[俄]克雷洛夫《熊与隐士》

请问:熊的品德好不好?为什么它会做出这种蠢事?（熊的品德是好的,但由于无知,酿成了恶果。）

可见知识是美德的基础,一切美德都离不开知识,要想获得美德就需要知识做基础,不知道道德的本性就不能做到道德（"无知即恶"）。当然知识的获得是需要接受教育的。这则寓言揭示了教育、知识与道德的关系,教育的目的是通过学习让人获得各种知识,从而去挖掘、发展人的美德和善性。学习和掌握各种知识的过程就是美德的获得和完善的过程,即美德是知识,知识即美德。

苏格拉底在强调美德的同时,还提出"认识你自己",他用一生来诠释"发现你自己""认识你自己"这一伟大的哲学命题。他是如何坚持这一真理的呢?请看一则故事。

材料4

【一粒苹果】

有一次,几个学生问哲学家苏格拉底:"人生是什么?"苏格拉底把他们带到一片苹果树林,要求大家从树林的这头走到那头,每人挑选一只自己认为最大最好的苹果,不许走回头路,不许选择两次。在穿过苹果林的过程中,学生们认真细致地挑选自己认为最好的苹果。等大家来到苹果林的另一端,苏格拉底已经在那里等候了,他笑着问学生:"你们挑到了自己最满意的果子吗?"大家你看看我、我看看你,都没有回答。苏格拉底见状,又问:"怎么啦,难道对自己的选择不满意?"

"老师,让我们再选择一次吧,"一个学生请求说,"我刚走进果林时,就发现了一个很大很好的苹果,但我还想找一个更大更好的。当我走到果林尽头时,才发现第一次看到的那个就是最大最好的。"另一个学生接着说:"我和他恰好相反。我走进果林不久,就摘下一个我认为最大最好的果子,可是,后来我又发现了更好的。所以有点后悔。""老师,让我们再选择一次吧!"其他学生也不约而同地请求。苏格拉底笑了笑,语重心长地说:"孩子们,这就是人生——人生就是一次无法重复的选择。"面对无法回头的人生,我们只能做三件事:郑重的选择,争取不留遗憾;如果遗憾了,就理智地面对,然后争取改变;假若不能改变,就勇敢地接受,不要后悔,继续朝前走。学生向苏格拉底请教如何才能获得真理。苏格拉底让大家坐下来。他用手捏着一个苹果,慢慢地,从每个同学旁边走过,一边走一边说:"请大家集中精力,注意品味空气中的气味。"然后,他回到讲台上,把苹果举起来晃了晃,问:"哪位同学闻到苹果的味道?"有一位学生举手回答说:"我闻到香味!"苏格拉底又问:"还有哪位同学闻到了?"学生们你望望我、我看看你,都不作声。苏格拉底再次走下讲台,举着苹果,从学生旁边走过。他边走边叮嘱:"你们务必集中精力,仔细嗅一下空气中的气味。"回到讲台后,他又问:"大家闻到苹果的气味了吗?"这次,绝大多数学生都举手。稍停,苏格拉底第三次走到学生中间,让每位学生都嗅一下苹果。回到讲台后,他再次提问:"大家闻到苹果味了吗?"他的话音刚落,除一位学生外,其他学生都举起了手。那位没举手的学生左右看看,也慌忙举起手,他的神态引起一阵笑声。苏格拉底也笑了:"大家闻到什么味儿?"学生异口同声回答:"香味儿!"这时苏格拉底脸上的笑容不见了。他举起苹果缓缓地说:"非常遗憾,这是一个假苹果,什么味儿也没有。"

苏格拉底要告诉学生什么道理?

"永远不要用成见下结论,不要相信自己的直觉,更不要人云亦云,我拿来一只苹果,你们为什么不先怀疑苹果的真伪呢? 不要相信所谓的经验,只有怀疑开始的时候,哲学和思想才会产生。"苏格拉底是这样说的,也是这样做的。

材料5

【一种选择】

公元前399年,有人以"亵渎神灵"和"腐化青年"两项罪名对苏格拉底提出指控,在法庭上,苏格拉底为自己辩护,并重申了自己的哲学观点。由鞋匠、裁缝、游手好闲的人和看好戏凑热闹的人组成的501位陪审团法官投票表决,以略过半数的281票通过有罪判决。苏格拉底拒不认罪,结果,第二次表决以360票通过了死刑判决。(图3-5)

"审判苏格拉底的自相矛盾和可耻的地方是,以言论自由著称的城市竟然对一个除了运用言论自由以外没有犯任何其他罪行的哲学家提出起诉。"苏格拉底被判处死刑之后,他有很多种存活下来的选择:

(1)他可以认错,并表示今后不再讲相关言论;

(2)他可以交付一笔赎金,换取生命;

(3)他还可以把妻子和孩子带上法庭,泪流满面地向法官求情,用妇孺

图 3-5 《苏格拉底之死》

之情感化陪审团。

在临刑前克里托劝苏格拉底逃走,他却说:"我决不从任何朋友那里随便接受建议,除非经过思考表明它是理性提供的最佳办法。"但是,苏格拉底最终还是服从了城邦法律的判决,选择了死亡。苏格拉底把装有毒酒的杯子举到胸口,平静地说:"分手时候到了,我将死,你们活下来,是谁的选择好,只有天知道。"说毕,一口喝了毒酒。在场的人都伤心地哭了,连狱卒也流下眼泪。毒酒作用渐渐发挥,苏格拉底感到双腿沉重,就按看守的建议躺了下来,他的神志开始混乱,最后留下的遗言是:克力托,我欠了阿斯克勒庇俄斯一只鸡,记得替我还上这笔债。

苏格拉底用他的死捍卫了真理,这种对理性的尊崇和对思想自由的追求,是欧洲 18 世纪启蒙思想的源头。

第二课时

【主题】从"眼中无人"到"眼中有人"——欧洲人文精神发展

(一)预期目标

1.知道薄伽丘等人的主要作品和马丁·路德等人的主要思想,理解文艺复兴运动及宗教改革运动的性质。

2.了解 14、15 世纪文艺复兴历史背景,理解文艺复兴的实质。

3.知道马丁·路德《九十五条论纲》,了解马丁·路德宗教改革的影响。

(二)实施步骤

1.体验从"眼中无人"到"眼中有人"

片段一:持久禁锢的人性

【历史情景剧一:商人与教士(学生模拟)】

时间:14世纪的某一天

地点:佛罗伦萨的一个教堂

人物:商人和教士

商人:我叫丹尼尔,我是个商人,经过几年打拼我赚了钱,买了两座城堡和十辆马车,雇了十几个仆人。这日子过得还算幸福。今天是星期天,我该到教堂做礼拜去了。

教士:(门口碰到丹尼尔)丹尼尔,最近在忙什么?

商人:(自豪地说)我最近在佛罗伦萨又买了一座更大的城堡,打算好好装修一下,添置些金银器具。

教士:(语重心长地说)丹尼尔,你最近离上帝越来越远了!

商人:(疑问)为什么? 我犯了什么错误? 我每天祈祷,每周都来教堂做礼拜,该是个合格信徒。

教士:(严厉教诲)丹尼尔,我们人类自诞生就是有罪的,我们到人间是来赎罪的,所以你要抑制自己的情欲和欢乐,虔诚地忏悔错误,才能得到拯救,才能升入天堂。

商人:那样的话,我宁可现在活得舒服快乐。

教士:那你永远得不到拯救,会下地狱的。

商人:主啊,我应该如何拯救自己呢?

《圣经》里说,人类的祖先是亚当和夏娃。由于他们违背了上帝的禁令,偷吃了乐园的禁果,因而犯了大罪,作为他们后代的人类,就要世世代代地赎罪,终身受苦,不能有任何欲望,以求来世进入天堂。

表 3-1 教士与商人对生活的态度与理想追求有何不同?

名称	教士	商人
代表阶层	教会、教皇	新兴资产阶级
生活态度	禁欲主义	享乐主义
理想追求	来世幸福	现世幸福

两种不同主张与矛盾交织在一起,最后在西欧引发了文艺复兴运动。

片段二：冲破禁锢的思想

文艺复兴运动宣扬什么思想？观察中世纪前后两幅圣像图:《中世纪圣母》和文艺复兴拉斐尔《西斯廷圣母》，请问这两幅圣像图有什么不同呢?

图 3-6 《中世纪圣母》　　　　　　图 3-7 《西斯廷圣母》

《中世纪圣母》(图 3-6)表情严肃、呆板，头上闪耀着光芒，带有浓厚神秘的宗教色彩，而《西斯廷圣母》(图 3-7)体态丰满、端庄安详，头上没有光环，衣着朴素、表情温柔，圣母没有禁欲主义的神秘感，仿佛是人世间普通的慈爱母亲。拉斐尔将圣母描绘成凡间的慈母，其体现了什么思想?（他毫不掩饰圣母的人性美，强调人的天性。）

阅读课文，指出文艺复兴时期文学领域主要有几位代表人物，分属哪一个国家。下面分四个小组，每个小组推荐一位文学巨匠史料，并回答问题。

第一小组

但丁，意大利诗人。恩格斯称他是"中世纪的最后一位诗人，同时又是新时代的最初一位诗人"。但丁是文艺复兴的先驱，他创作的《神曲》赞颂了人的伟大，并率先揭露了教会的贪婪。《神曲》全长 14000 多行，分为《地狱》《炼狱》《天堂》三部分。

材料6

但丁把当时的教皇卜尼法斯八世安排在一个火窟中，永远受烈火的煎熬。但丁对地狱中的另外一个教皇尼古拉三世说：你留在这里吧，因为你受的刑罚是公正的……因为你的贪婪使世界陷于悲惨,把好人踩躏,把恶人提升。

——《神曲》

但丁《神曲》中为什么将教皇尼古拉三世投入地狱接受煎熬?(教皇贪婪使世界陷于悲惨,把好人踩躏,把恶人提升),那么教皇代表什么力量?(教会、教权),《神曲》要表达诗人怎样的思想感情?(揭露、批判教皇、教会的贪婪与罪恶)

第二小组

弗朗西斯克·彼特拉克(1304—1374),意大利学者、诗人,早期人文主义者,被称为人文主义之父。他以十四行体抒情诗著称于世,为欧洲抒情诗发展开辟道路,后人尊他为"诗圣"。他率先提出用人学对抗神学,他一生的创作很丰富,其中《歌集》对以后欧洲诗歌产生了巨大影响,他成为享誉欧洲的著名作家。

材料7

"我不想变成上帝,或者居住在永恒中,或者把天地抱在怀抱里。属于人的那种光荣对我就够了。这是我祈求的一切。彼特拉克我自己是凡人,我只要求凡人的幸福。"

——彼特拉克

请问:这句名言表明彼特拉克怎样的生活态度?(追求现世的幸福生活。)他代表哪一个阶级的观点?(新兴资产阶级)

第三小组

《十日谈》是薄伽丘的代表作,它主要叙述了3名男青年和7名女青年为了躲避黑死病,在乡间一个别墅里住了10天,讲了100个故事,这些故事取材广泛,反映的是14世纪意大利的生活场景和各阶层人物。

材料8

……第四天故事(一)一位父亲将儿子从小带至深山中隐修,以杜绝人欲横流的尘世生活的诱惑。儿子到了18岁,随父亲下山到佛罗伦萨,迎面碰上一群健康美丽的少女。头一次见到女性的儿子问父亲这些什么东西,虔诚的父亲把女子看作洪水猛兽,要儿子赶快低下头,说这是叫"绿鹅"的"祸水"。岂料一路上对任何事物都不感兴趣的儿子却说:"爸爸,让我带一只'绿鹅'回去喂养吧!"

——薄伽丘《十日谈》

故事中父亲将女人说成什么?("绿鹅"和"祸水")这是受到什么观念

的影响？（神学思想中禁欲主义思想的影响。）儿子在五光十色的世界里独独看中了"绿鹅"（女人），这说明什么？（爱美是人的本性，人的天性是无从回避的。）故事表达了作者怎样的思想观念？（揭露宗教神学的伪善与荒谬，引导人们摆脱中世纪禁欲主义束缚，强调人的自然欲望。）

第四小组

文艺复兴从意大利兴起，16世纪扩展到欧洲各国，出现了许多名家，其中文学领域最为杰出的是莎士比亚。莎士比亚创作了许多脍炙人口的悲剧喜剧作品，共写了37个剧本。其中《哈姆雷特》是莎士比亚最杰出的悲剧作品。

材料9

"人是一件多么了不起的杰作！在理性上多么高贵！在才能上多么无限！多么文雅的举动！在行为上多么像一个天使！在智慧上多么像一个天神！宇宙的精华！万物的灵长！"

——莎士比亚《哈姆雷特》

从《哈姆雷特》这段话中我们能感受到什么？（赞美人的理性、文雅。）这段独白反映了文艺复兴运动中怎样的核心思想？（人文主义，肯定人的价值，提升人性的高尚和尊严。）

表3-2　莎士比亚对人的赞美与意大利三杰对人性的肯定有什么不同

领域		代表人物	代表作品	国籍	特点
文学	初期	但丁	《神曲》	意大利	批判教会的腐败，肯定人的自然欲望
	高潮	彼特拉克	《歌集》		
		薄伽丘	《十日谈》		
		莎士比亚	《哈姆雷特》	英国	歌颂仁爱，人性的高尚与尊严

文艺复兴的巨匠们对人性不加掩饰的真实理解与告白，正是人文主义的起点，他们认为人对爱情的追求、对财富的渴望、对尊严的需求都是自然、合理的。他们对人性认识经历了从初级（质朴）到高级（高雅精致）的发展历程。

文艺复兴不仅是文学艺术的突破，还代表一个新的时代来临，文艺复兴运动使西欧逐渐摆脱宗教对精神世界的控制，他们的核心主张是人文主义，即提倡人性，反对神性，肯定人的作用、价值和尊严，追求现世幸福，倡导个性解放,其实质是一场资产阶级新文化运动,是欧洲第二次思想解放运动。

片段三:打碎禁锢的牢笼

文艺复兴涌现出一批文学、艺术、哲学、思想领域大师,他们代表西欧上流社会和知识分子的主张和需求,他们大胆揭露教会的丑恶,却无法阻止教会腐败。1476年教皇颁布一条法规,把购买赎罪券列为可以挽救亡灵的信条,这为敛财提供了依据。当时几任教皇都是通过贿赂登上宝座,他们当上教皇后,必然要疯狂敛财、收回成本。他们生活奢靡、荒淫无度,教皇要求教士独身,而自己却不遵守,据说教皇英诺森八世有8个私生子,教会腐败引起正直神职人员不满,他们纷纷提出宗教改革,捷克胡司就是其中突出的代表,胡司挑战质疑权威,被罗马教会以异端罪判处死刑,最后被烧死在布拉格广场。

罗马教廷倒行逆施,引发宗教改革。这场改革,发端于德意志,其倡导者马丁·路德是神学博士,威腾贝格修道院院长,1510年他带着虔诚之心朝拜罗马城,看到一片腐败,感到痛心疾首。当他再次研读《圣经》时,发现《福音书》中说:"耶稣基督之死已经替人类在上帝面前赎罪,只要相信耶稣,就可以得救。"他顿悟了,认为信仰唯一依据是《圣经》,他认为罗马教廷的教规和行为已经完全背离了基督教教义,此后开始倡导宗教改革。

图3-8 兜售"赎罪券"

图3-9 张贴《九十五条论纲》

1517年,教皇以修缮罗马圣彼得大教堂为名,大量出售"赎罪券"(图3-8),"赎罪券"其实就是一张纸符,它一面印有教皇的徽章,一面有耶稣被钉子钉穿的手掌印。当时兜售"赎罪券"还明码标价:杀人罪,赦免价8个金币;在教堂犯奸污罪,赦免价6个金币;伪造文书罪,赦免价7个金币。这种无耻、公然的搜刮激起了德国各阶层民众的愤慨,为了与赎罪券抗争,马丁·路德写成《九十五条论纲》(图3-9)贴在维登堡大教堂门口,引发了惊动宗教界的大事——宗教改革,还引发了马丁·路德与教皇特使的一段著名辩论。

【历史情景剧二:教皇特使与马丁·路德】

教皇特使:只要买赎罪券的钱币落进钱柜叮当一响,那个罪人的灵魂就从炼狱直飞天堂,快给钱吧。

马丁·路德:很显然当钱币投入钱柜叮当作响时,增加的只是贪婪欲望,而不是灵魂升天。至于是否有效完全是以上帝的意志为转移,信徒得救一不靠教皇,二不靠圣礼,只有靠终生忏悔才是基督的正道。

教皇特使:大胆的路德,"圣礼"是把上帝的恩典传授给圣徒们必不可少的媒介,如果没有尊贵的主教和教士,你们的灵魂永远得不到上帝的饶恕。上帝啊,真的不可饶恕啊!

马丁·路德:每一个基督教徒只要真诚忏悔都可以直接和上帝联系而无须教会的媒介,你们自以为自己很崇高吗?信仰唯一依据就是《圣经》,信仰耶稣就能得救。

教皇特使:哼,路德,你要多行善功,上帝永远偏爱那些实行禁欲或贫穷独身生活的人。

马丁·路德:收起你们那些荒唐的说教吧,追求现世生活的幸福是每个人的权利,我们要大胆地创造财富,僧侣也可以婚配和还俗。

教皇特使:难道你是被恶魔附身了吗?马丁·路德,教皇命令你在60天内收回《九十五条论纲》,否则你们这些异教徒一定会被处死!

马丁·路德:我有义务不仅仅是说明真理,而且用我的鲜血维护真理。我要自由地相信,而不要做权威的奴隶。不论那权威是教会,是大学,还是教堂,我的良心是出于上帝的命令,我不能也不愿意撤回任何意见。

教皇特使:教皇和国王,犹如太阳和月亮,月亮从太阳那里获得光辉,国王从教皇手中获得权力。

马丁·路德:教皇和神职人员没有绝对权威,教会应该从属于国家,应让世俗政权在世界中执行职务。……

通过情景剧,同学们思考双方论战中产生分歧的议题是什么。

第一议题是对赎罪券的态度。

第二议题是信徒信仰得救的途径。

第三议题是对现世生活的态度。

第四议题是对教皇和王权的认识。

这里着重分析第二议题信徒如何得救。教皇特使认为:信徒—主教和教士—上帝,信徒要向上帝忏悔必须通过天主教和教士这一媒介,人必须禁欲才能得救,教会有解释《圣经》的特权,决定人死后灵魂能否升入天堂——因行得救;而马丁·路德认为信仰本质是内心活动,而不在于形式和行为,灵魂得救要靠自己虔诚的信仰,每个人都有权读《圣经》、理解《圣经》,在上帝面前人人平等,可以通过《圣经》直接和上帝对话,不用神父做中介——"因信称义"。

马丁·路德的主张遭到罗马教廷强烈斥责,最后引发了德意志宗教战争。1555年双方签订和约,路德教成为合法宗教,德意志国家权力高于教会权力。当时欧洲几乎都发生了类似的宗教战争,出现了路德派、加尔文派、英国国教等新的教派,他们被统称为"新教"。

表3-3　教皇特使与马丁·路德主要主张比较表

	主要议题	教皇特使	马丁·路德	实质
一	赎罪券	钱落钱柜,灵魂升天	增加贪婪、爱财、欲望	批判教会虚伪贪婪
二	得救途径	因行得救	因信得救	确立灵魂自救的精神自由
三	生活态度	禁欲、独身	追求现世幸福	宣扬人文主义精神
四	王权与教权	教皇拥有绝对权威	教会从属于国家	肯定王权高于教权理论

第三课时

【主题】从"眼中有人"到"心中有人"

——从人文主义到理性主义

(一)预期目标

1.了解启蒙运动产生的背景、性质、目的和主要内容。

2.理解主要思想家具有代表性的主张及启蒙运动的影响。

3.理解启蒙运动与文艺复兴的区别与联系。

(二)实施步骤

1.体验从"眼中有人"到"心中有人"

片段一:启蒙运动的含义及核心

情境一:展示 light(光明)、enlighten(启蒙)、the Enlightenment(启蒙运动)和黑暗、黎明两幅图片,导入启蒙运动的含义及核心。

片段二:探源启蒙运动。启蒙运动是在怎样的背景下兴起的呢?

学法指导:一定时期的思想文化是一定社会的政治和经济在观念形态

上的反映。

背景归纳：

(1)经济：资本主义的进一步发展。

(2)政治：新兴资产阶级力量壮大，要求摆脱封建专制统治和教会压迫。

(3)文化：宗教改革的推动，自然科学的发展。

片段三：启蒙运动的发展历程。

通过地图动态呈现启蒙运动的发展历程：

(1)起源：英国(17世纪)

(2)高潮(中心)：法国(18世纪)

(3)扩展：德意志

片段四：启蒙运动的代表人物及其主张

感受启蒙运动：展示启蒙思想家的图片及温家宝的话：一个民族有一些关注天空的人，他们才有希望！关注天空的人思考的问题如下：

(1)上帝到哪里去？

(2)国王、贵族怎么办？

(3)如何避免新强权？

【感受启蒙大师思想——伏尔泰】

材料10

自由只存在于依靠法律进行统治的地方……在法律面前人人都享有平等的权利。

——伏尔泰

材料11

……教皇是"两足禽兽"，基督教传教士是"文明的恶棍"……现存社会的一切灾难都来源于无知，而无知是教会造成的。

——伏尔泰

材料12

应当由开明的君主按哲学家的意见来治理国家。

——伏尔泰

材料一、二、三分别反映了伏尔泰的什么思想？

法律面前人人平等；反对教会统治；君主立宪制构想。

【感受启蒙大师思想——孟德斯鸠】

材料13

当立法权和行政权集中在同一个人或同一个机关之手，自由便不复存在了;如果司法权不同立法权和行政权分立,自由也就不存在了;如果同一个人或是由重要人物、贵族或平民组成同一机关行使这三种权力,则一切都完了。

——孟德斯鸠《论法的精神》

(1)核心思想是什么?（三权分立、制约平衡）

(2)其思想主张最先在哪一国的宪法中有所体现?（美国 1787 年宪法）

【感受启蒙大师思想——卢梭】

展示拿破仑的名言:没有卢梭,就没有法国革命。

比一比,你所了解的卢梭,看谁写得快!

展示要求:

(1)按照国家、代表人物、主要主张的顺序写。

(2)一人写不完整的,由该组成员补充。

表 3-4　启蒙运动思想家及其主要主张

阶段	国家	代表人物	主要主张
兴起	英国	霍布斯	建立社会契约国家,君权是人民授予的
		洛克	提出分权思想,主张君主立宪制
高潮	法国	伏尔泰	反对君主专制,赞成开明君主,倡导英国式的君主立宪制
		孟德斯鸠	三权分立学说,权立的分权与制衡
		卢梭	"社会契约论"和"人民主权"说
		百科全书派(狄德罗)	宣扬科学和理性,反对迷信和专制
扩展	德意志	康德	人权、自由、平等

启蒙运动使理性主义得到发展升华,思想家为构建理想王国,提出许多主张与理论,这些思想为西方民主政治制度建立奠定了基础,为西方从封建社会向资本主义社会转型以及近代资产阶级民主革命和民主政权建立提供了坚实的思想武器,然而理性主义能否解决现实生活中的一切问题呢?卢梭、康德对此提出质疑,他们的主张实际上是对启蒙运动的一种反思,也是对启蒙思想存在的问题提出了批判,卢梭对理性的质疑对康德产生了深刻影响,康德认为理性的自由是人身解放和思想解放,这是对启蒙运动的延伸与拓展。

在介绍康德对理性与感性的理解时,教师引用了 2011 年感动中国的十大人物——吴菊萍案例,吴菊萍初为人母,对小孩充满母爱,当她看到小孩从十楼坠下,毅然徒手将她接住,据测算当时小孩坠楼的重力相当于 330 多斤重物,如果从理性角度思考,她是根本做不到的,这有违常理,但是她却凭借瘦弱的肩膀毅然地接住了小孩,她做到了理性所无法做到的事情,故事很真实、感人。现实生活实例告诉我们,仅仅依靠理性来解决生活问题远远不够。教师用身边的感人故事来诠释卢梭、康德对理性的质疑,通俗易懂。反对盲从、敢于质疑,在教学中潜移默化地渗透着人文素养,这对培养学生敢于质疑、批判精神有很大益处。

2.体验从"心中有人"到"心中有神"

当人文主义发展到理性主义,并不意味着人的追求达到了顶点,这不是人类发展的终极目标。随着西方资本主义发展,资本主义社会各种弊端暴露,这和启蒙思想家所希望建立的理想王国有很大差距,启蒙思想家宣扬理性主义无法解决现实生活中的许多问题。为了让学生深刻领会人文主义精神实质,有必要将单元中心主题做进一步升华:探讨人类社会追求更高的目标是什么?(即过上有尊严、幸福的生活。)如何过上有尊严、幸福的生活?这是当今社会探讨的重要话题。只有当人们对理性主义有了新的认识,在理性主义升华的基础上才能做到"眼中有人""心中有神",这也恰好体现了人类追求的理想目标。当然这里的"神"不仅仅代表着宗教的诸神,更多的还是人们对自然的再认识、对人性的再认识以及对科学发展、人类进步不懈追求的一种精神。

正如在英国威斯敏斯特教堂内有一块名扬全球、令人震撼的无名墓碑,上面刻着这样一段话:"当我年轻的时候,我的想象力从没有受到过限制,我梦想改变这个世界。当我成熟以后,我发现我不能改变这个世界,我将目光缩短了些,决定只改变我的国家。当我进入暮年以后,我发现我不能改变我的国家,我的最后愿望仅仅是改变一下我的家庭,但是,这也不可能。当我躺在床上,行将就木时,我突然意识到:如果一开始我仅仅去改变我自己,然后作为一个榜样,我可能改变我的家庭;在家人的帮助和鼓励下,我可能为国家做一些事情。然后谁知道呢?我甚至可能改变这个世界。"

这段发人自省的人生教义,触及灵魂。当年轻的曼德拉看到这篇碑文时茅塞顿开。他声称找到了改变南非的金钥匙。回到南非后,这个原本赞同以暴制暴的黑人,改变了自己的思想和处世风格,他从改变自己,改变家庭和亲友着手,经历几十年他改变了国家。真的,要想改变世界,最佳支点不是地球、不是国家、不是民族、不是别人,而只能是自己。正是因为他心中的理想与信念让他知道了这个道理:要想改变世界,必须从改变自己开始,当不能改变环境、不能改变别人时,请先改变自己,再改变一切!

四、单元主题教学的反思

单元主题教学还处在探索的过程,还有许多问题需要去解决。单元中心主题的确定还应该与时俱进,联系现实、联系社会。在"国培计划"研修中,不论是专家教授,还是开课的老师都试图摆脱历史教学的二元论,即非此即彼的旧思想。在多元文明高度发达的信息社会,不同文明存在的价值和意义开始为大家所认同,多元思想的共存共荣也开始为人们所认知,人们对事物的认识已不再是单一的一分为二、非此即彼,人们对事物的包容意识在增强,开始从理性走向多元。本单元的中心主题的深化,可以让学生提高认识、增强意识,人所追求的心目中的"神",即理想与信仰。

只有心中有信仰、有追求,人们才会过上有尊严、幸福的生活,那时中国教育改革才是真正的成功,中国梦才会真正地实现。

第四章

历史“本真”教学实践之三——研究性学习

第一节　历史研究性学习的理论、原则与意义

2006 年福建省全面启动高中新课程改革，这次课改与以往最大的区别在于它增设了一门新的课程——“综合实践活动”，综合实践活动课程作为高中课程结构八个学习领域之一，包括研究性学习活动、社区服务与社会实践三个方面，共计 23 个必修学分，其中研究性学习独占 15 学分，2018 年课程改革将“综合实践活动”课程学分调整为 22 学分，其中研究性学习占 14 学分，2020 年最新一轮课程改革，“综合实践活动”课程为 8 学分，其中研究性学习就占 6 学分，尽管综合实践活动总学分在减少，但研究性学习所占比重不降反升，可见研究性学习课程一直都是新课程改革的突出亮点。

一、研究性学习概述

研究性学习起源于美国，美国没有将研究性学习单独设置为一门课程，而是将研究性学习直接融入其他各类课程中，采用的是一种完全融合式的课程形式。我国是将研究性学习单独设置为一门课程，主要受各种条件的限制，如师生的观念、知识与技能准备不足等。由此可见独立设置研究性学习课程仅仅是教育改革的一种过渡，它最终必将完全融入其他各类

课程之中。

研究性学习是指学生在教师指导下,运用现代教育理论,从学习生活或社会生活中选取相关的研究课题,并参照科学研究的方法,主动对获取知识进行重新整合与建构的一种新型课程形态或学习方式。研究性学习可以由教师和学生共同参与,在探索新知识的过程中相互合作,一起完成研究内容,教师和学生都成为研究学习的探讨者、研究者、合作者。

二、开展研究性学习的必要性

教育部颁布的《普通高中"研究性学习"实施指南(试行)》明确指出:"设置研究性学习的目的在于改变学生以单纯接受教师传授知识为主的学习方式","促进学生形成积极的学习态度和良好的学习策略,培养创新精神和实践能力"。因而对于高中历史学科而言,研究性学习的目标就是改变学生学习历史的方式,提高历史学习实践能力和创新能力。

据一份权威部门对普通高中学生的问卷调查显示,72.8%的学生表示自己目前学习历史的主要方式是"以背诵记忆史实为主",57.5%的学生表示对历史课内容"从来没有过疑问",只有27.2%的学生表示自己的学习方式是"以理解历史事件的因果联系为主",仅有14.3%的学生表示"有过疑问,曾向老师提出过"。从数据统计中反思教师教学方式和学生学习方式,不难发现当前学生学习主要依赖两种方式,一种是接受式学习,另一种是探究式学习,两种学习相辅相成,缺一不可。而基础教育则过多地注重接受式学习,忽略了探究性学习在人的发展中的重要价值,从而导致学生只会被动机械的学习,而缺乏独立思考与创新能力。

众所周知,随着课程改革的深入开展,现代教育理念已被大家所认同。新课程改革实质是对传统教育的一种反思,正如我国漫画大师丰子恺题为"教育"的漫画(图4-1),漫画形象生动地刻画出传统教育的弊端,"千人一面,泯灭个性",这种滞后

图4-1 教育(丰子恺漫画)

的教育模式严重制约现代教育改革的进程,束缚学生个性发展,为了改变这种僵化模式,给学生更多学习自主性和选择性,研究性学习便应运而生。

三、研究性学习的理论支持

研究性学习课程对广大师生来说是一门全新的课程,实施研究性学习必须要有新的课程理论来支持,当前支持研究性学习课程的教育理论主要有如下几种:

(一)现代教育理论

现代教育理论强调的是教育的人性化和个性化,崇尚以人为本。教育的真正目的就在于不断地发现人的价值。承认每个人生来都具有一定的甚至优秀的潜能,教育的真正意义就在于不断地发掘人的潜能,教育的主要作用就在于不断地发展人的个性,主张在教育工作中形成一种和谐、协调、愉快活泼、乐观向上的教育氛围,建立相互尊重、彼此理解、协调合作的人际关系,始终把学生当作主体,发挥他们的主体作用。

在教育实践中,我们认为适应 21 世纪发展需要的人才培养,就是以人类个性未完成状态为起点,以人的成长欲求和个体已有的发展机制为依托,去追求完善的身心和完善的个性这个最终目标。一切为了学生的发展,为了一切学生的发展,为了学生发展的一切。

(二)建构主义学习观

建构主义认为,知识不是通过教师传授得到,而是学习者在一定的情境即社会文化背景下,借助其他人(包括教师和学习伙伴)的帮助,利用必要的学习资料,重新建构新的知识体系。

建构主义提倡在教师指导下的、以学习者为中心的学习,也就是说,既强调学习者的认知主体作用,又不忽视教师的指导作用,教师是知识建构的帮助者、促进者,而不是知识的传授者与灌输者。学生是信息加工的主体、是知识的主动建构者,而不是外部刺激的被动接受者和被灌输的对象。

(三)多元智能理论

1983 年,美国心理学教授霍华德·加德纳出版的《智能的结构:多元智能理论》一书中提出了新的智能定义:智能是"解决问题和创造具有某种文化价值产品的能力"。加德纳的智能定义特别强调了智能是个体解决实际问题或生产、创造出社会需要产品的能力。加德纳提出的多元智能理论是一种全新的人类智力理论,这种理论提出后,被广泛运用于美国教育教学改革中,成为西方许多国家教育教学改革的重要指导思想。

多元智能理论最令人兴奋的启迪之一是教育部门有责任开发每个学生的智能,至关重要的是,让每位学生都能发现自己的长处。这可以促使学生不断地追寻自身内在的兴趣,这种追求不仅培养了学生学习的乐趣,而且也是学生坚持不懈努力探索的内在驱动力,这正是熟练地掌握学科原理和创造发明所必备的品质。由此可见多元智能理论对我国课程改革有许多借鉴之处:

1.多元智能既有先天基础,又有后天开发与培养

多元智能理论指出人具有多种智能,它既承认"多元智能"本身有先天基础,更强调"多元智能"需要后天的开发、培养,将先天与后天有机结合起来,比如说,人际交往智能可能和人的前脑发展有联系,而与人的后脑的功能关系不大,因此,重视人的前脑功能开发就有助于发展人的人际交往能力。总之,每一种智能都能找到它的脑生理基础,这就是先天的东西,但同时每一种智能又可以通过后天的途径加以调整和培养,从而加深对人的潜能开发,所以这个理论很值得借鉴。

2.人的智能结构既是多元的,又因人而异

多元智能理论认为,人的智能结构是多元的,人们从对"IQ"的研究到对"EQ"的研究,再到对智能多元结构的研究,是人对自身认识的不断深化,最初提出了7项结构,现在又提出了第8项、第9项,这种智能结构的思想与促进人的全面发展理论是一致的,促进人的全面发展的实质就是通过对人的潜能开发来不断完善人的素质结构。

3.多元智能既可以为个性发展,又可为全面发展提供方向性指导

通过对"多元智能"的测量可以看出一个人的智能优势和弱势,这有助于对学生个体未来的发展方向进行科学指导。当然,多元智能理论也可以通过对一个地区智能结构的共性分析为指导该地区群体的全面发展提供依据,可见多元智能理论对实施素质教育有直接的指导作用,它给教育工作者的启示是教育要面向全体学生,每个学生都是可塑之才,由于每个学生智能组合不同、个性特点不一,这就要求教师善于发现每个学生的学习类型和智能类型,并通过扬其优势智能,带动其他智能的发展。现代社会需要各种人才,这就要求学生在各种智能全面发展的基础上,个性得到充

分发展和张扬,以形成特长,这就对今天的教师提出更高的要求。

总而言之,实践"多元智能"理论的价值在于:它激发对人的潜能的深层思考,而如何实现从"思考"到"行动",正是我们教育改革努力追求的方向。

四、高中历史研究性学习的基本原则

自然界中可以作为研究对象的问题很多,这就决定我们在课题研究时必须遵循一定的基本原则。

1.创新性原则

创新是科学发展的源动力,是一个民族进步的灵魂,课题选择要有新意、敢于奇思妙想、注重科学创新,就目前历史课题研究来看,我们不能只拘泥于书本上一般学科性的问题,应注意问题的多角度和新颖性,对于纷繁复杂的历史事件、历史现象和历史人物,我们可以让学生从多角度、多层面加以分析、比较和辨别,捕捉其规律性,培养学生的创造性思维,从而获得新的知识。譬如:黑龙江大庆一中的几位同学在看了《读者》杂志上的一篇《艺术马桶》文章后,被文章中所描绘的各式奇妙的马桶所吸引,于是选择了以马桶"文化"为课题,以人们日常生活息息相关的小器物作为切入点,了解马桶的昨天、今天与明天。同学们通过发散性思维将马桶的"文化"这一课题分解成若干子课题,如"马桶名称的由来""马桶发展演变的历史""马桶演变与人文主义思想的关系""马桶与节水的问题""马桶与环保""马桶与人体健康""马桶与科技发展"等,这些子课题涉及人文、政治、历史、地理、物理、数学、生理健康等众多学科。同学们对"马桶"这一平时十分避讳的话题做了深入的研究,不仅促成了所学的各学科知识的融会贯通,而且大大拓宽了同学们的想象力和创造力,这些小课题不仅具有新颖性,而且也加强了知识间的横向联系,并将知识延伸到其他相关学科及现实生活,有助于激发学生灵感,促进学生思维迁移,做到学以致用,从而保证研究成果的创新且具有独特的价值。

2.开放性原则

当前学科教学就其内容来说具有较强的专业性、封闭性。这种特性从根本上制约了课堂教学,教师、学生都过多依赖课本,形成长期不变的教学模式。历史研究性学习涉及的内容既可以是本学科的,也可以是其他学科的;既可以是单学科纵深性的,也可以是多学科综合、交叉的;既可以是理论方面的,也可以是偏重社会热点的。例如:"战争和人类",它涉及政治、经济、民族关系、环境保护、科技的运用和文化渗透等许多领域,具有很大的开放性,这有利于学生根据自己的爱好、特长,选择并设计若干研究子课题,如战争与环境保护、战争与生态平衡、战争与科技进步、战争与人体健康等,因此历史研究性学习应突破学科教学的封闭状态,将学生置于动态、开放、多元的学习环境中,这不仅可以丰富学习内容,而且还给学生提供了更多获取知识的方式和途径。

3.兴趣性原则

孔子曰:"知之者不如好之者,好之者不如乐之者。"苏联教育家苏霍姆林斯基也曾说:"当学生体验到一种亲自参与和掌握知识的情感,这是唤起青少年特有的对知识兴趣的重要条件。"可见学生选择研究课题必须要有浓厚兴趣。只有这样,他们才会对问题的解决产生强烈的渴望,才能具备克服重重困难所必要的信心和勇气。例如:介绍"福州地区风土民情、衣食住行"时,教师可以选用一些有代表性的画像、照片让学生比较,从中发现同一时代不同民族的人,衣服款式不同;不同时代的人,衣服款式不同;不同社会地位的人,衣服款式也不同,将学生兴趣的触角延伸到文学、政治、经济、历史、哲学、宗教、民族、纺织、工艺、习俗等诸多领域,然后结合现代社会服饰的变化,确定若干研究课题,如"民国以来福州地区妇女服饰演变""从服饰变化看福州地区经济的发展""从服饰演变看福州地区妇女地位的变化"等。历史研究性学习为学生营造了发展的潜能,激发了学生的求知欲和学习兴趣,学校应努力创造条件为学生提供一些与社会生活实际紧密相关的课题,这样既有利于资料搜集,也便于找到生活实例,还可以把一些研究成果运用于生活实际,对这样的问题,学生往往会十分投入,这些都有利于研究性学习的开展。

4.可操作性原则

可操作性是指能够把问题解决转化为一套可行的方案,通过学生的努力可以把方案付诸实际,并且最后能得到一定的研究成果。如果学生选取的课题根本没有可行性,学生面对"问题"无从下手,那么,这样的"问题"就不宜成为学生研究性学习的课题。当前通常由于学生缺乏经验,对所要解决的问题缺乏认识,仅仅凭借一时热情选择课题,这往往使以后的研究难以继续,这对他们的学习热情将会是很大的打击,因此,对研究课题的选择教师要做必要的指导,对于前人从来没有涉及过,或有较大难度的研究课题一般不宜选择,除非有某些特殊的支持条件,对于前人已经做过,但我们认为其中有某些结论欠妥当,或者该课题有进一步探讨的余地,这种发展性研究课题虽然有一定的难度,但在研究性学习中可以让一部分学生进行这方面研究;对于有许多人进行过探讨,或众说纷纭,但经过研究可能有新突破、新解释、新观点,这种争鸣性研究的课题难度一般不大,在研究性学习中可以大量采用,总之关于研究课题的选择,教师应加强指导,既要考虑学生的兴趣,更要考虑课题本身的可行性。

5.整合性原则

现代科技发展的一个明显趋势就是学科之间的联系越来越紧密。我们传统的分科教学已不能完全适应科学的发展,当前也难以找到纯粹单一学科的问题,许多问题都是跨学科、综合性的。例如:河南16岁中学生李深成功复原"黄帝指南车",相传我国最早的车辆是4000多年前黄帝与蚩尤大战时使用的"指南车"。那时黄帝军队在山中遇到大雾,迷失了方向,最终他借助军师风伯设计的指南车走出大雾,打败了蚩尤。据史料记载,我国科学家和能工巧匠一直试图再现"黄帝指南车",东汉科学家张衡、三国时魏人马钧、南朝数学家祖冲之先后获得成功,由于年代久远,没有实物流传,"黄帝指南车"的原理、结构、使用方法一直是个难解之谜。河南油田高中学生李深选择"再造指南车"课题,他在一次查阅资料时发现指南车的两个车轮间的距离和车轮的直径相等,都是6尺。那么指南车能指示方向是否与此有关,会不会与圆有关?带着疑问,李深对车轮距离进行反复调整,从而发现了"两轮之间的距离和车轮直径相等时,将两轮刻标记对准南方,车子随便走,只要两轮刻度对齐,车头指向的方向永远是南方"这一现象,这正符合等圆等弧所对圆心角相等的数学原理。通过复原"黄帝指南车",一方面证实传说中指南车可能确有其事,另一方面他想出更简单而聪明的方案,这确实是一种创造。学生通过亲身实践不仅了解了该领域的历史知识,还了解了数学、军事、机械等其他相关学科的知识。能够很好地将学生所获得的知识加以整合,这样的课题才是最有价值的。学生在选择研究性课题时也应体现这一趋势,让学生知道科学是没有界限、没有学科之分的,要破除传统的学科分界的思想,树立科学综合化的观念,这符合课程发展的综合化趋势。

五、高中历史研究性学习的特点

1.以探究问题为目的

研究性学习是学生以解决问题为核心的一个学习过程,它需要培养学生发现和提出问题的能力,提供解决问题的设想能力,收集资料、分析资料从而得出结论的解决问题的能力。在历史学科的研究性学习中,历史教师应善于指导学生将所学的历史知识逐步深化综合,并引向社会实际,注重理论和实践的结合,培养学生观察问题、提出问题和解决问题的能力,历史研究性学习的内容就是以探究问题为目的,其研究的问题可以是历史学科内部问题,也可以是和其他学科有关的问题;可以是单纯的历史问题,也可以是与社会现实相联系的问题;可以是教师提出的问题,也可以是学生自己发现并提出的问题;可以是自己独立解决的问题,也可以是与他人合作解决的问题,总之历史研究性学习离不开问题的提出和解决,没有问题,研究性学习就难以实施,就会成为无源之水、无本之木、无的放矢,因此历史研究性学习活动的真正意义在于使学生主动发现问题、探究问题和解决问题。

2.以思维训练为核心

历史学习中的核心能力是历史思维能力。2000年教育部颁布的《全日制普通高级中学教学大纲(试验修订版)》中提出,"研究性学习课题"的设计旨在激发学生学习的积极性、主动性和创造性,培养历史思维能力,在历史研究性学习过程中,首先涉及搜集和整理与本专题有关的史料,然后对已有资料进行解读、判断和运用,接着学生在撰写论文的过程中,通过对史实的分析、综合、比较、归纳、概括等活动,发展历史思维能力,在更高的层次上,教师在教学中"既要注意不同阶段历史内容的前后联系,又要注意本国史与世界史的横向联系,还要注意与相关学科的联系,培养学生用发展与联系的观点观察历史和解释历史的能力"。因此历史学习不应该是促成思维固有化的过程,人们对历史的正确认识,需要发散式思维、复合式思维,需要广阔的、全面的、客观的、辩证的、变化的、发展的视野,尤其是历史上因果关系的思考,是对人的思维水平的检验。

3.以学生自主学习为主导

著名教育家陶行知曾做过强按鸡头啄米的实验,他以此比喻教育就像喂鸡,若强迫学生去学习,把知识硬灌输给他们,他们是不情愿的;而如果让学生自由地学习,充分发挥他们的主观能动性,那效果一定好得多。历史研究性学习正是打破了"传承知识,只重结论"的僵死的教条,激发学生好奇心、挑战心,在教师引导下学生独立、主动地参与学习,主动地追求知识、创新知识,唤起学生的创造热情和欲望,让学生在动态中探索求知,在收集、辨别史料课堂的实践中发展观察、思维、操作和表达等基本能力,更获得大量感性认识,丰富学生的想象力、创造力及严谨的治学态度;让学生在反思过程中,锻炼和提高认知能力,在总结中使认知得到补充、丰富和完善,从而极大地提高学生的创造性思维能力。在研究性学习过程中,学生是否掌握某些具体的知识或技能并不重要,关键是能否自主地对所学知识进行选择、判断、解释、运用,从而有所发现、有所创造。

4.以史料运用为条件

历史研究性学习是让学生学会利用史料,通过对史料的收集、整理、辨析、推论,把史料作为证据,用以解决历史问题,例如旧人教版高一《中国近现代史》上册教材中引用一幅"义和团长新镇北街坎字团防总局虎头牌"的图片,然后要求学生思考:有人说"这个虎头牌是 1899 年秋天光绪帝赐给义和团的",你同意这种说法吗?为什么?通过分析同学们认识到 1898 年戊戌变法已失败,光绪帝被囚禁,不可能在 1899 年颁发虎头牌给义和团,可见这个虎头牌是义和团伪造的,是义和团假借皇帝的名义来证明其合法性,以此扩大其影响力。通过对史料的辨析,不仅可以去伪存真、还原历史真相,还可以加深学生对义和团提出"扶清灭洋"口号进步性与局限性的理解,从而提高学生分析史料、运用史料的能力。由于历史研究性学习是离不开对史料的辨析与运用的,在日常教学中教师更应注重培养学生史料运用的能力。

5.以现代信息技术运用为手段

传统历史课程目标主要依赖教科书制定的历史教育在基础知识、基本能力和情感态度价值观等方面所应达到的基本要求,不提倡独立思考和材料的多元化解释,强调目标要求的统一性,忽视个性的差异。近年来随着信息技术的发展和视听手段的不断更新,各种媒介以多种角度、多种途径向学生再现多元解释的历史人物、历史事件和历史现象。面对现代信息技术所带来的史料、知识和认识上的"混乱"现象,教师应充分利用现代信息技术引导学生识别史料的真伪、辨别知识的真假并汲取他人研究成果,逐步增强学生抵御谬误的免疫力,变学生为主动参与、积极思考、独立判断的新型主体。对于发挥学生主体作用,培养创新精神和实践能力,信息技术运用教学具有其他教学手段不可替代的作用。然而现代教学手段不能代替教师的教学基本功,教师在制作课件时仍要重视分析教材,确定教学目标,结合信息技术手段的特点,精心设计,使课件能体现为教学服务的本质,以此来提高教学效果。信息技术运用可以提高教学效率,教师应将节余的时间还给学生,让学生有足够的时间思考,不仅要研究历史之"然",更要研究历史之"所以然",实现高层次历史思维能力的培养,从而真正发挥信息技术手段的优势。历史教学与信息技术有机结合,可以把基于文字的抽象思维同基于图像和音视频的形象思维结合起来,构成一种新的知识结构和认知体系,改变传统课程目标中单一、固定、统一的模式,从学生的个性发展出发,变学生被动学习为主动学习,扩大课程目标的个性化、层次化和多样化,鼓励学生拓展式学习和探究性学习,培养学生的创新精神和实践能力。

六、历史研究性学习的意义

历史研究性学习的重要意义,就在于它打破了传统的过于注重知识传授和强调接受学习的历史教学模式,引发了师生角色的重新定位,充分体现了"学生为主体、教师为主导、发展为主线"的新教学理念。具体表现如下:

1.历史研究性学习改变了教师的权威地位

在历史研究性学习中,教师不再以权威的身份将知识传授给学生,而学生也不再被动地接受教师发出的指令,于是师生之间就形成平等交流、商讨协作的伙伴关系,构成互帮互学的"学习共同体"。为此学生已转变成为历史学习的主人,是历史学习内容的确定者、组织者、实践者;而教师只能扮演学生历史学习的促进者、指导者、合作者、参与者,甚至也是学习者的角色,运用多样化的教学手段和方法,营造民主开放的学习环境,为学生的历史学习创造必要的条件和提供必需的指导。当然历史研究性学习作为全新的学习方式,没有成熟经验可以借鉴,这就需要教师努力学习、不断提高素质。

2.历史研究性学习改变了教师的教学方式

由于历史研究性学习是以学生为中心的开放式学习,因此其学习活动无法过多地预设和掌控,教师只能根据其生成性强的特性,积极地参与到学生的历史学习中去,面对随时可能生成的问题,灵活地采取相应的措施,及时地、有针对性地加以恰当启发、点拨,从而引导学生自主地进行探究学习。

3.历史研究性学习改变了学生的学习方式

历史研究性学习突出学生的主体地位,以学会学习、学会创造为根本,这就改变了他们以往偏重知识接受的学习方式,促使历史学习不再是学生被动地听或记,而是学生自主学习、合作探讨、主动求知,从而培养了学生的探究精神和创新思维,发展了学生终身学习的意识和能力。同时历史研究性学习也为学生建构了开放的学习环境,提供了多种渠道获取知识,并将学到的知识综合应用于实践。

4.历史研究性学习改变了对学生的评价方式

传统的评价方式重视的是学生学习的结果,而历史研究性学习强调学生学习的过程,所以其评价的标准并不苛求成果本身具有多大的价值,而是侧重于学生的历史学习过程和情感体验,主要是看学生是否独立地思考、是否有所体验和感受、是否掌握了历史研究的一般流程和科学方法、是否学会了自主合作和探究学习的方式、是否提高了发现问题和解决问题的能力、是否培养了创新精神和实践能力,而这种"立足过程、促进发展"的评价方式,要突出激励与发展的原则、质疑与创新的原则,尤其要注意对不同基础的学生作出恰当评价。

总之,为了切实改变传统的历史教学模式,着力培养学生的创新精神和实践能力,进而全面实现素质教育,我们就必须认真地实施历史研究性学习,而有效实施历史研究性学习,无论是历史教师还是学生都必须充分认识到实施历史研究性学习的重要意义,历史教师还必须自觉地加强自身的学习,努力探讨,勇于实践,认真解决在实施历史研究性学习过程中所出现的新问题,大力发挥历史研究性学习的积极作用,充分调动学生的主体性、积极性和参与性,提高历史研究性学习的能力和水平,为学生的成才打下坚实的基础。

第二节　历史研究性学习课题指导与策略研究

研究性学习从表面看,是凸显学生的主体地位,其实是强化教师的引导作用,促使师生素养全面有效提升。

一、历史研究性学习课题选择的基本途径

课题选择的好坏直接关系到课题研究的成败,选择一个好的课题对课题研究至关重要。

（一）根据课程主要内容分类

1.与中学历史教学内容相关的课题

可参考的课题有：

(1)中国古代史

①中国古代专制主义中央集权制度的演变

②中国古代史上经济重心逐渐南移的探究

③少数民族对中华民族发展作出的贡献

④我国古代史上著名政治家的评价

(2)中国近现代史

①鸦片战争前后中国社会的变化

②洋务运动对中国近代社会发展的影响

③辛亥革命的成功与失败

④如何看待五四精神

⑤抗日战争胜利的原因

⑥抗日战争和解放战争时期,本地区的英雄人物和革命斗争事迹

⑦改革开放以来,我国社会生活的变化

(3)世界近代史

①如何评价拿破仑

②近代历史上主要资本主义国家形成的特点

③第一、第二次工业革命对人类社会发展的影响

④巴尔干问题的由来

⑤"凡尔赛—华盛顿体系"形成的原因及影响

⑥世界近现代史上著名科学家传略

以上所列的研究课题,内涵与外延都比较大,学生研究比较困难,教师可以根据学生实际情况,将课题细化为若干子课题,更具有可操作性。

2.本地乡土历史相关的内容

福州乡土历史相关的研究课题有：

①福州行政区划的演变历史

②近代福州名人——林则徐

③严复故居的维护与开发

④福州的"榕树文化"

⑤福州小吃的历史

⑥朱紫坊巷名人故居的现状与对策

⑦从南宋黄升墓谈福州宋朝经济的繁荣与没落

⑧福州地区畲族民族特色的调查

历史研究型课程中的乡土教材与课题,对学生来说更具有亲切感,容易引起他们的研究兴趣。资料在当地俯拾皆是,便于收集整理,甚至可以涉及一些尚未开发的资料,这对培养学生的创新精神与实践能力是很有意义的。

3.与学生学习生活实际相关的内容

①古代球类活动

②从《黄河绝恋》看外国友人在抗日战争中的作用

③从《吕不韦传奇》看历史中真实的吕不韦

④校园中人文景观的设计与建议

⑤电视机的发展史

历史研究型课程在内容上往往是带有综合性的,一种是历史学科的综合,如"洋务运动对中国近代社会发展的影响",需要上溯至鸦片战争时期的中国社会,下延至戊戌变法,甚至于辛亥革命前的中国社会的各种背景资料,分析研究才能说明居于鸦片战争与戊戌变法之间的洋务运动的影响。另一种是以历史学科为主,历史与其他学科的综合。如"三坊七巷",它综合建筑学、美学、社会学、历史学等多学科研究课题。

(二)根据课题来源主要途径分类

1.来源于教师

教师作为研究性学习的指导者,可以基于自己的知识、经验、研究心得等,提出一些可探索的课题或研究的主题,如"三坊七巷的昨天、今天、明天""三坊七巷的建筑与文化""三坊七巷名人故居的维护与开发"等。课题的来源也可以是教材内容的延伸和拓展,如"福州对辛亥革命的作用与影响""林则徐与鸦片战争""戚继光在福建"等。

2.来源于学生

学生是研究性学习的直接实践者,可以让学生充分发散思维,根据自己的兴趣和爱好,从自己的身边找研究课题,如"历史文化名城——福州""福州饮食文化""王审知治理福州功绩""八一七路由来变迁"等。

3.来源于媒体

从各种媒体上寻找合适的课题,从而进一步培养学生发现和提出问题的能力。如与现实生活关系密切的问题,或者是人们关心的社会热点问题,有"旅游文化资源开发的调查""流行音乐与民族文化之关系""巴以争端的历史根源""'9·11'事件后美国对华政策的变化""一带一路"等。

4.依托各种社会资源

比如争取共建单位、高等院校、科研院所的专家学者和从事科学研究的学生家长支持与配合,共同开发课题资源,如"青年教师发展性评价的研究""海上丝绸之路探源""中学生心理障碍成因与对策"等。

(三)根据历史学科的特点分类

1.从历史史料确定课题来源

史料来源主要包括教科书、教师引进、学生收集。据统计,旧人教社四册高中历史教科书共引用各类材料208条,基本上是围绕教学重点或难点选取的,具有典型性、情境性、启发性。有的附有思考题,对此类材料,教师应引导学生在解答思考题的基础上,进一步拓宽思维空间,找准材料所反映的史实在历史中的纵向、横向联系,以及与现实的结合点,挖掘新思考点,而对于没有附思考题的材料教师应结合实际情况,精心设计一些具有启发性、规律性的问题,引导学生在新材料、新情景中学会发现问题、解决问题。

2.从影视剧寻找历史课题

通过对影视剧情节真伪性的辨析,让学生更准确地了解历史。如陈凯歌执导的历史巨片《荆轲刺秦王》,首先他将完成统一大业的一代帝王描写成一个既孱弱自卑、又残暴可恨的君主,这与历史中的嬴政有较大的出入;其次将荆轲描绘成一个只要给钱就杀人的职业杀手,心狠手辣,这是一种误导。历史上的荆轲喜好击剑、读书,是当时极有修养和胆识的侠义之士,并不是一个有前科的职业杀手。燕国处士田光与荆轲为至交,知道他非等闲之辈,才郑重向太子丹推荐了他,要他来完成抗秦大计。至于荆轲刺秦原因,并非为解救无数燕国儿童免遭活埋之灾,也并非因与赵姬相爱后认清了秦王的残暴,而是作为游侠、刺客的性格使然和为了阻止秦灭六国的步伐。

一些评论家指出,秦王、荆轲这两位战国时期的豪杰,谁都不是失败者,尤其是后者,"风萧萧兮易水寒,壮士一去兮不复还"。悲壮的歌声两千多年来不知激励了多少能人志士。面对影片与历史的出入,学生完全可以以此为切入点,以《评影视剧荆轲刺秦王》作为研究课题。

3.从各种图书、报刊与网络中寻找历史课题

例如汕头市东厦中学的几位同学阅读了《中学历史教学》中翟生明的

《秦始皇吃过葡萄吗?》一文,觉得非常有趣,并引发思考,学生就以"秦始皇吃过葡萄吗?"作为研究课题,颇有新意。有的同学认为秦始皇生于公元前257年,而卒于公元前210年,当时秦朝虽是大国,但统治范围尚未到达西域,故秦始皇吃不到葡萄。还有的同学认为,在张骞出使西域前,中国与西域的交往已悄悄进行了,根据《史记》卷一二三《大宛列传》,骞曰:"臣在大夏时,见邓竹、蜀布。"问曰:"安得此?"大夏国人曰:"吾贾人往市之身毒……"据此可见,当时在西域已有中原的物产,那么西域稀有的物产在秦的统治区域内也会千方百计地送于皇帝,所以秦始皇能吃到葡萄!

通过开放式的讨论,让学生学到许多书本里学不到的知识,也提高了学生分析问题、解决问题的能力。又如有的同学在网上看到一篇李世民从谏如流的文章,再结合以前所学的唐朝历史后便产生一个疑问——李世民纳谏除了吸取隋朝灭亡的教训外,是否还有其他原因呢?通过查阅资料,最后在《旧唐书·孙伏伽传》和《旧唐书·萧瑀传》中发现,李世民的父亲李渊也是一个善于纳谏的人,李渊在位时,首先进谏"指陈得失"的是孙伏伽,再有李纲,后有萧瑀等大臣,都因直言进谏,受到李渊的肯定与重用,从而开创了纳谏的好风尚。李世民在纳谏方面很大程度受到李渊的影响,是继承了李渊的好传统。还有诸如"《红楼梦》续书的优劣""曹雪芹的家世探究"等课题都是在图书、文章或网络中发现的。

研究性学习课题还需要学校教科研机构作坚强后盾,成立课题研究指导小组,与教师研讨,共同形成有系统的、可操作的方案或者聘请有专长的学者加以指导,形成有特色的模式。学校可以在选题方面总结一些经验,用以指导教师和为以后学生进行研究性学习选题做准备,把教师和学生的一些好的课题做成备份档案。同时也要有较好的评价机制以鼓励学生更好地参与到研究性学习中去。在学校管理下,教师应根据学校的具体情况和教学资源现状,结合学生的特点,建立学生、教师、学校三位一体的研究性学习模式,成功地实现研究性学习的选题及课题研究,以达到新课改的目标,为我国培养真正意义上的研究型人才,使其成为有素质的接班人。

二、历史研究性学习课题实施应注意的问题

教师引导学生分析课题实施的可行性时,要注意以下三个方面:
1.确定恰当的研究范围
高中研究性学习要促进学生学习方式的转变,在实践中培养学生质

疑、解疑和创新的能力。研究性学习虽然模仿科研的方法,但毕竟与专业研究不同。主题研究范围过大往往是学生选题的通病,它严重阻碍学生的研究进程,并使研究举步维艰。如有些研究小组提出的主题:"唐太宗的千秋功过述评""改革开放以来中外经济发展状况比较""探讨加入 WTO 给我国带来的机遇与挑战""探析第二次世界大战后的国际形势"。

这些主题的研究范围过大,凭学生目前的知识结构、能力、精力等条件很难完成相应的研究。即使进行研究,也往往无功而返或者浅尝辄止。但面对学生提出的这些研究主题,教师首先要肯定学生积极关心现实社会问题、学以致用的良好品质,再与学生共同分析主题研究的可行性与必要性,在充分发挥学生主体作用的基础上,引导学生选择恰当的研究范围,把它缩小为其中某个问题或某一方面问题。例如:"唐太宗千秋功过述评"可调整为"唐太宗用人策略研究";"探析第二次世界大战后的国际形势"可调整为"结合当前实际,就有关世界和平的某一主题组织讨论会或辩论会"。通过缩小研究范围,使资料收集更加明确,研究方向更加清晰,学生更加得心应手。

2.选择最佳的研究角度

选择不同的研究角度,课题的研究价值就会不同,实施的难易程度也会不同。如学生课题"戚继光在台州抗倭遗址的研究",可以从"抗倭遗址"的现状开展调查,可以从"抗倭遗址"形成的原因进行分析,也可以从"抗倭遗址"保护对策进行研究。这三个不同的研究角度所体现出来的研究难度是逐步递增的,现状调查相对容易,而形成原因不仅需要深入了解"抗倭遗址"的现状,还需要军事等方面的知识。"抗倭遗址"保护对策则需要在前两个研究的基础上,提出有价值的对策措施,难度最大。面对这样的问题,教师应引导学生从人力(如合作伙伴等)、财力(如实验器材添置等)、精力(如活动时间等)上进行分析,选择最佳的研究角度,使学生的研究热情得以持续,使研究课题得以顺利实施。

3.研究内容具体化

选题所涉及的研究内容过于抽象和理论化,不仅会使研究方向很难把握,也会使研究活动受到较多制约。如有些学生提出的主题:"南京临时政府倡导的公民道德观之研究""抗倭名将戚继光的生死观研究"……而"公民道德观""生死观"等概念较为抽象,学生往往很难把握这些概念的内涵和外延,造成研究方向迷失,即使进行研究,也容易出现跑题、偏题。面对这些问题,教师要引导学生从研究内容具体化上做调整。如"南京临时政府倡导的公民道德观之研究"可调整为"南京临时政府发展实业之研究";"抗倭名将戚继光的生死观研究"可调整为"戚继光台州抗倭活动研究"。这样既保留了学生原有的研究兴趣,又提高了研究实施的可操作性。

三、历史研究性学习实施过程的指导

1.做好研究方案设计的指导

主题确定之后,还需要教师引导学生制定活动计划。周密完善、切实可行的计划方案是开展活动的行动指南,可使学生对研究的目标和内容更加明确、研究的步骤和分工更加清晰、研究的过程和方法更加科学,也是顺利完成研究的前提条件。教师要求学生在选好主题后,制订初步计划,由各研究小组派代表与全班同学进行交流,吸取同学的意见和建议。教师引导学生分析各种情况、研讨各种问题,对自己的计划不断进行修正和完善,为下一步活动的顺利进行打下基础。

2.指导学生撰写论文

研究性学习的最终结果主要以论文的形式呈现,但绝大多数学生以前没有写过论文,没法合理高效地组织材料,所以写出来的论文多半比较稚嫩,甚至思路不明,缺乏论文要求的结构合理性和规范性。因此就会出现以下情形,有些学生的研究成果很有价值,但写出来的论文却没有太强的说服力,遮盖了其价值。因此,教师必须要加强对学生论文撰写的指导。这一阶段教师的作用在于指导学生如何处理、取舍和分析资料,根据资料提出合理的论点和论据,并要有一定的论证分析,论据要充分、材料要客观,成果呈现形式最好要直观,行文要简明扼要、富有条理等。

3.做好成果汇报的指导

学生经历了选题确定、方案设计、开展研究后,最后的重要一环就是成果的总结与汇报。这个环节信息量最大、形式最丰富、生成性最强,也最能锻炼学生的能力与素质。在成果汇报前,整理资料是一项重要工作,教师要指导学生对资料进行筛选与整合,去粗取精、去伪存真,提取有效信息。教师还要指导学生注意评价与反思。既要总结取得的经验,也要反思活动中遇到的困难与问题,提出有待进一步探讨与研究的新问题,作为后续研究的延伸。学生展示成果的形式可以多种多样,既可以静态展示一份调查报告或一篇小论文,也可以通过动态的方式展示,如主题演讲、论文答辩、专题讨论等。特别值得一提的是,学生完成课题研究报告时,由于其能力有限,往往无法分析现象背后的深层次原因,可能会出现错误的结论和判断。为此,教师要指导学生运用新史观及历史唯物主义原理中有关生产力与生产关系、英雄与时势、继承与发展、原因和结果、现象与本质、主要矛盾与次要矛盾的观点,采用史论结合、论从史出的方法进行论述。

总之,在研究性学习活动中,教师的指导要做到及时鼓励、春风化雨,适时点拨、指点迷津,以促进活动的有效开展,实现学生综合素质的全面提高。当然,教师研究性学习活动的指导,还涉及基本科研方法、小组分工与协作、中期汇报等很多方面,本文不再赘述。

四、历史研究性学习的对策与研究

(一)课程实施前的各项准备与对策

新课程实施前应当做到未雨绸缪,学校、教师、家长、学生和社会都要事先做好各方面的准备工作。

1.学校的各项准备

首先,学校要建立专门的课程开发领导小组,集中各方面力量统筹规划,具体落实。领导机构的主要工作是拟订本校研究性学习的课程实施方案,提出本校开设研究性学习的思路和计划,同时课程开发领导小组还要负责协调课程实施带来的问题与矛盾,统一规划各科研究型课程的开设,教研室负责理论研究、收集课题资料,教务处负责课时安排。其次,为了确保课题研究的正常进行,学校应对现有的人力、物力、财力等教育资源进行重新整合,添置更多有关研究性学习的杂志、图书,逐步建成校园网络系统。并注意开发利用各方面有价值的校内外教育资源,争取家长和社会方面的理解、支持与参与,为学生提供良好条件。最后,学校应当充分利用本地区高校、科研机构的人才资源,聘请大学专家、教授为学生开设讲座或指导学生课题研究。

2.教师的知识与技能的准备

研究型课程的具体实施者是学校的全体教师。课程实施成功与否,关键在于教师对课程理念的理解与执行程度。在课程实施前,必须使广大教师对研究型课程有个全面、准确的了解,并让教师全程参与课程的开发。学校还可以通过制定《教师课程实施指南》,召开教师座谈会,开展关于研究型课程的专题讲座,要求教师阅读有关图书并写出读书笔记等方式使教师能够接受课程理念。同时可以通过不同类型的案例分析,帮助教师了解并掌握一些指导学生开展研究性学习的具体方法。教师也要自觉调整自身的角色定位,不要好为人师,不要包办代替,不要以传道、授业、解惑为主要教育手段,而要尽量通过正确的导向和适当的提示、纠偏,帮助学生改进研究方法,提高实践效率,使学生在有限的课题活动时间内,得到更大的收获。

3.学生的知识与技能的储备

首先,在研究型课程开设之前,学校可以利用假期,通过 QQ、微信等不同方式让学生初步了解学校研究型课程的构思,提前思考关于研究课题的问题,可以在少数同学中培养一些从事研究型课程的骨干力量,今后这批力量将成为研究小组的核心。其次,教师在平时的课堂教学中要有意识地启发学生去思考问题,选题前教师应深入班级,通过集体教学或分组讨论的方式,引导学生谈自己对生活、学习、社会发展中困惑或不满意的地方——这些地方往往蕴涵着丰富的课题资源,并帮助他们把这些问题转化为课题。再次,学校通过组织专家讲座、专门课程等形式向学生介绍科学研究方法,创新思维方法与技能等与研究前沿问题动态等相关内容。最后,请上届学生介绍选题与研究的经验,通过介绍与示范使学生易于接受与贯彻课程理念。

4.家长的观念转变

学校要充分利用家长会或公开信等形式,向家长介绍学校开设研究性学习的意义和重要性,帮助家长形成正确的人才观。从学生长远发展的角度出发,培养学生综合素质,并通过家长学校、家长委员会、家长恳谈会、讲座等形式帮助家长扭转观念,更重要的是通过教育的整体改革,扭转社会的观念,形成实施课程的良好社会环境。此外开展研究性学习还应争取家长的理解,并请家长共同支持和协助这门新课程的建设,提供力所能及的帮助,例如,有的家长可以直接担任学生课题的指导工作;有的家长可以提供一些课题研究的方便条件(如查找资料、采访、上网、交通等)。学校还可以在学生课题开展到一定阶段,精心组织专场汇报会,让家长在孩子进步中体会研究性学习课程的价值。如此,研究型课程才能拥有一个良好发展环境。

5.课程资源的准备

所谓"课程资源"是在课程实施过程中对所需各类资源的总称,包括人力资源、物力资源、财力资源、社会资源等。人力资源主要指课程实施中所需要的人力支持,包括指导教师、教辅人员、班主任、课程管理者等;物力资源主要指课程实施所需要的相应的经费支持,如聘请指导教师的费用、购买图书的费用、购买资料所需的费用等。社会资源指学校所大力开发的社会上一切可以为研究型课程所用的资源,如校外研究基地、校外图书中心、家长委员会、与大学建立合作关系等。以上四种资源在课程实施之前应该进行精心的准备,在课题研究活动时,学校的各种图书、仪器设备,学校的图书馆、语音室、计算机室、各实验室等要向学生开放,为学生进行研究性学习创设条件。研究性学习过程所缺材料经指导教师报学校教务处批准后购买,以保证课程的顺利实施。

(二)课题选择的对策研究

一切研究课题源于存在的"问题",正如爱因斯坦所言:"提出一个问题往往比解决一个问题更重要,因为解决一个问题也许只是一个数学或实验上的技能而已,而提出一个新的问题、新的可能性,从新的角度去看旧问题,都需要有创造性的想象力,而且标志着科学的真正进步。"

1.研究课题选择的具体步骤

课题的选择直接影响学生的积极性,我们应该鼓励学生采取"自由选择"的开放性模式。在具体操作时,大致包括四个步骤:

(1)"意向调查"阶段

成立以校长为核心的研究性课程领导小组,并认真组织教师学习有关研究型课程的理论、科学研究方法和程序,不仅使教师认识到开展研究性学习的必要性,而且使教师初步系统地掌握研究性学习的科学技能,统一思想。首先,通过对全校任课教师摸底调查,要求每位教师根据自己的兴趣爱好和特长拟报愿意承担指导研究性学习课题的名称。其次,由学校领导对全体学生进行动员,召开年级家长会,会上着重阐明本课程的目的与意义,特别强调本课程在培养学生创新精神与实践能力,培养学生团队意识与合作能力方面的价值,并用典型案例加以分析说明,从而获得家长的理解与支持,最后分发"研究性学习家长调查反馈表"。

(2)"初报课题"阶段

通过开设讲座的方式,向学生介绍国内外学生本课程研究的成功经验,特别是西方发达国家在培养学生研究能力方面的成功例子。也可以请课题研究方面已取得较好成绩的学生介绍他们各自成功的经验,如如何选题、如何研究、如何写研究报告等。此外还可以聘请在各个学科领域中作出突出成就的专家学者介绍当前国内外自然科学与社会科学研究的最新成就及先进的科学研究方法,目的是及时地将学生推向学科发展的前沿,这不仅开阔了学生的研究视野,而且使学生及时了解到当前亟待研究解决的问题,为学生自主选题做准备。具体由学校组织有经验的专家、指导教师或学生开设辅导讲座。学生组建研究性学习小组,即课题组一般由3~6人组成,学生自己推选组长,并聘请有一定专业基础的成人(如本校教师、校外人士等)为指导教师。此外学校还为学生提供《研究性学习课题目录参考手册》,由学校每学期末在教师、学生中开展征集研究课题活动,并经学校研究型课程专家小组审定后,分类汇集,装订成册,以供学生参考。最后学生可根据教师提供的参考课题或结合自己实际情况填报选题意向表。然后多次组织学生召开研究课题讨论会,对学生选题意向表选择的研究课题(包括课题名称、课题研究内容、研究方法等)反复磋商、修改、不断完善,最终确立研究课题。

(3)"论证课题"阶段

该阶段要求学生开始着手收集相关材料,并逐渐形成自己的问题。各课题组对本课题进行可行性论证,并填好"研究性学习课题开题报告",然后以班级为单位召开开题报告会。由指导教师和全班学生组成开题报告评审组,各课题组由组长就本组课题提出的方案、目的与意义、活动计划、预期成果、结题的表达方式、指导教师等进行可行性论证,然后由指导教师、同学就课题存在问题或今后可能遇到的问题进行提问,并要课题组作出回答或解释。对未能通过的课题,由指导教师再次指导学生进行选题。学生研究课题确定后,学校将根据学生研究课题的分类情况,汇编、下发相应的"研究性学习活动记录本"以及课题实施过程中所需要填写的各种表格(如调查情况记录表、学生外出活动申报表、课题组成员考勤表、学生使用专用教室、设备申报表、"研究性学习"专用介绍信等),要求学生在课题实施过程中要重视研究资料的积累和活动过程的记录,做到及时整理归档,作为今后课题结题评审的原始凭证及其为今后其他同学开展课题研究起到范例作用。

(4)"课题确立"阶段

通过对学生确定课题的可行性论证,使学生明确认识到其所确定的课题不受学科限制,可以选择用某一门学科的知识就能解决的课题;也可以是需要综合几门学科的知识才能解决的课题;可以是理论性较强,需要逻辑性推断予以阐明的问题;也可是实验性较强、需要进行科学实验才能解决的课题;可以是与当前社会生活密切相关的现实性较强的课题;也可以是需要进行调查、实验、理论分析等综合研究的课题。总之,选题的过程,是学生发散性、开放性思维得以充分展示的过程,在这一过程中,学生可以选择全新的课题,也可以是前人已研究过的课题,但两者都强调课题研究本身的新颖性,要么取一个新视角,要么采用一种新方法,要么提出一个新观点。

2.选题的基本方法与指导策略

在研究型课程实施过程中,必须帮助学生学会如何选择研究课题,帮助学生选择具有浓郁人文气息的专题或活动项目。

目前课题选择的基本方法主要有:

(1)立足学科本身,选取能够体现美好人生、激发学生积极体验的内容。

(2)立足学科,辐射相关学科,联系现实,选取诸如"人与社会""人与自然"和谐发展或可持续发展的素材,培养学生关注现实、关注自然、关注人类共同命运的朴素情感和责任意识。

(3)立足学科,开展丰富多彩的具有教育意义的研究性活动。结合学科知识特点,有计划地安排学生为某一活动设计方案。此外在激发学生课题研究兴趣、培养学生学以致用能力的同时,也促使学生身心在潜移默化中受到感染和陶冶。

(4)立足学科,结合校本课程开发,利用学校、社区的人文资源环境,选取具有潜在教育意义的素材,确定研究性学习的内容。校本课程开发的目标应充分考虑对学生人文素养的培养。在指导学生选择研究性学习的课题内容时,应有意识地与校本课程开发中涉及学校、社区,能培养学生知、情、意、行等内容结合起来,使学生在研究中受到人文精神的教育。

总之,教师在对学生研究性学习的选题指导中必须遵循一个原则——教师要让学生更多地去尝试,让学生真正体验研究的全部内涵。因而教师要充分体现学生的主体性,切忌教得过多、管得太细,甚至越俎代庖。只有营造宽松的氛围,才能为学生选取好的研究课题创造良好的条件。

(三)课题实施的策略研究

学校问卷调查表明:在课题实施过程中,学生普遍反映遇到最大的困难是资料查找与收集的困难。还有诸如方法指导不够、时间安排不足、缺乏必要的资金或小组成员意见不统一、不配合等。

1.课题资料收集与方法指导

从学生问卷调查中发现,在同学们课题实施过程中以资料查找困难最为突出。由于查找资料没有明确的目的,资料查找既费时、又收获有限,直接影响学生课题研究进程。因此在课题实施过程中教师要指导学生掌握资料收集的技能与方法。

（1）收集资料的基本途径

到图书馆去查找各种出版物,包括书报杂志、影视媒体、电子出版物;利用因特网上网搜索,网络是跨越时空全球大型的信息资料库,同学们应熟练掌握利用网络信息检索的技能;从回收的调查问卷和访谈记录中的意见、看法、心理特征中收集资料;其他途径。

（2）史料的种类

有文献、实物、口述三大类。文献史料多由文字和图表构成,包括图书、期刊、报纸、剪报复印资料、特种文献资料、特殊的印刷出版资料等;实物史料多从历史遗迹、文物图像和图片得以反映;口述史料靠调查取证而获得。在指导学生认识史料时,可以包括:如何区别原始史料和第二手史料;如何批判性地评估各种史料;如何学会解释历史文物、遗址、图片等;如何理解对史料会有多种解释等。

（3）查阅文献资料方法

查阅文献资料需要细心和耐心,而且需要按照一定的程序进行。可以对所要查找的文献资料做个大致的分类,先查本校图书馆的馆藏目录,再查本省、市图书馆的馆藏目录,随后查全国性的图书馆的馆藏目录,最后查国外图书馆的馆藏目录。以上顺序不要颠倒,以免舍近求远,费时费力。查找资料可用计算机检索,还可利用检索工具书提供的线索进行查找。

此外在课题研究中,我们对口述史料、实物史料的运用也不可忽视。教师应当多组织学生参观历史遗迹或进行实地考察,这可以加深学生对所研究课题的感性认识,有利于课题研究的深入开展。

2.课题研究方法指导

课题研究的方法很多,主要有观察法、文献法、调查法、比较法、思辨研究法等。研究方法选择取决于研究目的,在课题研究中可以选取一种或多种研究方法。方法选择和组合要以简便、实用、经济为标准。哪一种或哪几种研究方法组合对实现研究目的最有效,就选哪一种或哪几种。

3.课题实施过程的管理与监控

研究性学习课程管理不同于一般学校教学常规工作,它通过各种方式和途径来监控学生的学习质量,保证每个学生能安全、有效地利用好每周规定的课时,达到课程目标规定的要求。同时更好地调动教师的积极性,促使教师工作到位。因此研究性学习课程的开设,使课程管理由主要的日常事务性工作转向保障、监控、推动工作。在课题研究中,教师不可能始终参与学生全部的课程学习活动,教师不应是学生课程学习的唯一管理者,家长、校外专家、学生小组成员都要参与研究性学习课程的管理。由于课程管理的主体趋于多元化,因此学校必须建立校内外全方位的课程管理体系和必要的课程管理制度。一方面,学校要向学生说明学校的规章制度,经常对学生进行安全防患意识的教育。另一方面,学校要把对研究性学习课程的规定和要求通告家长,并要求家长和学校共同承担对学生的管理责任。

目前研究性学习课程组织管理系统涉及从学校到学生五个层面,五个层面都有各自的任务和职责,具体如下:

(1)校长和学校课程开发领导小组:负责全面领导、制定课程实施方案和规章制度,决定实施计划和相关步骤,统筹协调各方面工作,组织校内多种教育力量,监控和评价课程各类人员的工作,同时建立学校研究性学习专项基金,为课题研究提供必要物质保证,促成研究型课程向良性方向发展。

(2)教务处、教研室、德育处或课程开发办公室:是主要负责组织实施和管理的职能部门,负责制定具体的教学计划、课程实施进度计划,严格按照国家部颁要求设置研究型课程的课时切实履行、不被挪用。组织课程的日常运作,开展教师培训,检查各年级的课程实施情况,收集相关资料和数据,发现问题及时向校长汇报并提出处理意见,对教师、学生提供科研方法的咨询、指导,聘请和组织校内外专家讲座,把具体的工作要求布置给年级课题指导小组等。

(3)年级课题指导小组:课程管理的重要环节,上承校长和学校课程管理职能部门,下接年级组内各班班主任和学科指导教师,在整个"研究性学习"中起组织、协调和监控作用。它根据学校关于"研究性学习"的统一安排,具体落实本年级的学生课题研究计划,在课程实施的每个阶段,及时提出和布置对各阶段工作的具体要求,安排辅导报告,检查、督促、指导、评价教师的工作,及时发现和解决出现的问题,规范学生的研究活动,等等。

(4)班主任或指导教师:具体负责对学生方面的组织实施和管理指导工作,要求随时了解学生出勤情况、课题进展程度,帮助学生解决各种问题和困难,关注学生在课程实施中的态度和表现,调动学生投入课程学习的积极性,负责与家长沟通联系、通报情况等。

(5)学生课题组长:负责组织本组的同学参加课题研究活动,每周不少于一次,明确小组成员分工职责,每次课题活动前要提醒小组成员带好"资料卡""灵感卡""体验卡",利用"资料卡"随时记录有价值的信息;利用"灵感卡"随时捕捉转瞬即逝的灵感;利用"体验卡"随时记录活动的思路历程、收获与体验,同时可利用网络随时下载有价值的网络信息。每次活动后,小组成员应认真填写活动日记,全面记载学生的设想、研究进展情况、遇到的困难,并记录好每次活动的真实体会,然后通过每周定期召开课题组会议,及时向指导教师汇报课题组研究的进度与存在的问题,而且要求课题小组和每个成员要将研究活动填写的各类记录表交给指导教师检查,并认真听取指导教师对课题存在问题提出行之有效的整改意见。最后课题组长还要将会议中与指导教师讨论的结果或建议填写在活动记录表上。同时学校也可聘请社会人士、家长参与学生课题指导和管理,从而大大提高课程管理效率。

(四)课题评价的策略研究

1.高考制度与命题的改革

高考改革趋势已由单纯考查知识变为着重考查核心价值、学科素养、关键能力和必备知识;变文理分科为文理选科、融会贯通;变单纯考查解题能力为考查综合素养、创新思维;变封闭的校园文化为关心社会、关心时代、关心世界、关心人类。高考命题是高中教育的指挥棒,如何使这根指挥棒更好地为研究性学习服务,更能考查出学生的实践能力和创新精神,更能体现教育是培养实用型的人才的宗旨,那么全国高考命题改革已全面启动。

2.学生档案袋与课题研究多元评价

传统的教学评价过于偏颇。而研究性学习评价则力主改变这些弊端,研究性学习不仅重视对课题研究的直接成果的评价,而且重视对学生在整个研究性学习过程中的多种收获与体验、多种能力与品质的评价;不仅重视对学生掌握知识多少进行评价,而且更重视对学生综合运用学科知识解决问题能力的评价。

目前研究性学习在全国并没有统一的评价模式。而档案袋评价不失为一种行之有效的评价方式,所谓"档案袋评价"就是收集学生在课题研究过程中,以学生的现实表现作为判定学生学习质量的依据的评价方式。它包含了所有与学生学习的过程和成果的有关信息(如开题报告、结题报告、每次活动记录表、调查表、访谈表、实验记录、各种原始数据、学习体会等所有与课题有关的各种信息资料),这个"档案袋"作为课题小组成绩评价的主要依据,靠日常积累,有比较大的真实性。这种反映学生自我反省和学生个别差异性的学习成果是档案袋评价法所特别重视的评价内容。档案袋评价是对学生最终发展水平、努力、反思与成长的肯定,相对于传统的考试成绩的评定更为科学和全面。它能够向教师、家长和学生本人提供更丰富的内容,它反映了学生知道些什么、做了什么和能做什么,还可以反映学生思考和解决问题的能力、创造和实践的能力、建构知识的能力,以及学习的毅力、态度、上进心、自我监控能力、自我反省或认知能力。档案袋既是一种评价方式,又是一种教学工具,教师和学生可以通过这一过程来调整教与学。档案袋有利于教师及时、准确地获得有关学生学习与发展的信息,发现学生在学习过程中存在的优势和不足,从而调整教学方法,使学生健康全面地发展。

3.利用科艺节展示课题研究成果

学校经过多年摸索,已经逐渐形成一套有自己学校特点的研究性学习课程体系。例如:每个学期初,先由各教研组向教务处申报教师所能指导的相关研究领域,由教务处汇成手册,分发给学生,让学生根据自己的兴趣来选择指导教师,然后组成课题小组,经过研讨确定研究课题,课题确定可以是老师推荐的,也可以是学生提出的,还可以是共同讨论得出的,确定课题后需填好课题申报表,学生每次活动都要做好记录,如出勤、分工,活动的时间、地点、内容及得失与感悟。期中时我们会安排一次小组交流,互相提出整改意见,期末课题小组提交课题报告和每位小组成员心得,最后学校安排一次成果汇报会,组织研究性学习辅导员、专家对课题进行答辩评审,评出若干奖项,对于优秀项目,学校将推荐他们参加省市青少年科技创新大赛,并在课程实施结束时把课题成果汇编成册,并予以展示。

4.教师评价制度的改革

成功的教师评价制度有助于提高教学质量,有助于师生和教师间形成良好关系。而发展性教师评价制度以其鲜明"促进教师发展为目的"的特点十分引人关注。发展性教师评价模式其主要特征是:学校注重教师未来发展;强调教师评价的真实性和准确性;注重教师个人价值、伦理价值和专业价值;实施同事之间教师评价;由评价者和评价对象配对,促进评价对象的未来发展;发挥全体教师的积极性;提高全体教师的参与意识;扩大交流渠道;制定评价者和评价对象认可的评价计划;由评价双方共同承担实现发展目标的职责;注重长期的发展目标。发展性评价改革了单纯以学生学习成绩作为评价教师教学能力的状况,尝试建立以教师自评为主,校长、教师、学生、家长共同参与,促进教师不断提高各项能力的教师评价制度:通过自下而上反馈机制,及时调整与修订,促进评价制度不断发展,充分体现以人为本的理念。

五、指导课题研究促进教师专业化成长

新课程改革背景下,历史教师仅仅学会指导课题研究还远远不够,要善于总结积累,要在课题研究的基础上不断推陈出新,使教学教研成果理论化、系统化,从而促进历史教师的专业化成长。指导课题研究到底可以给我们带来什么?细细想来,这几年笔者在新课改中取得的不少成果都与指导课题研究密不可分。

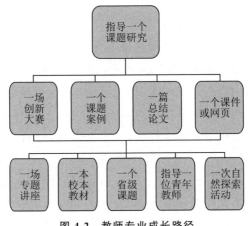

图 4-2 教师专业成长路径

1.从指导一个课题研究到组织参加一场科技创新大赛

经过多年实践努力,2004 年笔者指导的学生课题研究"追昔探源 弘扬文化——三坊七巷名人故居维护与开发初探"荣获福州市第十九届青少年科技创新大赛一等奖、福建省第十九届青少年科技创新大赛二等奖,专家对该课题研究给予较高的评价,他们认为课题新颖之处在于,它没有把"三坊七巷"仅仅作为一个历史问题,而是置于民族文化建设和市场经济背景下,指出了政府和市民在"三坊七巷"保护方面的种种不足与缺憾,进而分析了问题的症结所在,该报告调查深入,采用了多种方式获取资料并提出了"开发性保护"的思路,对政府及相关职能部门的决策具有借鉴意义。

2.从指导一个课题研究到撰写课题案例和研究论文

在指导课题研究的基础上及时总结,先后撰写了多篇课题案例和课题研究论文,如《三坊七巷名人故居维护与开发》案例,被评为福建省素质教育案例论文二等奖,还被收入《网络环境与历史教学》一书;撰写《普通高中

历史研究性学习的实践与反思》，被评为首届基础教育科学研究优秀论文一等奖，发表在《福建基础教育研究》创刊号；撰写《从实践中探索在理论中升华》论文，被评为第十六届全国青少年科技辅导员论文一等奖，被收入第十六届全国青少年科技辅导员优秀论文集。通过课题案例、论文的撰写对课题研究有了理论上的认识，从而更好地用理论来指导实践。

3.从指导一个课题研究到制作漂亮的课件、网页及专题讲座

根据指导课题研究成果，结合理论研究，我们还可将这些成果制作成课件、网页，进而整合成系列专题讲座，多年来笔者先后在省市教育学院、福清、长乐等各地市为历史教师开设"新课程背景下教师专业化成长""研究性活动实践与思考""校本课程开发的实践探索"等关于高中新课改系列专题讲座，通过讲座，既帮助了历史教师了解新课程的理念和实施办法，又对历史学科教师的专业化成长有很大的推动作用。

4.从指导一个课题研究到开发校本课程

在研究性学习指导过程中，笔者及时地将研究成果整合、提炼转化为校本课程，笔者独立开发了"闽都瑰宝"校本课程，该校本课程包含四个部分：昙石山文化——福建文明的源流；三坊七巷——中国近代思想文化的缩影；福州船政文化——开拓创新的典范；寿山石文化——民族奇葩的舞台。通过校本课程的开发，既满足部分学生对乡土文化学习的需求，又形成学校特色的校本课程。

5.从指导一个课题研究到主持省级规划课题研究

2006年学校申请立项福建省教育学会"十一五"教育科学规划课题"综合实践活动课程的开发与实施策略研究"，因为在综合实践活动开展过程中具有一定的经验，也取得了一些收获，成为这个课题的具体负责人，目前该课题已经顺利结题，编印了《与新课程同行》成果集，共收录了数十篇课题研究论文和课例。

6.从指导一个课题研究到指导青年教师

这几年笔者指导十多位历史学科教师，他们先后开设"重大发明与科技创新""同盟会建立与民主革命的兴起""走进三坊七巷之手工工艺"等多类型的市级公开课，深受好评。同时笔者还指导青年教师参加创新大赛、技能大赛等，取得优异成绩。2011年笔者被福建师范大学社会历史学院聘为福建省中学历史学科教学带头人培训班指导专家，参加"省中学历史学科教学带头人培养对象"的培养指导工作。

7.从指导一个课题研究到参加两岸中学生自然科学探索夏令营

2009年暑期笔者还带领学生参加了福州市科协组织的海峡两岸中学生自然科学探索夏令营,我们参观了台湾地区自然科学博物馆、地震园区、海洋科学博物馆等,通过深入的考察研究,深刻认识到自然科学、社会科学的博大精深和无穷魅力。

8.从指导一个课题研究到参加国家基础教育课程改革项目

2010年受上海科技教育出版社的邀请参加国家基础教育课程项目研究性学习综合主题教材案例的编写工作,其中《追昔探源弘扬文化——三坊七巷名人故居维护与开发初探》案例被收入《综合实践活动:研究性学习·学习包》高一年级试验本,成为全国综合实践活动课程通用的教材。

回想这些年,令人难以置信的是通过指导课题研究,竟然给自己带来如此众多收获,这对历史教师综合素养提升、专业化成长已是毋庸置疑。

总而言之,尽管历史教师的专业化成长的途径很多,有继续教育、师资培训、自我进修等,但是指导课题研究对历史教师专业化水平的提高却是至关重要的,教师专业化成长必将会从自发阶段转向自觉阶段,只有全面提升历史教师的综合素养,才能适应新课改对历史教师专业化成长的需要。

第三节　历史研究性学习汇报课实录与点评
——以"建国初期巩固政权的斗争"为例

2021年国庆节长假期间,全国热播的电影《长津湖》屡创票房纪录,影片再现了抗美援朝烽火硝烟的那段历史。面对拥有最先进武器的美国大兵,中国志愿军战士毫不畏惧,用血肉之躯、钢铁般的意志打败了世界头号强敌,为新中国长治久安竖起了伟大的丰碑,也激发更多人想去了解那些烽烟往事。历史研究性学习为大家提供学习历史、了解历史、研究历史的重要途径,而要了解抗美援朝,就必须了解中华人民共和国成立及其成立初期百废待兴这一段历史,"建国初期巩固政权的斗争"恰恰反映了这段历史的重要史实,学生通过历史研究学习和汇报课再现了中华人民共和国成立初期的艰辛历程,汇报课也为学生提供展示小组研究成果和个人实践价值的重要平台。

【研究主题】建国初期巩固政权的斗争

【研究目的】

(1)通过对"建国初期巩固政权的斗争"的学习与了解,可以加深对中华人民共和国成立和发展的认识与理解。

(2)通过对"巩固政权的斗争"的研究,深入挖掘教材,进一步拓展历史教材知识,扩大知识面,从而实现理论联系实际的目的。

(3)通过解决问题,培养科学精神、团体协作精神,提升现代信息技术掌握和运用能力,激发学习兴趣,增强社会活动能力与责任感。

【研究课型】研究性学习汇报课

【研究方式】通过上网搜集、上图书馆搜集、询问教师等多种渠道查找相关资料,并运用多媒体课件演示汇报。

【研究原则】以学生自行设计为主,教师起到组织、指导和评估的作用,重点在于调动学生的积极性,注意尊重学生的创造力,活动课以小组为主要组织形式。

【研究过程】

师:前面我们已经学习了"建国初期巩固政权的斗争",现在请大家思考:建国初期我国面临严峻形势,造成这种局面的主要原因是什么?

生:政治上国民党残敌负隅顽抗,土匪、特务蓄意破坏,威胁人民政权;经济出现衰退,濒临崩溃。

师:从国内政治来看,建国初期中国还有一些领土尚未解放;经济上建国初期物价飞涨,通货膨胀严重,国民经济处于崩溃状态。

政治与经济两者互为因果关系,经济决定政治,政治反作用于经济,这决定建国初期两大任务:一是巩固政权,二是恢复发展经济。在巩固政权斗争中,我们还应考虑当时新中国的国际环境——以美国为首的西方国家的敌视政策,他们采取政治孤立、经济封锁、军事包围等手段,企图扼杀新政权。

全国领土的基本解放,使国内威胁大大缓解,而此时中国所面临的国际威胁正日益加剧。随着美国干涉,朝鲜战争规模扩大,战火一直烧到中朝边境,1950年10月中国出兵,抗美援朝开始,经过三年多战争,抗美援朝取得胜利,中国国际威胁解除了。与抗美援朝同时,新解放区开始和完成土地改革运动,土改使3亿多农民获得土地,大大调动了农民生产积极性,农业发展为工业提供了充足的原料和广阔的市场,为国家工业化开辟了道路。正当全国人民努力恢复发展经济时,不甘心失败的反革命分子借机蓄意破坏,1950年10月镇压反革命运动在全国展开,经过一年多斗争基本肃清了大陆反革命残余势力,并且还取缔了一些社会丑恶现象,社会秩序空前安定。此外,1951年中央还针对国家机关、企事业单位出现的腐败问题,开展"三反""五反"运动。通过运动,惩治腐败、规范市场。此外,这场运动教育了广大干部,挽救了一批犯错误的同志,同时在工商业中进行了一次普遍守法经营教育。这就是我们前面学习的巩固政权斗争知识结构图。对这段历史,同学们表现出浓厚的兴趣,诸如抗美援朝中国出兵缘由;土地改革中有关富农政策等问题。为了满足同学的好奇心,也为了拓展课本知识,我们事先已经依据自愿原则组成研究小组,结合所学内容查找相关资料,并制成课件。

下面请第一组汇报研究成果,大家欢迎。

生:我们小组主要是围绕抗美援朝中国出兵的原因来查找资料的,我们小组汇报的标题是"为祖国而战"。我们小组认为中国出兵主要原因有四个方面:第一,美国把战火烧到中朝边界;第二,美国第七舰队开到中国台湾,干涉中国内政;第三,国内外反动气焰嚣张;第四,朝鲜局势危急,威胁中国安全。1950年夏,朝鲜内战爆发,美国迅速出兵以武力干涉朝鲜内战,这是当时朝鲜战争形势图。美国从仁川登陆,将战火烧到中朝边界。与此同时,美国空军还侵入中国领空,轰炸中国东北边境地区,犯下许多罪行。请看这幅图,这是当时志愿军参战前对美机侵犯中国东北的一个数据统计。由图表可知,美国侵入东北炸毁了大量的设施,而且造成不少人员伤亡。下面看几个例子,请看这幅图,这是残留下的被美军所毁坏的鸭绿江大桥。在1950年8月27日,美国9架飞机在我国东北等地扫射我车站、机场等建筑,炸死炸伤我居民24人。这幅图反映的是遇难者家属痛哭惨景。面对美军如此暴行,安东市人民自发组织代表团,控诉美军罪行。与此同时,美国也派第七舰队开到中国台湾,干涉中国内政,想以此来阻挠祖国的统一。这时国内外反动势力也加紧勾结,美国联军总司令麦克阿瑟访问台湾,蒋介石在1950年"双十节"发表谈话,宣布基本任务是"建设台湾,反攻大陆"。韩国总统李承晚也趁机与美国勾结,企图否认中朝边界。在这危急关头,朝鲜民主主义人民共和国政府向中国求援,在抗美援朝五十周年展上,首次公开了朝鲜领导人金日成写给毛泽东求援的绝密信件。信中说,在美国仁川登陆前,情况对朝鲜十分有利,但仁川登陆后,朝鲜的形势急转,最后金日成请求毛泽东给予特别援助。为此,毛泽东与中央领导召开会议紧急磋商。在会上,大家对中国"是否出兵"问题展开激烈的讨论,最后中共中央在会上一致作出抗美援朝的决策。为此毛泽东颁布中国人民志愿军入朝参战的命令。同时还发出中国人民志愿军入朝参战的两则电报。虽然此时中国各方面都很落后,但朝鲜是中国邻邦,朝鲜危机严重威胁到中国,关系到国家领土安全。因而中共中央作出"抗美援朝,保家卫国"的正确决策。

师:第一小组研究成果使我们对抗美援朝中国出兵有了更感性的认识,就这个问题,其他同学还有什么看法呢?欢迎第二小组汇报。

生:大家好!我们小组也是围绕中国出兵问题收集资料的,中国是否出兵,应从多种角度来思考,一方面应该考虑双方力量,做到知己知彼,百战不殆。请看双方力量对比表,从表中可以看出,在武器装备上中美双方力量悬殊,中国处于劣势。另外,美帝国主义国家已经把战火烧到家门口,面对美国威胁,战争已经到了不得不打的境地,中国出兵完全是为了保家卫国,是正义的,从广大人民的支持也可证实。这是一组有关各地人民踊跃报名参军的图片,有解放军战士踊跃报名参加志愿军,有大学生踊跃报名参军……全国各地出现母亲送子参军、妻子送丈夫上前线等许多感人的画面。中国的参战,得到国内外各界人士的支持与声援。有民主党派发表声明支持抗美援朝,有上海工商界、南京妇女代表、大学生上街声援,这是一张母女声援图,她们手上的标语写着"起来,保卫祖国、保卫和平、保卫孩子们",这些质朴感人的语言正代表着全国人民的心声。

为了祖国,为了孩子们,中国应当出兵,中国的参战也赢得了国际友人的声援与支持。为了保证战争胜利,东北人民自发组织担架队,涌现出父子齐上阵等许多感人故事。全国也掀起捐献热潮:工人开展捐献飞机、大炮运动;学生也将自己的零花钱捐献出来;祖国后方物质资源不断运往前线,成为战争胜利的根本保证。这场战争离不开人民的支持,据统计,战争期间,仅东北地区农民参加过抗美援朝担架队、运输队、民工队的就有六十多万人,其中随军入朝有二十一万多人。后方人民大力支持,为前线构筑起一条打不垮、摧不烂的大陆交通运输线。我们小组认为民心向背是战争胜负的关键,战争的正义性决定中国必须出兵抗美援朝。

师:第二小组主要从战争的性质、民心向背来分析中国出兵的原因,使我们对这场战争有了更深刻的认识,由此可知,分析问题应当注意抓根本看实质。那么对于战争的影响,我们应当如何评价呢?现在请第三小组发言。

生:我们小组围绕的主题是战争胜利对中国及世界的影响。首先,抗美援朝的胜利,沉重打击了美帝国主义的嚣张气焰。战争爆发时联军总司令麦克阿瑟扬言两星期内结束朝鲜战争,然而令他意外的是,在战争中,志愿军以简陋的武器战胜了美军的先进装备并导致他的下台,这是《人民日报》刊载的麦克阿瑟被撤职的报道。现在请大家看这幅图,左图是克拉克的回忆录,他写道:"我是美国历史上第一个在没有取得战争胜利协定上签字的美国将军。"其次,战争的胜利,捍卫了朝鲜的独立。战争结束后中朝军民为战争胜利而欢呼。最后,战争也保卫了中国的安全,对中国来说长期被奴役的历史已一去不复返了。同时战争也使中国的国际地位提高,鼓舞了世界被压迫人民争取独立和解放的信心和勇气,对国际局势产生了深远的影响,并且为中国赢得了一个相对稳定和平的环境。战争虽然胜利了,然而中国人民也付出了重大代价,涌现出了一批英雄人物,有杨根思、黄继光、邱少云、罗盛教、毛岸英等。金日成还特别为此题词,充分肯定了中国人民的国际主义精神。抗美援朝的胜利不仅捍卫了祖国的安全,也为亚洲乃至世界的和平作出了巨大的贡献。在查找资料时,我们无意中找到了一则事例。这是参加过朝鲜战争的美国老兵参观抗美援朝纪念馆时的情景,参观结束后,他们呼吁参战各国不计前嫌、停止战争,热爱生活、呼唤和平。

师:珍爱生命、呼唤和平是世界永恒的主题,我们在谴责侵略战争的同时,更应当珍惜今天来之不易的和平生活,那么与人民生活息息相关的土地改革问题,哪些同学做了研究? 好,请第四小组汇报。

生:大家好! 今天我演讲的题目是"新中国成立后的土地改革是民主革命任务的继续"。首先,请看这张图,这是中共二大发表的《中国共产党宣言》。大会规定党的最低纲领是进行反帝反封建的民族民主革命。反封建的关键是推翻封建经济制度,而封建经济制度的基础是封建土地所有制。所以,废除封建土地所有制,即进行土地改革成为民主革命的重要任务。1947—1949 年,我党在东北、华北解放区进行了土地改革,使这里的农民分得了土地,积极支援解放战争和发展生产。但是,全国还有大约 2/3 领土未进行土改。不彻底解决土地问题,农村经济就无法顺利发展,可见实行土改的迫切性。1950 年夏,中央人民政府颁布《中华人民共和国土地改革法》,土地改革在全国迅速开展起来。土改运动得到广大农民热烈响应,他们开展了各种各样的活动。斗争地主、烧地契、拔界碑、丈量土地、分得土地、分得农具,土改运动在全国取得了很大成果。翻身农民齐声高呼:"感谢人民领袖毛泽东,感谢救星共产党。"1947 年 10 月,中国共产党公布施行《中国土地法大纲》,土地改革在解放区农村展开。中华人民共和国成立以后,新解放区尚未进行土改,因此说中华人民共和国成立后的土地改革是民主革命任务的继续。这幅图反映了土改的成果,这是1950—1952年底进行土改的地区,这是1952年底未进行土改的地区,在1952年底后也陆续进行了土改。土改运动废除了存在数千年的封建土地所有制,使农民在政治、经济上翻了身,解放和发展了生产力。

师:土地改革使我国延续了数千年的封建剥削土地制度被废除了,它完成了民主革命尚未完成的任务。对于土地改革问题,其他小组还有什么看法?好,请第五小组汇报。

生:大家好!我们小组主要围绕"富农政策"进行研究。先解释一下什么叫富农。富农指农村资产阶级,一般占有土地,有比较多的生产工具和资本,自己参加劳动,但经常性的剥削为其生活来源的一部分或大部分。我们从网上查了资料,但很少有关于富农的,我们就上图书馆找了些资料,意外地发现了有关福建旧社会的图片。农民受租多、税多、利息高的压迫,这幅画描绘了租税重压下的农民不堪重负的情景。这幅画讲的是旧社会一对农民夫妻全家只有一条裤子,男的出门给男的穿,女的出门给女的穿,这足以反映当时农民经济上的贫穷。左边是农民的卖女契约,这种现象在当时是很常见的,右边是建阳地主的高利贷簿。这幅图描绘了华侨家属抗拒地主勒索被斩断四肢的情景,由此可见地主的凶残。这幅画反映1930年毛泽东在上杭南阳召开会议通过的决议。这是当时"打土豪,分田地"的标语。这一时期党对富农实行什么政策呢?(限制)这是毛泽东对解放区土地改革的题词,当时对富农的政策是征收富农多余土地。这幅图是全国土地会议在西柏坡召开,会议通过了《中国土地法大纲》,这是刘少奇在会议上作报告的情景。这幅是1950年中央人民政府在新解放区颁布《中华人民共和国土地改革法》。这幅是河南偃师的一次阶级划分大会。这是当时农村阶级划分为地主、富农、中农、雇农、贫农情况表。中华人民共和国成立后对富农的政策是:①保存富农经济;②尽量保留富农所有的出租土地。请看土改前后某县富农耕地状况变化表,土改前富农耕地面积为14393亩,占总耕地的2.96%;土改后富农耕地面积为14477亩,占总耕地的2.89%。从这些数据可以看出,中国共产党对富农采取保存政策与中华人民共和国成立前征收富农多余土地的政策完全不同。此外,从《中华人民共和国土地改革法》中对富农政策的调整也可以看出其变化。第一,富农的土地及其他财产,加以保护不得侵犯;第二,富农出租少量土地,亦予以保留不动;第三,对少数半地主式的富农出租大量土地,超过其自耕和雇人耕种的土地数量者,对其出租的土地则应予以征收。中华人民共和国成立后土改实行保存富农经济的主要原因是当时中国的政治和军事形势已经发生变化。在过去,人民力量还处于相对的劣势,战争的胜负还没有确定。一方面,富农还不相信人民能够胜利,他们还是倾向于地主阶级和蒋介石一边,反对土地改革和人民革命战争;另一方面,人民革命战争又要求农民付出极大代价来支援战争,为争取战争的胜利,允许农民征收富农多余的土地财产,满足贫苦农民的要求是必要的。而现在形势已经不同,现在的困难主要是在财政经济方面的困难,是恢复、改造与发展社会经济上的困难。人民政府实行保存富农经济的政策,能够争取富农中立,更好地孤立地主阶级,因此中华人民共和国成立后土地改革采取了保存富农经济的政策。谢谢!

师:第五小组对"富农政策"做了一定研究,尽管富农当时在农村所占的比例不大,但是,"富农政策"直接关系到土改的进程。保存富农经济,减少了土改的阻力,与城市保护资本主义工商业政策相辅相成,这是中国国情所决定的。下面有关"镇压反革命"问题,请第六小组上台汇报。

生:大家好!我们小组是围绕镇压反革命的必要性来查找资料的。新中国刚刚成立不久,国内的形势还很不稳定。此时是国家需要大力发展生产和发展经济的时期,而大批的反革命分子在祖国大陆正进行着疯狂的反革命活动,反革命活动已经严重威胁到人民生命财产安全和政权的巩固。现在请看一段影片。以上影片所显示的正是反革命分子进行破坏的情景。不仅如此,反革命集团还密谋在国庆当日谋杀出席大会的中国领导人,这是当时的策划图,这个阴谋没有得逞,主犯李安东也被抓获并被判处死刑。为了巩固人民民主政权,中共中央于 1950 年 10 月 10 日发出《关于镇压反革命活动的指示》,1951 年 2 月中央人民政府公布了《中华人民共和国惩治反革命条例》,同年 3 月 24 日公安部部长罗瑞卿作了镇反运动的动员报告,大会宣布在全国范围内大张旗鼓开展镇压反革命运动,镇反运动在群众中轰轰烈烈地展开了。这是北京市民在镇反大会上控诉反革命分子的暴行;这是上海市各界 5000 多人参加宣判镇反对象的大会。在全国大规模的镇压反革命中,捕获了许多反革命分子,这是审判反革命分子的大会。这场镇压反革命分子的运动在全国人民的支持及国家政府的努力下,胜利完成了。镇压反革命运动是一场极其重要的运动,新中国如果不消灭这些心腹之患,就无法使社会安宁,将会严重阻碍中国经济的发展,中国发动这场运动的必要性由此体现。

师:镇压反革命运动是社会安定、发展经济的前提,然而经济建设也应当有章可循、有法可依,对于"三反""五反"运动,请第七小组汇报。

生:大家好!我们小组研究的课题是"三反""五反"的必要性。中华人民共和国成立之初,党对私营工商业采取鼓励发展的政策。这是 1949 年私人资本主义工商业在国民经济中的地位情况表,私人资本在工业中占 63%,在批发、零售中占比也超过 60%,可见它们在国民经济中占有重要地位。1950 年自稳定物价以来,通过各种措施,他们在 1951 年获得的利润超过中华人民共和国成立前 22 年中的任何一年。然而,资本家中的不法分子不满足于用正常方式获得利润,他们采取各种手段牟取暴利,在经济上给国家造成重大损失,在政治上、思想上腐蚀工人阶级和国家工作人员。中国共产党成为执政党后,如何使广大干部正确行使手中权力,防止贪污腐化现象产生,以保持党的纯洁性,成为党面临的一个新课题。从 1951 年底党和国家针对不法资本家对干部的腐蚀现象,在国家机关和经济部门开展反贪污、反浪费、反官僚主义的三反运动,各地设立人民检举接待室,并设置了检举箱,国家干部中存在各种问题的人受到严肃处理。这是刘青山、张子善枪决前的审判大会,曾先后担任天津地委书记的刘青山、张子善在抗日战争和解放战争中立过功,但是在和平环境中,利用职务之便,贪污巨款,他们还勾结奸商投机倒把,使国家财产遭受重大损失。与此同时,国家针对不法资本家的五毒行为,开展五反运动。所谓五反是反对行贿、反对偷税漏税、反对盗骗国家财产、反对偷工减料、反对盗窃国家经济情报。在五反过程中,先后抓获大量不法商贩,这是在五反运动中落网的奸商王康年,他利用金钱等拉拢腐蚀国家干部,向志愿军战士出售假冒伪劣的药品,坑害志愿军战士,民愤太大,而后被枪决。"三反""五反"运动打击了不法资本家的违法行为,打退了资产阶级的猖狂进攻,为实现资本主义工商业的社会主义改造打下坚实基础。谢谢!

师:"三反""五反"运动主要针对社会上的腐败问题,腐败问题关系到国家命脉,对此老师也找了一些相关资料。请看漫画,它反映了改革开放后,社会上出现的某种现象,请问这幅漫画反映了当今社会的什么问题?漫画反映当今社会上出现行贿、受贿等腐败问题,对于腐败问题,历任国家领导人都十分重视。接着看材料:毛泽东是在什么会议上讲这番话的?(1949 年春七届二中全会)糖衣炮弹是什么?(腐蚀、拉拢对方的手段)谁要袭击共产党人?(资产阶级)为什么要袭击共产党人?(中国共产党即将成为执政党)江泽民同志在中纪委第四次会议上强调"治国必先治党,治党务必从严"。胡锦涛同志在参观西柏坡纪念馆后,向全体党员重申中国共产党必须保持"两个务必"的优良作风。

师:刚才七个小组同学针对建国初期巩固政权的斗争分别展示了研究成果。他们的研究成果可能还存在这样那样不尽完善的地方,但这毕竟是同学们亲身实践体验的结果。在实践活动中,同学们相互合作,全员参与,并在搜集资料中提炼了观点,加深了对历史知识(或事件)的认识,同时还学会了一套收集、处理信息的方法,为今后开展研究性学习积累了宝贵的经验。

附习题:

1.下列反映抗美援朝的是哪首歌曲?(听歌曲判断正确答案)(　　　)

A.《松花江上》　　　　　　B.《我的祖国》

C.《映山红》　　　　　　　D.《弹起我心爱的土琵琶》

2.四川省金堂县一农民分田三亩七分,这一史料属于(　　　)

A.土地革命时期　　　　　　B.抗日战争时期

C.解放战争时期　　　　　　D.中华人民共和国成立后土地改革时期

【方法指导】

1.基础知识指导。包括科研基础知识指导、专业背景知识的介绍和学科知识的渗透。基础知识指导应着重教会学生获取知识,并运用所学知识开展研究,同时指导学生获取相关图书的途径。

2.研究方法的指导。包括常用科研方法介绍、资料收集和分类指导、科学性指导。注意让学生选择最恰当的方法进行研究。资料收集整理要规范,并按一定标准分类。学生对所收集的资料要及时整理和筛选,去粗取精、去伪存真,以便资料的保管、查阅、分析提炼和查漏补缺。科学性指导要求学生注意资料来源的可靠性、研究程序的科学性、结论的科学性。

3.思维方法的指导。在"研究性学习"过程中要注重转变学生的传统思维方式,提高学生主动地发现问题、分析问题、解决问题的思维能力,培养学生的批判精神和创新精神。

【教学评价】

1.学生的评价

(1)在这次研究性学习过程中,通过对现有知识的整理、资料的编辑以及各种资料的筛选、统计、分析,我学到了许多课外知识。

(2)从资料的搜集整理到编辑打印,整个过程提高了我的动手能力,而其中也充满了乐趣和挑战,这次学习是一次宝贵的体验。

(3)这次学习不仅培养了我的集体合作精神,也使我更多地参与社会活动,提高了我的课题研究能力、创新意识与独立思考能力。

2.教师的评价

(1)本案例是中学历史传统课堂教学的有益补充,易激发学生的兴趣。选题注重理论与实践的结合,让学生扩展视野,真正做到学以致用。

(2)课题要立足教材,题目不宜选择过大,要找准切入口,确定的课题要考虑是否有研究的价值和研究的可行性。

(3)本案例说明学生并不满足于课本知识,研究学习的潜能大,这就向教师提出了更高的要求。

3.专家的评价

(1)高一学生开展关于"建国初期巩固政权的斗争"的研究课题,对学生提高知识应用能力有很大的促进作用。

(2)该课题的研究充分体现课改的精神,作为课堂教学知识的拓展很有现实意义与必要性,并有一定指导与参考价值。

第四节 乡土资源与历史研究性学习的融合
——以三坊七巷名人故居维护与开发为例

研究性学习与乡土历史文化的结合有利于培养学生的家国情怀。家国情怀是学习探究历史应具有的社会责任与人文追求,是对历史事实与价值判断的辩证统一,是从人文研究的真、善、美追求中凝练出来的价值取向。家国情怀是历史学科核心素养的一项重要内容。通过对家乡历史的研究,能使学生更加了解家乡、热爱家乡,从而更加热爱自己的祖国。古人言:"人有爱乡心而后有爱国心。不能爱乡而谓能爱国者,是谰语也。"利用乡土历史资源能够使学生受到春风化雨般的浸润,让学生感受到历史并不遥远,历史就在身边。

福州历史悠久,据《史记》记载,公元前202年汉高祖刘邦封无诸为闽越王,"王闽中故地,都冶",可见福州建城距今已有 2200 多年历史。唐开元十三年(725 年)又设福州都督府,福州之名由此得来。福州历史文化遗存众多,如鼓楼区的三坊七巷、台江区的上下杭、仓山区的近代使馆区、马尾的船政文化等,对家乡历史的研究,更能激发学生研究的兴趣与热情,更能体现学生的赤子之心,也更容易唤起学生热爱家乡、热爱祖国的情怀。

【研究主题】追昔探源 弘扬文化——三坊七巷名人故居维护与开发

"三坊七巷"位于福州老城区,承载千百年福州历史文化。三坊七巷至今还保留着明清时期的民居和园林建筑百余座,其中 100 多处被全国、省、市、区列为文物保护单位,有"明清古建筑博物馆"之誉。这里出了不少名人,每座名人故居背后都隐藏着不少动人的故事,它因离我们学校比较近,又蕴含着许多鲜为人知的秘密,让人倍感亲切和好奇。

然而当我们走进坊巷,映入眼帘的尽是残缺的巷名、倾斜的土墙、脱皮的墙体、破损的房檐、纵横交错的电线、违章搭盖的建筑,过度的商业氛围破坏了街区整体风貌的和谐。坊巷建筑历经千百年历史沧桑和人为的毁坏,已破旧不堪、难承重负,且渐渐为福州市民所淡忘。面对这古街区,我们应当为它做些什么?这极具现实意义与挑战性的研究课题大大激发了我们课题小组的兴趣。

通过查阅资料我们了解到,尽管往届同学已经涉足三坊七巷的相关课题,但侧重点不一,且未深入开展。尤其是"三坊七巷名人故居的维护与开发"还有许多问题尚待解决,如何有效保护福州历史名人故居便成为我们要去深入挖掘与探讨的问题。

研究提示:

平时善于观察、积极思考,关注生活中存在的现实问题,可以从中发现并寻找到适合自己探究的课题。另外,通过广泛浏览与研究课题相关的文献资料,可以了解前人在这一领域已经做过的研究,以便对准备开展的课题形成较清楚的认识和定位,进一步明确研究的方向和具体内容。

【研究目的】

本课题研究旨在了解三坊七巷名人故居的现状,探讨分析坊巷名人故居破败的成因,寻找解决问题的对策与措施,同时唤起福州市民保护历史文物的意识和责任感,激发爱国爱乡的情怀。

【研究内容与研究方法】

经过认真考虑和向指导教师请教,我们研究小组确定了本课题的研究内容和研究方法。

图 4-3　探访严复故居

表 4-1　研究性学习课题研究的内容与方法

研究内容	研究方法
了解三坊七巷名人故居的基本现状	文献研究:通过报纸、图书、网络等多种途径来收集资料
了解福州市民对三坊七巷名人故居存在问题的看法	问卷调查:设计问卷,对不同年龄、性别、职业的福州市民进行调查
了解三坊七巷名人故居的建筑布局、特色及保护现状	实地考察:到三坊七巷开展实地调查,拜访名人后裔,收集大量的文字、图片与影像资料
了解政府的规划、保护的政策与存在的困惑	访谈:走访相关职能部门,如坊巷所在社区、市文物局、市城乡规划设计院、市旅游局
了解专家、学者对坊巷保护、开发的看法与建议	访谈:采访相关的专家和学者

研究提示:

在选择研究方法时,可根据研究目的对研究内容进行细化,确定需要收集的信息,明确研究的问题,同时还要综合考虑研究条件等因素。

【研究成果】

(一)三坊七巷名人故居的建筑布局与特色

三坊七巷名人故居的建筑布局(图 4-4)保留了唐宋遗风,坊巷格局似

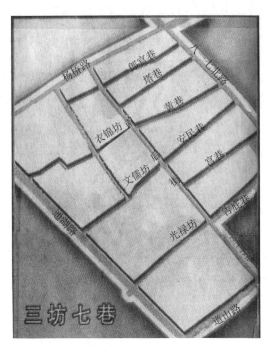

图 4-4 三坊七巷布局图

棋盘状,布局工整,南街、南后街将坊与市截然分开。

坊巷民宅还沿袭唐末分段筑墙传统,有高大的围墙,墙体呈流线型,翘角伸出宅外,状似马鞍,俗称马鞍墙,并呈两侧对称,墙头和翘角皆泥塑彩绘,形成了福州古代民居独特的墙头风貌。民居是按一组或几组院落构成,院落间有天井,建筑主座布局都在纵向的中轴线上,厅堂等主要建筑两旁对称,而侧院多灵活随意布置,这与北方建筑布局不尽相同。三坊七巷内的建筑物厅堂高大宽敞,与其他的廊、榭等建筑高低错落,活泼而又极富变化。在廊轩的处理上特意采用粗大而长的优质硬木材,并用减柱的方法,使得厅堂前无任何障碍,这也是三坊七巷古民居的重要特色之一。

三坊七巷民宅雕刻工艺精湛,有木雕、石雕、砖雕等,十分精美。木雕工艺多用于门罩、轩、藻井、门窗、隔扇厅堂屏门上方襟间等处,纹饰丰富多彩,皆不重样;精巧的石刻艺术在台阶、门框、柱杆、花座、井沿都随处可见。这些都体现了福州民居的技艺和特色。

图 4-5 林觉民故居

图 4-6 坊巷现状

（二）三坊七巷名人故居的现状

通过实地考察，我们发现，经过了 1000 多年的雨雪风霜，三坊七巷昔日的繁荣已经不复存在。破败不堪的巷门上写着残缺不全的巷名，有些民居门两侧原有的精致对联早已不知所终，即使有存留下来的也已经看不清了。再看看巷子的内部，青板土墙已经严重倾斜走样，墙体表面已经脱去了一层皮，坊巷电

图 4-7　原坊巷电线密布

线密布（图 4-7），安全隐患随处可见；精美的古建筑已经残缺不全；坊巷居民违章搭盖严重；不少垃圾随处堆积在巷子，卫生环境不佳；四周高楼大厦林立、商业街环绕，与古民居风格格格不入……三坊七巷犹如一个上了年纪的老妇人，已失去昔日的光彩。在对专家、学者的访谈中，我们也感受到受访者对三坊七巷现状的担忧。下面是我们的访谈记录摘录：

访谈记录

问：您对三坊七巷的现状有什么感受？

答 1：三坊七巷现在残破不堪，未来堪忧。福州历史文化资源有限，独一无二的一处历史文化景观却没有得到有效的保护，相当可惜。

答 2：现在的三坊七巷地处市中心，被许多高楼大厦所围，与周围环境有一种格格不入的感觉。

（三）三坊七巷名人故居破败成因分析

我们课题小组通过访谈、问卷调查等方式收集信息，了解了三坊七巷名人故居保护方面的问题症结所在。经过整理和分析，我们认为三坊七巷名人故居破败局面主要是缺乏管理等人为因素造成的，具体包括以下几个方面。

1.早期开发遗留的问题

20 世纪 90 年代初，福州掀起了旧城改造的热潮，港商看中

图 4-8　三坊七巷原设计工程改造方案

"三坊七巷"这块黄金宝地,1993年市政府将三坊七巷批租给某置业有限公司进行开发,其所设计的工程改造方案只是孤立地保护明清古民居,而将其周围旧房全部拆除,并在四周盖上高楼大厦。这种规划方案将严重破坏古街区的整个格局和文脉,自然无法通过政府部门的审批。但一纸协议致使三坊七巷整片街区开发被冻结,古民居也无法得到正常的整修与维护。

2."一物多管",缺乏统一管理

先前三坊七巷管理牵涉的部门多,有直属的鼓楼区政府,还有福州市城市规划局、市建设局、市土地局、市文物局等相关部门,各部门各自为政、管理分散,使三坊七巷处于"一物多管"的尴尬境地,单位部门间缺乏统一协调机制也为坊巷的维护与开发带来不少难度。

3.规划不完善

虽然我们早有了城市规划相关条例,福州市城乡规划局与文物局也正加紧编制《福州历史文化名城保护规划》(这一规划的出台将进一步深化和细化总体规划中对古城建筑保护的具体要求),然而对于三坊七巷的具体规划条例及如何有效维护与开发还没有形成一个比较完整、成熟的方案,三坊七巷规划保护、修复与完善困难重重。

4.人口与产权问题

三坊七巷内居民共5577户,15093人,已属超负荷运转,且因房屋破旧、基础设施不完备,原住居民多数已经搬离坊巷,出租户日益增多,缺乏文物保护意识,对古民居损害极大。

三坊七巷社区行政上隶属于鼓楼区南街街道,坊巷内古民居产权分属省直、市直、区直机关、街道以及个人。从历史文物价值角度看,三坊七巷的建筑格局、名人故居、明清古民居等都属于文物,虽然文物保护的职责属于文物管理部门,但文物局没有管理权和支配权,明知古民居被损坏也无法阻止。

5.资金短缺

资金问题历来都是十分棘手的问题。据福州市鼓楼区文管办主任估计,整体保护改造三坊七巷需要投入资金多达几十亿,而国家每年下拨修复文物建筑款项区区100来万,修复一栋宅子都不够,更何况五十几户古民居,再加上还要修复其他文物,这些钱就更是杯水车薪。此外,地方政府专项拨款也不多,热心捐赠保护修复三坊七巷的商家少之又少,资金短缺已成为制约古民居建筑保护的重要瓶颈。

6.宣传力度不够,文物保护意识淡漠

为了更真实地了解福州市民对坊巷存在问题的看法,我们设计了调查问卷。从调查数据统计中我们发现,许多市民(占被调查人数的10%)不了解甚至不知道三坊七巷,更多的市民对于三坊七巷的现状漠不关心、不以为然,还有28%的市民说像这样的处在市中心的破房子有碍观瞻,应该把它给拆掉重建(见图4-9)。由此可见,不少市民缺乏文物保护意识,这与宣传工作的不到位有直接关系。

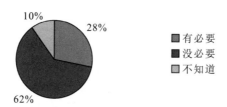

图4-9　福州市民对是否拆除三坊七巷的看法

研究提示

　　通过多种途径收集资料可以对研究对象形成更加全面、深入的了解。对收集到的资料进行整理汇总、分类归纳、分析提炼,并通过推理和论证得出造成名人故居生存现状的深层次原因,为后面制定有效的维护与开发方案奠定基础。

访谈记录

问:请您为三坊七巷日后的发展提出一些意见或建议。

答1:①提高对这份历史遗产的认识。

②制定有力措施,提出保护方案,投入资金。其实"再生"的三坊七巷既可以提升福州文化品格,也可以成为福州经济的一大亮点。

答2:先将名人故居和一些有特色的建筑进行修缮,将三坊七巷作为旅游资源加以开发,将三坊七巷修缮后进行开发,让更多人了解福州的历史和文化。

研究提示:

　　记录访谈内容时,要尽量做到客观、准确、完整,可以借助录音设备或采用多人记录的方式进行记录。

（四）保护三坊七巷名人故居的对策与措施

> **研究提示：**
>
> 　　对于针对某些现实问题进行的研究，在提出解决方案或建议时，应从技术、资金、人力、物力、政策等角度充分考虑其是否合理、可行。

作为福州历史文化名城的缩影，三坊七巷具有独特的历史文化价值，保护这些古建筑，保留完整的文化内涵，成了现今迫在眉睫的任务。为了寻找解决问题的对策，课题小组成员拜访了不少专家、学者、名人后裔，虚心听取专家们的宝贵建议，访谈内容摘要如下：

在调查分析的基础上，针对在三坊七巷的保护工作中所出现的障碍和存在的问题，我们小组经过再三的讨论，提出将其作为一种品牌申请纳入《世界遗产名录》予以保护开发的建议，具体措施包括以下几个方面。

图 4-10　修复中的三坊七巷

1.发挥名人效应

三坊七巷的闻名离不开名人，从唐至今名人数不胜数。这是一个名人的聚居地，展现的是一种中华民族的文化精髓，如林则徐、沈葆桢、林旭、林觉民……这些伟人的先进思想都值得后人传承和颂扬，可以凭借三坊七巷这一得天独厚的名人效应，吸引全国文人墨客云集于此，建成一个名人文化区，使其文化得以继承与弘扬。

2.从规划做起，充分利用资源

一个完整健全的规划方案对三坊七巷未来的发展起着至关重要的作用，它是三坊七巷保护修缮工作的基础和前提。建议规划要有长远眼光，对三坊七巷的外围建筑采取逐步更替的方式，使其周围的建筑物风格与三坊七巷达成一种相对的统一；对古城区周边的房屋稍加进行整改，改变其外观的色调,使之与坊巷建筑物风格保持一致。同时按照文物价值和保存的情况,分区分片,不同情况,分别对待,对较完整的坚决保护,次要的适当安排,或可迁移至别处等方式。

3.设立专门机构进行管理,防止破坏加剧

三坊七巷的保护与开发牵涉的部门多,"一物多管",部门之间推诿扯皮现象尤为突出,建议设立三坊七巷专门机构,重点研究、统一管理。

4.加大宣传力度

发挥社会力量,通过媒体的报道、宣传,向广大福州市民乃至全国人民介绍三坊七巷的历史价值、现状与开发的整体构想;可以开辟网上论坛,征集三坊七巷保护方案;也可以发行明信片、邮票,设立"福州坊巷文化艺术节"等扩大三坊七巷的知名度,同时还可提高福州市民对福州历史文化遗产的保护意识。

图 4-11　修复后的衣锦坊

5.借鉴成功的文物保护模式

"他山之石,可以攻玉",我们在保护与开发三坊七巷名人故居时,可以借鉴国内外文物保护成功的模式,取其精髓,加以利用。

6.资金筹措

"三坊七巷"的修复是一项庞大的工程,需要巨额资金。可以通过以下方式解决资金筹集问题:

（1）设立捐赠基金会。发动全社会的力量，对捐赠的团体与个人进行表彰，也可以发行三坊七巷福利彩票，扩大基金会管理的透明度，做到统筹安排、专款专用，以争取更多市民的理解与支持。

（2）加大政府投入。三坊七巷的维护与开发需要政府加大投入，增加修缮拨款。为了更好地解决资金的来源，政府还可以以三坊七巷名义发行债券，吸引民间资金，以解燃眉之急。

三坊七巷街区是不可再生的资源，并且是高品位的旅游资源，是福州历史文化的代表，我们不仅要让历史变为财富，让文化创造价值，而且还要让每个人都能明白，保护历史文化遗产就是保护民族的魂魄，这是每一个炎黄子孙义不容辞的责任！

后记："三坊七巷名人故居维护与开发初探"课题研究已经有几年了，我们很高兴地看到当时我们课题小组提出的许多建议已经变成现实。海西建设给三坊七巷带来了春天。这几年，福建省、福州市领导高度重视三坊七巷的名人故居的维护与开发，投入40多亿元全面修复三坊七巷。如今，三坊七巷内陈承裘故居、沈葆桢故居、林聪彝故居、二梅书屋、小黄楼水榭戏台、欧阳花厅等都正在修复或已经修好，三坊七巷的面貌可以说已今非昔比。

第五节　乡土资源与历史研究性学习的融合
——从研学课题研究到历史校本课程开发

新课程改革对教师提出新的要求、新的挑战，教师逐渐从课题的"旁观者"变成课题的"参与者"和"指导者"，从课程的"消费者"变成课程的"开发者"和"使用者"。教师是一种可持续发展的职业，俗话说：活到老、学到老，教师职业要求是教到老、学到老。在新课改背景下，中学历史教师不仅要有历史学科专业素养，还要具有一定的教育科研能力。

研究性学习课题的指导为教师提供了参与和提升的可能。课题研究的关键首先是选择一个好课题，俗话说选择了一个好课题就等同课题研究成功了一半。选择课题一定要了解别人已经作了哪些，要避免课题和别人撞车，即使选择的课题内容一样，但研究角度也要有所不同，最好是别人没有研究过的，这样才更有研究价值。多年来通过指导学生开展课题研究，还将课题研究的众多成果整合提升,并转化为有特色的乡土校本课程,比如油纸伞是福州非物质文化民间工艺品,我们可以指导学生进行课题研究,在课题研究基础上提升形成学校有特色的非物质文化遗产民间艺术工作坊,同时还开发了有学校特色的油纸伞校本课程。

【课题指导】

纤纤福伞——福州油纸伞的溯源与展望

1982 年 8 月 22 日,香港《文汇报》报道:"英国女王在香港公开露面时,手中撑开一把玲珑雅致的中国花纸伞,'雍容华贵',别是一番风度,十分引人注目。"

这位女王打的就是曾经驰名中外的福州纸伞。福州纸伞与脱胎漆器、牛角梳合称"福州三宝"。

福州纸伞因做工精良、轻巧、优美大方、坚实耐用、晴雨咸宜而扬名中外。

图 4-12　花伞

一、福州俗语——"包袱伞"

我国是世界上最早发明雨伞的国家,从发明之日到现在至少也有 3500 年的历史,当时被人们称之为"簦"。《国语·吴》中就有"簦笠备雨器"的记载。《史记·平原君虞卿列传》中则记载了虞卿"蹑蹻担簦"冒雨前往赵国游说孝成王的史实。到了后魏时期,伞被用于官仪,老百姓将其称为"罗伞"。官阶大小高低不同,罗伞的大小和颜色也有所不同。皇帝出巡要用黄色罗伞,以表示"荫庇百姓",其实主要目的还是遮阳、挡风、避雨。

南方多雨,伞因此成了人们居家必备的用品之一。尤其是我们福州人对本地的纸伞更是情有独钟。本地有一俗语叫"包袱伞",指的是人出门在外除了包袱外,还有就是带伞。人们通常将包袱挂在伞柄上,然后把伞往肩上放,这样既方便又省力。

关于"包袱伞"还有一个有趣的民间故事。相传,有一个和尚生性健忘。有一天他要出远门,但他为自己糟糕的记忆而不知所措,担心自己把东西弄丢。于是请教师父如何是好。他师父对他说:"你就记着自己带了 3 样东西,包袱、伞和你。"于是和尚出门了,一路上他不停地说着那句话:"包袱、伞、我。"可说着说着他把"我"漏了。到了客栈前,他突然发现自己少了一样东西,可想不起是什么了。便往回走,回到寺庙问师父:"师父,我只记得带了包袱、伞,可您说有三样呀!那另一个是什么?"他师父说:"不就是你嘛!"……因为那个健忘的和尚,福州人也用"包袱伞"来形容那些记忆不好的人。

此外,把被炒鱿鱼说成"包袱伞摞去",还有一句说"借锣要喱(要打一下),借伞要撑"。

二、福州纸伞品种

花伞:在伞面上绘上花鸟、人物、山水等图案,俗称"花伞";明油伞:款式朴素、简单,伞面半透明、无绘画;丝绵纸伞:其绵纸是某种树皮经浸泡而成的,纤维含量高,韧性强,属于高档类;双层花伞:这项技术是从温州学习来的。所谓双层并不是有两层伞,而是制伞的画面图案有里外两层;绢印套色童伞:之所以称作套色,是因为它的色彩是由红、黄、蓝3种基色构成的;蓝绿硼伞:之所以这么称,是因为原先伞面上刷的只是塑胶,后来加刷洋漆,由于是外来物,就依照英文的发音,译为"硼";绢印彩画花伞:这种伞的图画不是手工画,而是通过机器"画"的。先把画稿放在绷直的丝绢上,经感光(类似于复印机)印在硬刷板上,然后放上绵纸,用滚轴把画刷在绵纸上。

三、福州制伞业和纸伞名家

1.昔日概况

福州工业历来比较薄弱,制伞业相对突出,在福州工业史上有一定地位。但资金薄弱,绝大多数店家以赊账筹料生产为主,制伞业有明显旺淡季之分:春夏旺,秋冬淡。有一句行话"死九绝十",意即到了九、十月份就像进入地狱绝境一般,大多数工人失业,技术水平较低的更无人聘用,只好走街串巷肩挑"补伞",衣着褴褛,市民讥之"补伞弟",视其稍高乞丐一阶而已。一些制伞"单身哥"无家可归,都聚于"一清庵"(今工人文化宫二礼堂旧址)栖身,饥寒老死者时有之。

2.纸伞工艺

福州纸伞工艺经过世代沿袭,一共有80多道工序(现在,工序简单多了),分工细致。合作化之前,有"制伞骨""制伞""制伞头""制伞柄""制绘花"等五部艺之分,五部艺各自独立,分工合作,互相依存,一个人若能完成其中之一即为"全艺","五艺"俱全的人从无传闻。可见工艺十分专业。"制伞"虽属主流,但也只是完成"伞胚""上油""装配"等后部分工艺,所以它必须由别处买进伞骨、伞柄、伞头等,另外还得聘请绘花师傅。还有专卖柿油、棉纸、桐油、伞帽布等纸伞生产原料的专业店。

3.制伞艺人

"制伞骨"一般为单干户,昔时分布于南台后洲、郊区新店与南通陈厝三处。"制伞骨"技艺甚高。有一句行话"做到老学到老",说明制伞艺人不单要技术熟练,尚需心灵手巧,因此大多数艺人制伞骨一世,老来还只能制作"粗伞骨"而已。"制伞骨"质量最好的是"后洲帮"。"直路"上制作的所有"门市伞"(即县纸伞)都向他们买"门市骨"。古诗云:"江山代有才人出,各领风骚数百年。""后洲帮"中30年代名气最大的有宋仕仕、三妹等,40年代有陈依森、陈朝江,50年代有王二豹、陈大仁、张开禄(后来都并入福州伞厂为技术骨干)。张开禄的绸伞骨盈握在手,如同一节麻竹筒,看不出缝隙,注水不漏,堪称一绝。新店与陈厝两处一般只能制作"粗伞骨"。"制伞柄"店最有名的数王依犬家。伞面艺人以程家宝、林永钦、刘梦秋最著名,其中程家宝字画最佳,冠称伞面界;林永钦的花鸟、人物享誉甚高;刘梦秋的"洋山水"也颇有名气。

"直路""横路"上绝大多数伞店属"制伞"专业店,除少数几家名店加聘绘花师傅外,一般都只完成"制伞胚"的十二三道工序,"上油"的七八道工序和"装配"的五六道工序。一把纸伞质量的好坏,制伞骨、伞胚、上油三部分至关重要。合作化以前,著名的制伞胚好手有郑连官、卓英善等,后都加入福州伞厂为职工。上油旧时行话又称为"上手"。上手的好坏,决定纸伞的上油厚薄、均匀度,直接影响使用寿命。同行公认的上油好手陈红俤,后来成为福州伞厂的技术干部。"车伞头"工艺与车木行业相同,不过归从伞业,专车伞头而已。合作化以前,最有名的是后洲"协顺"伞头店,店主丁能平。制"伞柄"店最有名的唯洋中亭王依犬独家。

图 4-13　包伞头　　　　图 4-14　穿装饰线

图 4-15　彩绘

福州纸伞伞面采用油画、彩画、喷画、绢印等方法,描绘山水、花鸟、草虫、人物、亭台楼阁等各式图案,十分精致美观。伞画继承中国画的传统技法。不过国画一般是看"画",而伞画需在光天下"透"看,所以伞画用墨着色以浓为宜,为一般国画界所不齿。旧时本市一些著名国画家迫于生计,也画些伞花糊口,因墨彩较淡,伞花老艺人不以为然。可见三百六十行,行行出状元。

1956 年,伞画艺人程家宝、林永钦、刘梦秋被评上省工艺"老艺人",出席"福建省美术工艺第一届老艺人代表会议"。程家宝早年曾就学"青年会",文化素质高,字画俱佳,冠绝伞画界,不过英年早逝。林永钦的花鸟、人物享誉甚高。他在 1959 年首创的"404"油画伞,出口甚多,1980 年被评为国家"部优",后又为英国女王所用,被评为"女王之伞"。林永钦还广开绛帐,桃李满园。1956—1963 年,他连续八年被评上市"劳动模范",厂史无先例。刘梦秋的"洋山水"也颇有名气。另外福州绢画老艺人杨肇松以后也加入伞画界。

四、福州纸伞的名店

"杨常利"纸伞历来是作为福州纸伞的象征而言的。1945 年末,中国近代海军元宿、福建省省长萨镇冰为"杨常利"纸伞题了藏头联:常持圆盖防霪雨,利用高遮御太阳。

1.创办

"杨常利"创始于清嘉庆十三年(1808 年),创办人杨大绅,福州人后继人杨荫梓开设的门市部位于中亭街。他收集前人的制伞经验,筛选各项上等原料(其中主要选用尤溪丝棉纸褙制伞胚),终于试制成功优质"县纸伞"。初创时,产量较少,销售对象主要是本市各商行、货栈的经纪人,以后流入近邑农村。由于质量优异,在顾客中建立了信誉,销路逐步延伸至闽中南沿海福、兴、泉、漳各府。

2.发展

始以"杨常利"为店号、"双喜"为商标正式投产(此商标一直被福州伞厂沿用)。1915年,在美国旧金山举行的"巴拿马万国博览会"上,评委们用"破坏性检测"对各国的伞的样品进行了评选。"杨常利"的"双喜牌"纸伞历经1170次反复收撑不起顶、不断线、不裂槽;经5级逆风吹20分钟伞柄不折、伞骨完好;长时间泡在沸水中,煮不脱骨、纸

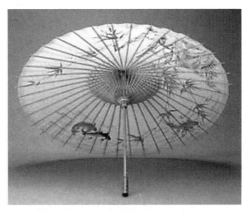

图4-16　"双喜牌"纸伞

不烂,获得金奖。不仅如此,有人还对"杨常利""双喜牌"纸伞进行试验,经六角滚筒搏动摩擦180次,伞面不起皮,伞纸不破裂,色泽不变;经八至十五毫米雨量冲淋一小时不脱骨、不漏水。1933年,又在美国芝加哥"百年进步博览会"上获优秀奖。此外,"杨常利"纸伞又参加了菲律宾、日本等国以及台湾、青岛等地区十几次展览会,均以优异获奖。于是声誉日高,被誉为全国雨伞冠军。

3.为顾客着想

"杨常利"纸伞店对顾客有两项特别的服务。售前服务:当顾客看中某把福州纸伞而付款前,它就将进行"售前服务"。这项服务其实是对那把福州纸伞进行现场的质量检验。任何一把福州纸伞都有一个短伞头,而那是纸伞最脆弱容易损坏的部分。店员会将伞多次反复收撑,以此检验伞头是否牢固。将纸伞打开,朝远方扔出。而这时好的纸伞会像石头打水漂一般在地上弹跳,一直到停下为止。以此检验纸伞是否耐冲击。售后服务:当顾客付款后,它就要进行"售后服务"。每把福州纸伞在制作时,它的伞面就涂上一层柿油;但伞的内面没有涂任何油料。这时店员就会将伞开至一半并且伞柄朝上,免费在伞面内涂上桐油,以此延长纸伞的使用寿命,它还告诉顾客如何正确使用和存放纸伞。比如:在下雨天用过伞后,将伞撑至半开,挂在钩上,让雨水自然地顺着伞表面流下,保持伞面内的干燥。平常存放纸伞,为了防止伞头使用频繁而损坏,把伞头朝上斜靠在墙角。

当时社会提倡"勤俭持家",对任何东西都要求"新三年,旧三年,修修补补又三年"。恰巧它有提供修补服务,只要是本店的伞就能免费修补。它为顾客修伞尽心尽力。通常需要修补的伞大都是伞头坏了,修理人员会将胶合剂涂在要修理的伞骨上,将纸慢慢地沿着伞骨一条一条地贴,还边卷边压,这些修伞人都是"杨常利"专门招聘来的,都领着很高的工资。

4.与"富贵"合并

除了"杨常利","富贵"纸伞店在纸伞业中也相当有名气。20世纪40年代中期,"富贵"纸伞店异军突起,著名艺人、店主刘棨生连接推出"折叠印花图案伞"和"夹骨丝绸伞"新产品。一时在学界、新闻界掀起"富贵热",鹊声四起。与"杨常利"不同的是,它主要是做福州纸伞的出口生意。1956年,"杨常利"与"富贵"两家伞店合并为公私合营福州雨伞厂。

福州雨伞厂新的品种甚多,有彩画花伞、油画花伞、明油伞、书法伞、色伞五大类。花伞伞面绘有人物、山水、花鸟、亭台楼阁等精美图案,流光溢彩,鲜艳夺目。这些油纸伞晴雨皆宜,三伏天气烈日当空,伞面能阻挡炎阳而不发脆破裂。倾盆大雨时用于遮雨,伞面绘画色泽不变,油多光滑,伞身粗大,耐风耐雨耐热,一把伞可用好几年,实用美观。

为了适应国内外市场及旅游业发展的需要,现在品种又有更新换代,拥有90多个品种,500多个花色。其中有点缀庭院小轩用的"壁伞",旅游野餐用的桌伞,装饰灯具用的灯罩伞,布置商店橱窗用的广告伞,阳台遮阳用的太阳伞及美化浴场的游泳伞等。伞面大多绘有花卉、草虫、飞禽走兽及中国传统仙佛人物图画。创新后的纸伞先后在北京国际博览会两次获得银奖,被轻工业部评为优质产品。

五、回顾福州纸伞的历史

1.艺术的起源

福州纸伞溯源悠久,已有一千多年的历史。晚唐王审知开闽以后,福建较之北地相对居安。逃避战乱而纷纷移居福建的中原士民,给福建带来了更高层次的文明,其中包括中原、江浙先进的制伞工艺技术。迭经世代沿袭,制伞工艺在福州逐渐形成独特的地方风格。

2.发展

唐宋以后,福州逐渐成为中国南方重要外贸港口之一,跟日本、南洋各地的外贸往来与日俱增。出洋人必带家乡伞,于是雨伞漂洋过海,连洋人也喜欢上了。日本人喜欢的富有东洋味道的纸伞,原产地也在福建。福建的纸伞,传到台湾,而台湾的雨伞,传到东洋(见香港《明报》)。在前清时代,制伞行业已渐入盛期,全市伞店逾百家。

　　早年间,福州城的概念就是现在的鼓楼区,但这并不影响台江中亭街、洋中路一带的知名度,就因为纸伞。清朝,福州的制伞业进入了繁荣期。鸦片战争以后,福州作为"五口通商"口岸之一,出洋的人日增,被卖当"猪崽"的、经商的、其他谋生的,都喜欢带上家乡伞。特殊的地理位置环境,促使福州制伞业愈益兴旺。到清朝末年和中华民国初年,全市雨伞店号最多时达300多家,年产量达三百万支以上。这些伞店一般是产销联营的作坊,小者三四人,一个家庭为主体的"夫妻店""父子店"甚多,大雨伞店旺季人数最多时,食者也不上"四桌"(48人);其中以中亭街上的"杨常利"和洋中路口的"富贵"两家伞厂最为著名。最火的时候,这两条路曾经是当时制伞艺人最集中的地方,制伞头的、制伞柄的、卖配料的,还有卖零部件(伞轨、伞幅)的,有400多家商铺。纸伞是当时最热销的商品,贸易行的老板定了个在现在看来"强买强卖"的规矩,凡是买伞的,都得搭配买一些滞销品,如手纸、笋干等。

　　1915年,巴拿马的"万国博览会"上,评委们用"破坏性检测"对各国伞的样品进行了评选。"杨常利"的"双喜牌"纸伞历经1170次的反复收撑不起顶、不断线、不裂槽;经5级逆风吹20分钟伞柄不折、伞骨完好;长时间泡在沸水中,煮不脱骨,纸不烂,因而和脱胎漆器、牛角梳一起获得了"优胜奖",与它们并称"福州三宝",从此名扬海内外。

图 4-17　绘有花鸟的纸伞

　　福州纸伞当时不仅畅销国内,在东南亚、港澳地区也颇有市场。那里华人依然遵循中国民俗,不论婚丧嫁娶,纸伞都有着独到的用处。那时候,姑娘家出阁,流行走着去,媒人一路为新娘子撑着伞走到夫家,嫁妆里还得放着一套伞具;办丧事时,先人遗体埋葬之后,家属抱着遗像领着送葬的队伍回头,队伍里每一个人都要撑一把纸伞,在回家进门前,把这些伞都烧掉。福州纸伞在国外市场热销,当时福州民间流行着一句俗语"天旱三年饿不死制伞人",许多人家都千方百计地把自己的儿子送去伞铺里,给师傅当学徒。

那时候,除了"杨常利"的"双喜牌"外,"富贵"的全棉伞也占据了市场的大半份额。"富贵"生产的除了全棉伞和花伞两大类,还出产配上精美绢画工艺的绸伞,伞面画有精美的花鸟、仕女、风景等图案,但价格高,寻常百姓眼里看着欢喜,却不可能掏钱购买。

3.遭遇挫折

福州制伞业的兴盛,也与民族自尊、爱国风潮有关。清末,洋货充斥市场,市面上开始盛行铁骨布伞之"洋伞",即所谓"文明伞"。由于欧西另一舶来品"文明杖"时为政界、学界、商界、文艺界所时髦,洋伞又兼有"杖"之用,自然变成畅销品,致使纸伞颇受打击。民国四年(1915年),民众"抵制日货"运动日盛,工商界自发成立"促进国货公会",大造"请用国货"舆论。根据形势要求,由"促进国货公会"牵头设计(支持人为海关帮办吴养贤),改良传统纸伞直柄改为弯柄,便于携持,并干脆把传统油纸伞称为"国伞",与洋伞抗衡,于是运销乃见畅旺。

但在全面抗日战争(1937—1945)和抗美援朝(1950—1953)期间,由于海港封锁,产品不能运出,直到战争结束,运销才恢复正常。抗战以前,全省除福州以外只有闽清、古田二县能制伞。抗战期间,福州先后两次沦陷(1941年、1944年),大多数制伞艺人逃亡全省各县城,重操旧业。故20世纪40年代后,全省除厦门等少数几个县市以外,几乎县县都能制伞,并且都由原福州制伞艺人操持。但受原料、技术限制,制作普通粗伞居多,产量甚少。

20世纪50年代,福州纸伞业在人民政府重视下,逐步从三四十年代的低谷中摆脱出来,并取得发展。1951年,福州雨伞一社和二社先后成立,这是全市最早的生产合作社,入社的多为比较清贫或失业的雨伞工人(共约200余人)。1955年前后,浙江温州出产的"仿绸伞"价格低廉,深得人心,给福州伞业带来不小的冲击。福州遂派出了画伞艺人林永钦赴温州学艺。林永钦回城后,在所学技艺的基础上,重新进行创作,更胜温州。福州伞业再兴。然后,雨伞三、四、五、六社也先后成立。1956年,社会主义改革进入高潮,六个生产合作社又并为四个国营厂,"杨常利""富贵"两家名店也合并为"公私合营福州雨伞厂"。1958年四月,以"杨常利"纸伞、"富贵"丝绸伞的技术骨干为核心,统并全市纸伞行业成立国营福州伞厂,生产"双喜牌"(原"杨常利"名牌)、"牡丹牌"(原"富贵"名牌)、"榕城牌"(普通伞)纸伞系列产品,工人达一千六百人,年产量达122万把。

4.产业再兴

同年,福州纸伞业掀起技术革新、技术革命热潮,至20世纪60年代初,大多数笨重手工工序在机械化中解放出来。1960年,福州伞厂成为全国技术革新先进单位,多台自制纸伞生产专用机械设备应邀进京实物参展。1961年,"全国雨伞技术革新现场会"在福州伞厂举行,会议还决定纸伞机械设备指定由福州伞厂制造。

在20世纪60年代历次全国同行评比会上,福州"县纸伞"均荣获第一名。1980年10月,福州"双喜牌"花纸伞荣获国家"部优"产品证书。这是迄今保持的我国同类产品中唯一的"部优"独生子。

20世纪80年代初,对外贸易迅速恢复开放和发展,福州伞厂纸伞出口年年保持60万~70万把,独占全国同类产品鳌头。

5.走向低谷

1985年前后,改革开放初期,福州纸伞业打开了国际销路,大量产品销往日本、欧洲和东南亚等国家。可是不到3年,福州纸伞由于样式老旧,退出了欧洲市场,又同时由于受到折伞的冲击也失去了东南亚的市场。福州纸伞从此陷入低迷。20世纪90年代,福州雨伞总厂也随之倒闭。若再想看到制作精良的传统纸伞只能到博物馆了。右边的这幅图是摄于文化宫后面的一家补伞店(图4-18)。图上的老人是这家补伞店的主人。店的门上挂着福州纸伞,可店里却补的是洋伞(即尼龙伞),真可谓是补伞新招——"挂

图4-18　补伞

纸伞,补洋伞"。

六、福州纸伞的发展前景

福州纸伞从繁盛走向低谷,告诉我们一个道理:走艺术之路,生生不息。

1.制作工艺上的创新

当年,福州纸伞低迷的最大原因是缺少创新。这一步似乎外国人常常走在我们的前面。福州纸伞风靡欧洲之后,纸伞没有什么实质上的创新,只是变化了纸伞外观的形状。而洋伞已由 1 节变为 2 节、3 节,后来还出现了自动雨伞。尤其是现代,创新是任何一个事物成功的关键。生活水平日益提高,使人们的胃口变得挑剔,对一切事

图 4-19 花瓣形的纸伞

物都提出了更高的要求。他们对东西"喜新厌旧"的程度也越来越高。

任何东西都应结合其时代的特色而发展。在我们做的"社会调查问卷"中,72%的人们希望福州纸伞与现代潮流相结合。做好这一点,就需大量的人才。但是我们这儿的伞艺人都年岁已高、后继乏人,传统工艺面临失传,这也成为纸伞界的燃眉之急。

2.传统文化的宣传

提到这,并不是想让人走上街头发宣传单。传单的形式并不能很好起到宣传的作用。人们对此早已感到厌烦,大部分人只会将单子当作废纸一般随手丢弃,却不看它的内容(我们都曾收到传单,对此深有体会)。原因之一是,现代快节奏的生活,图画的直观、形象、快捷、省时的特点比文字更适合紧张工作和极度疲劳的现代人在心理和生理两方面的需求。

但是福州纸伞是一种传统地方文化,它本来就应该被一代代的本地人了解。可通过做"社会调查问卷",我们知道福州纸伞被渐渐遗忘在历史的角落,尤其是在年轻人这一人群。青年人是社会进步的新动力,一旦福州纸伞被他们丢弃,就意味着不久以后,福州纸伞将完完全全退出人们的生活和人们的记忆。所以让下一代了解福州纸伞就显得尤其重要。

青少年只依靠图书是不够的,更多的应该源自家长。"父母是孩子们的第一位老师。"这句话大家都耳熟能详。像福州纸伞这样的传统文化,本应由父母告诉孩子的。但现在许多的父母认为孩子只要好好学习,根本无

须知道这些与学习无关的东西。但我们接触到的学习成绩优异、全面发展的学生,他们对福州传统文化都有所了解。不仅如此,据说这些知识很大一部分是他们的父母聊天时告诉他们的。对此每个人都深有体会,当我们与别人(无论是谁)在一个轻松的氛围里聊天时,对方说的话都十分容易记住。我父亲就是一个喜欢与子女聊天的人,他常常以一些有趣的问答方式来引起我的好奇。这样在一个大家都有空的时间里,像聊天一样说说就行。不管孩子是否记住,起码他们心里不会抵制;而事实往往告诉我们,这确实是一个好方法。这样在一个闲暇时间里,不仅增进了两辈之间的交流,还丰富了孩子的知识面。

为了达到宣传的效果,还可以让福州纸伞积极参加各类展览和地方民俗艺术品的比赛。

3.大力弘扬民俗文化

福建地处我国的东南沿海,与台湾相望。鸦片战争以后,福州作为"五口通商"口岸之一,出洋的人日增,被卖当"猪崽"的、经商的、其他谋生的,都喜欢带上家乡伞。特殊的地理环境,促使福州制伞业愈益兴旺。先是流行于东南亚,后又风靡欧洲大陆。那时,在那些地区的华人中,不论婚丧嫁娶,纸伞都有着独到的用处。比如,姑娘家出阁,流行走着去,媒人一路为新娘子撑着伞走到夫家,嫁妆里还得放着一套伞具;办丧事时,先人的遗体埋葬之后,家属抱着遗像领着送葬的队伍回头,队伍里的每一个人都要撑一把纸伞,在回家进门前,把那些伞都烧掉;闹干旱时,人们将家中的破旧的福州纸伞烧掉,来祈求天降甘霖。不仅如此,当时年轻妇女还以手拿福州纸伞来显示自己美的风韵;在欧洲,福州纸伞更是成了英国贵族的宠儿,把它作为家里吊灯的灯罩,以此来显示家族的权贵。

在过去,福州纸伞并不只用来遮阳遮雨,它还与其他的传统艺术相结合。1950年抗美援朝,许多爱国人士组织游行活动时,都是把呼喊的口号写在纸伞上。但现在福州纸伞却只是出现在电视剧、电影和艺术照中,导致其艺术价值下降。我们不仅要令福州纸伞出现在此,还应让它出现在更重要的场合。比如,我国女领导出席某些会议,或以使者身份到国外时,手拿福州纸伞;当外国来宾到我国访问时,也可把福州纸伞作为纪念品送给他们。再者,让参加世界小姐大赛此类活动的我国佳丽,将福州纸伞介绍给来自世界各国的选手和评委;或者通过奥运会、世博会、文化节等展示福州纸伞,借助世界的舞台弘扬我国民俗文化。

4.向其他同行学习

杭州的西湖绸伞，全称"西湖竹骨绸伞"。创始于 20 世纪 30 年代初。造型灵巧、色彩鲜艳，既可遮蔽阳光，又可作为装饰品，融实用性与艺术性为一体，故素有"西湖之花"的美称。中华人民共和国成立以后，办起了国营杭州西湖伞厂，又成立了杭州工艺美术研究所西湖绸伞组，有 400 多名职工，10 多名研究人员，年产绸伞 60 万把上下，其中出口的占三分之二。由于提高了制伞技艺，绸伞越做越好，目前国际市场上虽然出现了各式各样的自动伞，但西湖绸伞仍以其独特风格博得人们喜爱。

其实杭州绸伞也曾经历衰败的命运。宋志明是一位绸伞艺人，他为了振兴西湖绸伞，独自一人为绸伞进行改良、推销和开办活动。实际上福州也有纸伞艺人为重振福州纸伞奔波。如柯秉钦，福州纸伞画伞艺人。他就曾向杨常利店的老板——杨道璋提出，重新发展福州纸伞。这两位艺术家都为各自的地方文化努力了，但这两个地方的文化却有着不同的结局。杭州绸伞重整旗鼓，福州纸伞仍处于低潮。这并不是个人的因素，而更多的是两地的相关部门在这方面的影响所造成的。

5.是生意就按生意来做

目前福州市内，仍有数家企业在生产福州纸伞，据说是出口到日本的。因为日本举行一年一度的庙会。这一天女子要穿和服、木屐，手拿纸伞。这说明福州纸伞从商业角度来说还是一门生意。既然如此，我们以艺术来拯救福州纸伞的同时，还应与商业相结合。福州纸伞繁盛时，普通百姓家根本买不起。现在，人们生活好了，买得起了，我们更应该打开销路市场。不仅要将福州纸伞打入国内市场，还要销向国外，尤其是海外华人的聚集地。

至于销售的方式则可以多种多样；如今网络的无限空间可是孕育出了一代的"网商"，他们用很小的投入，边玩边干边获利。只要你稍留心，就会发现许多人在网站上卖福州的特产，如牛角梳、牛角烟斗和纸伞等。这就是一种很好的方式。为了与现代接轨，我们可以将纸伞分门别类。高、中、低档结合。另外，还可分传统型、贵族型、现代型、少儿型，欧洲式、中国式和亚洲式等。

【课题提升】

历史篇

福州油纸伞为"福州三宝"之一，距今已逾千年历史。唐至五代时期，河南人王审知率兵南下入闽建立闽国，制伞工艺也由中原和江浙一带流入福州,历经宋、元、明几百年的更新换代,福州纸伞工艺一枝独秀,迅速发展。福州油纸伞选材考究,制作精良,经烈日暴雨而不发泡、不爆裂、不脱骨、不漏水。宋、元、明期间,经由海上丝绸之路,福州油纸伞远销海外各国,成为茶叶、瓷器之外,第三大出口的商品。

福州油纸伞品牌"杨常利"创始于清嘉庆十三年(1808年),在1915年巴拿马万国博览会和1933年芝加哥百年进步博览会上都获得奖项,这在历史上也是举世无双的。福州油纸伞蕴含的传统文化充分体现了福州人民的智慧与精神,有着极大的地区文化价值。

传承篇

福州四中位于有着2200多年历史文化的惠泽山麓,建校115年来始终植根闽都文化深厚土壤。近年来积极探索"大美育"实践,以美化情,以美导善,以美养德,其经验多次在省教育厅专题会议上交流。现为福建省基础学科教学研究基地校、省优秀传统文化特色学校研究基地、省中小学校园文化美育环境培育示范校、省中小学中华优秀文化艺术传承学校示范校及第二批全国中小学中华优秀文化艺术传承学校、福州市中小学美育示范校油纸伞基地校。

学校始终贯彻落实《中共中央办公厅、国务院办公厅关于深化教育体制机制改革的意见》《国务院办公厅关于全面加强和改进学校美育工作的意见》和《福建省政府办公厅关于全面加强和改进学校美育工作的实施意见》要求,积极推进美育课程改革,开设中华优秀文化艺术传承相关特色项目的普及活动及校本课程。

2016年,福州四中艺术组结合本校悠久的惠泽山文化与福州传统民间艺术,成立了福州四中"惠泽福伞文创工作坊"。工作坊邀请福州市非物质文化遗产油纸伞制作技艺传承人严磊担任顾问,开展福州"非遗"进校园系列活动,借助"惠泽福伞文创工作坊"这一平台将油纸伞制作工艺带入课堂,成为学校的"校本"课程。工作坊以大庙山文化为背景,以福州油纸伞为载体,从理论到实践,指导学生制作属于自己的油纸伞,设计油纸伞文创产品。工作坊立足传统,面向未来,帮助学生树立文化自觉与自信理念,实现传承传统文化与弘扬时代精神相统一。

图 4-20　惠泽福伞文创工作坊展示

课程篇

　　"福州三宝"之一的油纸伞,每一根伞骨都记载着传统工艺的岁月沧桑,也承载着中华民族的文化血脉。正是因为有了历代匠人们的手手相传,才让这文化瑰宝历久弥新,让其魅力经久不衰。希望有更多的人参与到对油纸伞以及其他传统工艺的守护当中,让我们的传统工艺在传承中绽放光芒。

图 4-21　市局领导参观惠泽福伞文创工作坊

创建"惠泽福伞文创工作坊",其课程设置主要针对福州油纸伞发展过程中遇到的困境,引导学生进行深入探讨,思考如何保护并传承福州油纸伞文化。课程将研究传统文化与技能体验相结合,通过项目式学习方式,结合福州油纸伞的自然美、科学美、艺术美、人文美的审美属性,整合数学、物理、通用技术、信息技术等学科课程,五育并举,开展文创设计、主题绘制、与油纸伞相关的活动策划、制作抖音小视频等创新活动,培养学生的鉴赏力、创造力、共情力和感染力。课程设置紧紧围绕非物质文化遗产传承创新的主题展开,力图在学生心里种下非遗传承的种子,以期非遗事业在接力传承中历久弥新。

与此同时,学校与油纸伞制作技艺传承人严磊油纸伞工作室签订合作协议,聘请福州市非物质文化遗产油纸伞制作技艺传承人严磊为授课专家,将"惠泽福伞文创工作坊"作为学校传承非遗项目实践基地,配齐学生技能操作、创作实践等必备的设施设备,鼓励有一定基础知识与技能的选修班学生或研学课题组学生到实践基地学习,实现欣赏感悟和实践体验相结合。

1.校本课程

学校开发传承非物质文化遗产民间工艺项目为校本选修课程,供高一、高二年段学生选修,每周安排1课时,计划36课时完成,认定2学分。

2.研学课题

指导学生选取传承非物质文化遗产民间工艺项目为研究性学习课题,开展福州非物质文化遗产研究。工作坊成立至今,历届学生共申报相关课题5项,参研学生125人。

活动篇

学校还充分借助公众号、校园网、校园广播、校园宣传橱窗、主题班团会、研学指导、艺术节等平台,广泛宣传福州油纸伞文化。校团委、学生会也大力支持各学生社团开展与油纸伞相关的兴趣活动。例如在校科艺节中,"非遗项目进校园"活动就得到了全校师生的喜爱与欢迎。在"重阳登高节"活动中,"惠泽福伞文创工作坊"的同学们身着汉服,手擎自己制作的油纸伞穿梭于人群中,像一道道流动的风景,而孔子操场油纸伞展示区设置有油纸伞互动小程序,同学们可以通过小程序设计上传自己设计的油纸伞伞面,并打印出来,制作成一把属于自己的油纸伞。

成果篇

1.开发校本课程"'伞'亮福州",编写《"伞"亮福州课程纲要》和教材。

2.2019 年 9 月,开设福伞寻脉"油纸"情丝——福州四中传统技艺校本公开课,收录于教育部、中青报"2019 传承的力量"活动成果展示,入选学习强国平台。

3.2020 年,工作坊指导教师郭老师开设"同气连枝,福伞传情"云课堂,让更多人通过网络了解福州油纸伞。

4.2020 年 11 月,在由教育部主办、福建师范大学(美术学院)承办的"2020 年度学校体育艺术教育工作专题研讨班(第 23 期)"的教学观摩活动中,工作坊指导教师郭维奇老师开设观摩课"传技守艺——福州油纸伞",得到观课专家的一致好评,此教学案例还获得福建省第十七届"三优联评"活动(福州赛区)一等奖。

5.2020 年,工作坊学生的油纸伞作品参加"以艺抗疫,情暖人间"福州市中小学生疫情防控艺术作品征集活动,荣获一等奖。

相关媒体报道

1.授课专家都曾接受大陆及港台多家主流媒体采访。

2.工作坊多次开展的中华优秀文化艺术传承活动,被中国新闻网、福州新闻网、新华网、福州日报、福州教育等多家主流媒体报道。

第五章

历史"本真"教学实践之四——校本课程

第一节　校本课程开发理论依据和基本原则

2014 年教育部出台《关于全面深化课程改革落实立德树人根本任务的意见》,意见提出要加快构建"核心素养体系"。至此,培养学生核心素养被置于深化课程改革、落实立德树人任务的重要地位,核心素养正成为指导、引领课程改革工作的关键因素。校本课程是国家基础教育课程体系重要组成部分,它与国家、地方课程有机结合,对实现课程模式多样化和课程结构优化起着重要作用。校本课程遵循一切为了学生发展的基本理念,依据学生兴趣、爱好及教师的专长,有效地安排教学内容,保证教学目标实现,从而更好地促进学生全面、自主、协调的发展。校本课程与国家、地方课程相互依存、互为补充,对丰富和充实课程体系具有重要的现实意义,校本课程对于体现学校办学特色,丰富校园文化,实现教育资源整合具有指导意义。

一、校本课程综述

《国家中长期教育改革和发展规划纲要(2010—2020 年)》明确规定:基础教育课程改革体系实行国家、地方、学校三级课程管理,新课程改革的终极目标是促进学生全面而有个性的发展,学校不仅要承担国家规定的必修课程,还要创造条件开设丰富多彩的校本选修课程,提高课程的选择性。校本课程既能体现学校办学宗旨、学生特别需要和学校资源优势,又与国家课程、地方课程紧密结合,是一种具有多样性和可选择性的课程。

"校本"(school-based)从英文字面理解是"以学校为本""以学校为基础"。校本课程源于20世纪70年代美英等国出现的一种与国家课程、地方课程相对应的学校课程,这一名词最早是由菲吕马克和麦克米伦在1973年爱尔兰阿尔斯特大学召开的国际课程研讨会上首次提出。从概念的明确提出到现在,已经经历了半个世纪的发展,但是对于"校本课程开发"的概念界定至今没有达成一致,存在以马什、菲吕马克、斯基尔贝克、黄政杰、张嘉育、吴刚平、崔允口、徐玉珍等学者为代表的十种以上的主流说法。对概念的不同见解,验证了校本课程开发的复杂性,难以从一个角度和立场作出全面的论述。在现实使用"校本课程开发"这个术语时,指向性相对简单,其侧重点分别为"校本课程的开发""校本的课程开发"两类。前者侧重的是"校本课程"的开发,即把校本课程看作是与国家课程、地方课程相对应的共同构成国家基础教育课程体系的有机组成部分。"校本的课程开发"把课程开发看成是基于学校层面的,对于所有的课程包括国家层面的、地方层面的二次开发利用。开发的范围可以针对学校的部分课程,也可以针对学校的所有课程。

1.校本课程开发的概念

"校本课程"主要包含两层含义:一是使国家课程和地方课程校本化、个性化,即学校和教师通过选择、改编、整合、补充、拓展等方式,对国家课程和地方课程进行再加工、再创造,使之更符合学生、学校的特点和需要;二是学校设计开发新的课程,即学校对本校学生的需求进行科学的评估,并充分考虑学校办学理念、办学宗旨,根据学校实际和学校课程资源,以学校和教师为主体,开发旨在发展学生个性特长的、多样的、可供学生选择的课程。

2.校本课程开发的内涵

基于校本课程开发的内涵,吴刚平教授提出:"学校是课程决策的中心,但是并不能直接理解为所有的课程决策和课程行为都发生在学校这一级水平。校本课程开发的过程中要充分体现出参与、民主、合作及多样性等原则。"学校以本校的传统和优势、学生的兴趣和需要为基础,结合当地社会、经济发展的具体情况,开发和选用适合本校的课程。要给地方特别是学校以较大的机动时间和自主空间,在课程资源的开发、利用和更新等方面有更多的发言权和自主权。黄显华教授则认为："校本课程如果只局限于学校本身的活动,而不把目光放远到学校与其他学校和机构的互动关系,实属短视。"廖哲勋教授的观点则更为直观："各校校本课程的具体开发项目及具体内容与具体活动方式必须因生、因师、因财、因时、因地而灵活确定,充分体现出校本课程的灵活性。"归纳综述专家学者们对校本课程开发内容的描述,被开发的校本课程内容应该具有以下特质:基于学校实际资源与状况,符合学生的需求与兴趣,师资力量相匹配,符合时代发展的需要,适当具有"长远"的目光。

二、校本课程开发的理论依据

1.后现代主义课程观

20世纪后半期,随着信息时代的到来,后现代主义教育理论和课程从批判传统课程教育注重人的技术性进而转移到关注人的个性发展。目前国家新一轮的课程改革的一个基本理念是"关注学生的成长",把传统教育的目标性和学生成长的过程性有机结合,这更能体现教育的本质,关乎"人"的教育。校本课程开发就是在学生的学习成长过程中,借助教育信息技术手段,针对不同层次的学校资源不对等,开发出满足不同学段,体现学校发展特色,学生个性需求的历史校本课程资源,以此进一步丰富学生的学习成长。

2.马斯洛的动机理论课程观

过去我们传统的课程侧重于全局性和整体性基础上的"硬性指标"。国家课程自上而下地贯穿,一定程度上压抑了地方和学生个性的实际需求。在课程结构和课程资源上也是"一纲一本",教师和学生的主动性、个别化需求不容易实现。

3.建构主义认识论的理论

皮亚杰的建构主义认识论认为,知识既不是客观的,也不是主观的,而是个体与环境交互作用过程中逐渐建构的结果。在历史校本课程资源开发中,学生是合作者和开发者,教师是学习个体的促进者。事实上学生主动参与往往表现突出,校本课程开发把教师作为主要课程资源,同时积极开发学生、家长、社区等人力、物力资源,创设有利于师生发展的课程资源,促使学生学有所长、学有所用。学生对校本课程的参与,是让学生直接体验他所面临的实际问题、社会问题、伦理问题和哲学问题,使学生在教师有效指导下,从自身生活环境、知识储备、经验背景出发,建构新的知识与技能,发挥主观能动性,充分参与学习,有利于学生全面成长。建构主义认为,人的认知结构具有整体性,同时具有发展性。在实践过程中,通过同化和顺应来实现个体内部知识结构的调整。开发和利用校本课程,旨在完善课程三级目标管理,为学生的学习和发展创造更为广泛的空间,在原有知识结构基础上,使学生自主建构和不断更新自己的认知结构。

三、校本课程开发的基本原则

校本课程的开发,主要是针对国家课程开发,以学校为基地进行地方性、特色性等课程的开发,实现课程决策民主化。国家在作课程计划时应该把一部分权力下放给学校,强调学校、地方一级的课程运作,主张学校的教师、学生、学生家长、社区代表等参与课程的决策。校本课程开发是学校课程管理的组成部分,它需要有领导的支持、专家的指导、教师的努力和参与,需要得到全社会的理解、支持和评价。

1.坚持"以人为本"原则

新课程改革的执行原则便是"以人为本",这也是历史校本开发应遵循的原则。"以人为本"原则涉及两个方面:一是以"教师"为本,即教师应在自己的能力范围之内对历史校本课程进行开发。历史校本的开发是一件极具挑战的事情,因此需要教师拥有极丰富的理论知识及教学经验。但往往学校会希望教师结合当地特色,形成独具特色的校本课程体系,忽略了教师的能力局限;二是以"学生"为本,即以培养学生的综合素质为目的,使得学生得到全面发展。关于历史校本课程的开发,教师不仅应着重于开发新的课程吸引学生的学习兴趣,更应以提高学生的历史人文素养为前提,致力于促进学生对历史有一个系统且全面的认识,帮助学生对中华民族的发展有一个深刻的认识,特别应重点学习学校所在地区的文化知识,使得学生对家乡产生自豪感。

2.坚持理论和实际相结合原则

针对教师仅根据自己喜好开设课程的这一现状,笔者认为,应加强教师的整体教学素养,对教师进行集体培训,向其宣传开发课程中必须遵循理论结合实际原则,切不可脱离在实际生活中的运用,也可以利用讲座、书刊知识等形式来渗透这一观念,同时也可采取对教师进行外出学习或去优秀学校学习优秀教师开发历史校本课程的经验,借助这些方法提升本校教师对校本课程开发的能力。在开发历史校本课程时,并不一定要保证课程的完整性与系统性,但是一定要保证校本课程内容对学生有所启发,使学生可以学有所得。简单来讲,在实施校本课程时,需要保证其可以充分发挥自身的作用和价值,要具有较强的实效性。

3.坚持开放性原则

校本课程的开放性主要体现在三个方面。一是课程内容的开放。它不限于学科课程,还包括综合实践活动课程和环境教育、心理健康教育等多个课程领域的内容。二是活动范围的开放。可以将"课堂"延伸到学校以外的家庭、社区机构、社会生活场所及大自然等广阔的空间。三是活动方式的开放。学生的活动方式表现为自主选择、主动探究、自主实践,教师的活动方式表现为创设情境、参与合作、指导帮助。形式涉及参观、访问、调查、实验、宣传及公益服务等。历史校本课程的资源较为丰富,具有较大的挑选余地,可以是互联网、教材中的内容,也可以是博物馆、图书馆中的内容,又可以是传说、历史遗迹、遗址等。总体来讲历史校本课程的范围相对较广,教师需要利用开放的心态进行利用和开发,在内容上需要做到开放,在课程开发手段上需要做到开放和兼容。多种手段的配合协调,可以从真正意义上开发历史校本课程。

4.坚持发展性原则

开发历史校本课程,主要是为了促进学生发展、促进教师发展、促进学校发展、促进社会进步。因此,学校不仅需要对自身的资源进行充分利用,构建具有本校特色的校本课程,还需要不断进行完善,做到与时俱进。开发校本课程的过程是不断变化的,在实际实施时需要结合学生的需求和社会的发展,对校本课程进行不断完善、调整、扩充,而并不是严格根据大纲规定且一成不变的。

5.坚持可行性原则

不同学校在开发校本课程时应以满足不同地区、学校、学生差异性为目的,充分挖掘资源优势,以满足学生的个性发展需要,努力使校本课程的开发彰显特色。基于学校传统活动、学生兴趣以及技能培养,从多角度切入开发课程内容。通过选用、改编、新编和重组课程内容,逐步形成学校学科类课程、活动类课程、特色类课程序列。对于不同地区的薄弱环节,教师及学校应结合自身实力与地区的发展能力,根据学生的自身特点,加强对某个方面的拓展,结合实际,寻求符合中学生心理与生理健康的方案,在开发之后的实施过程中符合本地区的实际情况。

6.坚持多样性原则

教师为了开发出更适合学生学习的历史校本课程,可以多采纳学生的意见,激发学生对校本课程开发的兴趣,调动学生学习的自主性、创造性,充分发挥学生学习主动性。教师可以采取问卷调查、座谈等活动形式了解学生对历史方面的兴趣,结合其他教师的意见,充分利用学校所在地区的文化优势,开发出切合学生、能充分体现当地历史文化特色的校本课程。

四、校本课程开发的应注意的问题

(一)资源建设问题

资源建设是校本课程开发中不容忽视的一项内容,其包括两个方面。

一是人力资源的开发。在校本课程开发建设中,师资力量的储备是很重要的,常言说,一个好教师就是一门好课程。而校本课程的开发与实施面对的最大问题就是师资。因此,发现人才、培养人才就显得尤为重要。解决的策略一般可以是鼓励"能者为师",让有特长的教师加入课程开发核心团队,开发课程并实施课程。可以是"有针对性地培养师资",在边学边做中储备师资;可以是"引进或聘用师资";也可以在学生家长资源或社会化机构中发现可利用师资,采用引进或聘用的方法解决课程师资问题。

二是教学资源的开发。校本课程同样会涉及课程资源的开发与利用,有时对资源的需求甚至超过国家课程、地方课程。在教学资源的开发利用方面可以关注三个方面:①学校自身已经拥有并可以利用的资源,对这类资源要梳理与开发其可利用的价值;②学校周边或本区域内可以利用的资源,如公园、超市、博物馆、文化景点等,有效利用这些资源,对解决学生活动中的路途问题、安全问题、时间问题等是十分有利的;③新建设的项目资源,比如学校课程基地建设、环境建设改造项目等,在这些项目建设中,学校可根据课程建设需要进行一体化设计与布局。

(二)教师专业知识水平问题

历史教师是历史校本课程的开发者,其专业知识水平直接关乎校本课程的质量,因此,只有不断提升历史教师的专业知识水平,才能使得校本课程的开发发挥其最大的作用。而且传统观念认为,新课程的开发是国家的事情,与当地教师没有很大的关系,这样错误的观点导致教师只关注教学方法和教学技巧,不注重于个人专业知识水平的提升,因此要想改变这一现状,历史教师应从两个方面做起:一是改变传统观念;二是注重自身专业知识的提升,平时多学习关于历史校本课程开发的知识,同时夯实基础知识,以提高其专业知识水平。

（三）教育行政部门重视程度问题

一方面,受应试教育的影响,导致历史教师对校本课程开发的自主积极性不高,过分关注提高学生的学习成绩,如何提高学生的学习成绩已占据教师的大部分时间,又何谈有精力与时间去研究开发;另一方面,对于新课程的改革,中老年教师往往力不从心,缺乏综合知识与课程开发的技术,而青年教师虽呈现跃跃欲试的现象,但因为经验的缺乏,导致难以开发校本课程。因此笔者认为,上级教育行政部门应大力支持校本课程开发,激发教师参与的积极性,从政策上给予教师支持,在方针上给予指导,在精神上给历史教师最大的鼓励,使其静下心去研究开发。

（四）加强校际交流与合作问题

校本课程的开发是顺应新课程开发而提出来的方案,由于没有系统的开发历史校本课程的方法出现,必然导致各个学校对这一新定义、新知识有不同的理解,在开发过程中出现差异的情况也是不可避免的,因此作为历史校本课程的开发者,历史教师应采取"走出去,请进来"的方法去学习校内外各种专业知识,加强学校与学校之间的交流,不断完善校本课程开发的流程。

（五）历史校本课程选材问题

在目前的历史课程学习中,学生普遍认为课程形式单一,课本内容枯燥无味,上课没有激情,不能真正地走进历史课堂。因此,在开发历史校本课程时选材尤为重要,如何去寻找学生感兴趣的课题也成为一大难题,结合笔者校本课程开发的经验,笔者认为可以在全校范围内进行问卷调查,然后整合信息,优选出学生感兴趣的课题进行拓展,同时可以结合本地乡土资源,充分利用和挖掘与学生息息相关的素材,使得学生有参与感,从而使得学生改变对历史课堂的固有思想。

综上所述,历史校本课程的开发是一件极具挑战的事情,必须激发广大教师参与的积极性,使教师主动参与到历史校本课程的开发研究中,才能使得历史教师得到持续发展。历史教师应当根据本地实际情况,开发符合学校实情的特色历史校本课程,实现多元化教育目标。

第二节　校本课程开发实施的策略和意义

《基础教育课程改革纲要(试行)》明确指出,国家实行课程的国家、地方、学校三级管理,目的是增加课程对地方、学校和学生的适应性。说到底,校本课程开发最终目的是适应学生个性化发展需要。如果说国家和地方性课程更多适应的是全国及某一地区学生发展的共性需求,那么校本课程适应的就是某一学校及该校部分学生的多样化个性发展的需要。只有国家、地方及学校三级课程体系真正建立起来,我们才可以说这些课程在更高程度上适应学生发展的需求。如果缺少校本课程,这一体系就不完整,就无法适应学生多样化发展需求。

通过调查发现,造成校本课程开发动力不足的原因关键是主观的认识没有真正到位,一旦遇到现实问题,譬如升学考试,教师、学生和家长的认识就会发生变化,一致认为升学考试是教学工作中的头等大事,必须优先予以保障。这样,有限的课时、精力和资源等自然就会向高考科目倾斜,"无可奈何"是这项工作参与者普遍、共同的感觉。

一、校本课程开发动力不足的原因

1.对"课程"把握能力不足

要讲清楚这一问题,先得从一些常见的对于"校本课程"认识的误区说起。在有些校本课程开发参与者的观念中,编一本教材,开几个讲座,或是设计几个课外活动就是所谓的校本课程开发,却全然没有注意到"课程"应有的内涵。一般认为,课程是对教育目标、教学内容、教学活动方式的规划和设计,是教学计划、教学大纲等诸多方面实施过程的总和。教材、活动等是课程的一个有机组成部分,但不能等同于课程。课程应该是诸多这种有机组成部分的总和,因而是一种"体系",包含着为什么教、教什么及如何教这几个既相互区别又密切联系的问题。开发一门课程,首先要解决的就是该门课程在整个育人体系中的地位及功用问题,不仅要思考该门课程本身的问题,更要思考该课程与其他课程之间的关系,即各门课程如何从不同的层次、不同的方面相互配合,共同实现育人目标的问题。因此,对具体课程的把握能力实际上取决于对育人理念和整体育人体系的把握能力,不仅需要更强的实践能力,而且需要更高的教育理论水平。长期以来,"课程即教材"已成为一种根深蒂固的课程价值观。目前,教师在校本课程建设中对教材的依赖性仍然较强。新课程改革实行三级课程管理体制,要求教师由课程执行者、实施者转换为课程开发者,这种角色转换不是一朝一夕就能实现,需要广大教师在思想上和行动上做好角色转换准备。如果教师未能顺利地转换角色,就难具备较强的校本课程开发意识,也就难以顺利地开发校本课程。

2.校本课程资源挖掘与整合能力不足

任何一门课程的开发都离不开一定的课程资源,校本课程也同样如此。所谓课程资源,不仅指文字资源、实物资源、活动资源和信息资源等物的资源,还包含家长、教师、学生等对学生发展有益的人的资源,即一切对课程和教学有用的物质和人力。其中最重要的是人力资源、素材性资源和物质保障性资源,分别涉及谁来教、教什么和用什么教的问题。这里所探讨的主要是素材性资源的问题,即用于课程内容设置方面的资源,涉及的主要是"教什么"的问题。就此而言,福州市作为有着丰富历史文化资源的历史文化名城,在这些方面有着得天独厚的优势。但即便如此,将这些显性的"素材性资源"开发为"课程",也还需要开发者们进一步分析、提炼与整合。至于那些缺乏显性素材性资源的课程开发,难度更是可想而知。

3.校本课程开发的理论欠缺

准确把握校本课程及其开发的相关知识是历史教师有效开发校本课程的条件之一。但在传统的教师职前培训中,很多师范生将教育学、心理学作为公共课程来学习,态度上不够重视。同时,在学科教育专业的课程设置中,有的学校基于师资考虑等原因,省略掉课程原理直接开设学科课程教法,学生在校所学的课程理论功底不够扎实。入职后的继续教育中,由于教学工作压力等原因,教师关注更多的往往是学科教育教学新动态,对校本课程开发方面的知识关注较少。在教育行政系统组织的教师继续教育中,专门针对校本课程开发的相关理论学习也少之又少。

4.校本课程开发动力不足

学校未能认识到校本课程开发对学生身心成长、教师专业发展、学校特色凸显的重大意义。所以,要解决校本课程开发动力不足的问题,首先要转变观念,要深刻地认识到教育的根本目的是培养多样化、个性化、能适应社会发展需求的人才,校本课程是国家及地方课程的必要补充,而不是可有可无的附庸。其次要辩证地看待校本课程与考试之间的关系,既要承认二者之间有矛盾冲突的一面,也要看到校本课程对于提高教师的研究能力及教学水平,从而提高教学质量的促进作用。只要将校本课程建设的客观需要与教师专业发展的内在需求有机地结合起来,让教师在校本课程的开发中获得实实在在的专业成长,这种外在的需求就自然会转化为教师个人内在的动力。此外,还需要在校本课程开发的培训、奖励与考核等方面的制度配套,这更多的是学校及教育行政主管部门的责任。

5.没有充分考虑学生的兴趣和需要

既然校本课程的开发以人的培养为根本目标,那就不能不考虑学生的兴趣和需要,但要真正做到这一点也并非易事。"兴趣"主要是来自学生自身,可能来得更直观一些,因而也更容易把握一些,但"需要"则来自未来社会,非但学生自己无从了解,即便是对于专业的教育工作者,也可能是个严峻的挑战。要弄清未来的社会对于现在的学生的要求,就非有更广阔的视野、非有更高的对社会发展趋势的把握能力不可。何况学生的兴趣与未来社会的需要往往并不统一,所以要将学生的兴趣与未来社会的需要统一于校本课程的开发之中,就需要更高的智慧和更高的专业能力。

6.校本课程开发中缺少合作

在校本课程开发中,教师间缺少合作的现象比较突出。一是在课程设计中,多为一个教师单枪匹马去设计;二是在课程实施上,也多为一个教师孤军奋战,教师之间缺乏沟通与合作。校本课程开发是一项系统工程,不是简单地确定一个主题、选择一些内容、上几堂课的问题,需要相关人员的共同投入和全力以赴。同时,校本课程建设的动态性也决定了教师在校本课程开发中必须合作、交流、碰撞,只有这样,教师的校本课程开发能力才能不断提高,校本课程建设才能不断得以推进。从目前来看,校本课程开发能力的缺乏是一个比较普遍的问题,单靠开发者自身的努力显然是不够的,更为有效的方法是加强与教研机构及高校的合作,成立由基础教育学校、教研机构与高校三方组成的开发团队,通过专家的引导、帮助与培训,在课程开发实践中提升基础教育学校的校本课程开发能力。

7.没有理清校本课程与学校办学特色的关系

我们看到的一个较为普遍的现象是:不少学校都是通过校本课程的建

设来实现学校办学特色的创建。在这个意义上,可以说校本课程的设置决定了学校的办学特色,如果我们把所谓的"办学特色"仅仅理解为一个学校在办学方面所显示出来的外部特征,这也并无不可,因为校本课程的建设与办学特色的创建之间确实有着难以分割的密切联系,校本课程的开发要以办学特色为依据,办学特色的形成又要以相应的校本课程建设来体现。但如果我们不是从外部特征入手,而是将"办学特色"理解为一个学校内在的办学理念与办学传统的话,那么二者之间的关系就十分明了,应该是由学校的办学特色或者说办学理念、办学传统,也就是在培养什么人及如何培养这种人方面的理念决定着校本课程的开发,而非相反。通过校本课程开发来实现学校特色的创建,更多考虑的可能只是"办学特色"本身,至于这种特色是不是出于培养人这一根本目标则不一定。理想的校本课程应该是学校办学目标、学生需求和课程资源相匹配的课程,应该以培养什么人这一根本的办学理念作为出发点并以其为归宿,即开设什么校本课程、不开设什么课程及如何开设这些课程都以学校根本的办学理念为唯一依据。

8.忽视国家、地方课程校本化建设

校本课程开发的范围不仅包括完完全全自我开发、自我管理的校本课程,还包括对国家课程、地方课程的校本化改造和实施。因此校本课程开发有学校自主课程开发和国家课程及地方课程校本化两条路径,校本课程开发需要统筹、整合国家课程、地方课程校本化以及学校自主课程开发,形成教育合力,因为仅占国家课程计划很小比例的学校自主课程开发只能对学生成长和发展起到补充的作用,主阵地还在国家课程的校本化实施,但有人认为校本课程开发只是"对国家和地方课程的重要补充",将校本课程开发狭隘地理解为学校自主的课程,割裂了这三者的联系,热衷于学校自主课程的开发和建设,对国家课程、地方课程和学校自主开发课程如何有机融合,形成合力,缺乏全方位、立体化的实施,缺乏整体的研究和思考,在学校课程规划制定中也将其忽略不计。

二、校本课程开发的程序

校本课程开发可以分为四个阶段:

1.需要评估

需要评估是设计校本课程时首先必须要做的研究性工作。主要涉及明确学校的培养目标,评估学校的发展需要,评价学校及社区发展的需求,分析学校与社区的课程资源等。

2.确定目标

确定目标是学校对校本课程所作出的价值定位。它是在分析与研究需要评估的基础上,通过学校课程审议委员会的审议,确定校本课程的总体目标,制定校本课程的大致结构等。

3.组织与实施

组织与实施是学校为实现校本课程目标开展的一系列活动。根据校本课程的总体目标与课程结构,制定《校本课程开发指南》。对教师进行培训,让教师申报课程。学校课程审议委员会根据校本课程的总体目标与教师的课程开发能力,对教师申报的课程进行审议。审议通过后,编入《学生选修课目录与课程介绍》。学生根据自己的志愿选课,选课人数达到一定的数量后,才准许开课。在此基础上,学校形成一份完整的《校本课程开发方案》,教师在课程实施之后或过程中,写下自己承担课程的《课程纲要》。

4.课程评价

评价是指校本课程开发过程中的一系列价值判断活动,它包括《课程纲要》的评价、学生学业成绩的评定、教师课程实施过程评定及《校本课程开发方案》的评价与改进建议等,评价的结果给予公布。

三、校本课程开发改进的措施

校本课程开发是通过对学生施加有目的的教育影响,促使学生形成所期待的培养目标的过程,也是学生、教师、课程和环境等课程因素相互协同的过程,也是"一个开发与研究相结合的过程,是一个课程不断改进的过程"。

1.课程规划的整体性

校本课程开发规划方案的制订是要明确回答学校"培养什么样的人""办什么样的学校"的问题,这是学校贯彻党的教育方针、落实立德树人根本任务的具体体现。校本课程开发建设方案要以体现学校教育哲学的核心——学校办学理念作为学校课程建设方案的主线,贯穿始终,明确学校愿景、使命和办学目标以及所体现出来的学校先进的教育理念和素质教育的追求,在整体上规划和落实国家课程、地方课程的校本化的和学校自主课程的开发,重视学科课程的开发延伸及学校各种教育活动的整合提升,利用和开发校内外课程资源,实现国家课程、地方课程和学校开发的课程三级课程的整合和人财物、时空、信息等资源的整合。

2.课程内容的层次性

从复杂理论的角度来看,校本课程内容是以一种结构关系存在的,需要有面对全体学生所要求的课程内容。国家课程、地方课程的校本化实施要在完成课程计划要求的基础上,根据学校教育哲学,对国家课程、地方课程校本化实施的学科课程挖掘,对国家课程、地方课程在学校实施的课堂教学模式、教材内容的整合、延伸和改造,教学策略需要根据培养目标进行统筹思考;对学校自主课程进行开发时,学校既要考虑到学生培养的共性需求——统一规定的课程学习内容,又要考虑到学生个体成长的区别,课程内容上要体现出基础性和选择性的特点,在课程内容上既有基础性课程,又有可选择的个性化课程,课程结构清晰,层次分明。

3.课程实施的协作性

校本课程开发的各种因素的动力作用是复杂的,校本课程开发过程需要校长、教师、社区人士、学生、学生家长和课程专家等不同主体以研究为基础,一起参与制订学校课程方案、落实课程方案、课程资源的整合和建设、课程实施效果的反思与评价等校本课程开发的过程,校本课程开发是一种课程实施的实践活动,涉及如何选择和做决定的问题,各种内外因素的相互作用促进校本课程开发的有序进行。斯基尔贝克认为:"课程是学校教师、学生与环境之间的互动与沟通;校本课程开发的合作主要基于社会文化发展和学生发展的需要,校本课程开发的合作主要应在学校与学校、学校与社区之间进行,校本课程的合作开发应充分利用校内外资源,共同发展适合本校学生学习的课程。"校本课程开发不仅需要关注以上所述的与课程开发相关的各种因素的协作,还得考虑校本课程开发与学生成长需要相关因素的协作。

4.课程资源的多元性

校本课程开发是学校发展的各项工作的中心主线,串起了与学校发展相关的各项工作,校本课程开发要全盘考虑如何以校本课程开发为抓手,对围绕学校办学的各种因素,如教师专业成长、课堂教学改革、课程资源建设和配置的优化、社区动员等,与学校发展相关因素带动学生发展目标的真正落实。学校内部可通过主题沙龙、交流研讨会、专家讲座、教师论坛等多种形式,建立"以问题为导向的"研究模式,服务于学校校本课程开发的实施。在校本课程开发过程中,学科领域的知识可以与学校活动进行整合、重组与提升;学校办学理念对学生的成长的期待和要求也可以在各学科教学领域中拓展和深化;校本课程开发的课程资源可以打破学校边际,进行跨校课程共享,引进他校的优质课程为我所用,服务于学生成长的需要;也可以引进社区、企业等其他的各种课程资源,根据学校的要求开发成学校自己的课程,为学校学生成长服务。

5.课程评价的多维度

校本课程开发是一个"连续和动态的课程改进过程",评价要从学校课程开发背景、学校规划方案、课程实施过程,以及课程对学生、教师和学校等维度来制定和开展。校本课程评价的价值取向是为了学生、教师和学校三者整体、共同的持续发展,校本课程开发的评价需要多维度。首先,从学生课程学习的评价来说,评价不是只面对少数学生而是面向全体学生,应该采取差别化评价,不同的学生的学习起点不同,评价要尊重各自不同的起点,看到学生的成长,对学生的评价也需要在尊重其个人兴趣的基础上进行要求,不能整齐划一、统一要求。其次,要关注教师专业成长和学校的发展,评价不是只关注少数有特长的教师的参与情况,而是考察全体教师对学校校本课程开发的认同和参与情况,评价不是只关注占少数的学校自主课程,而是着眼于国家课程、地方课程和校本自主课程三位一体促进学生成长的效度,对学校校本课程开发整体情况进行的评价。

四、校本课程开发的策略

(一)以课题研究带动校本课程的开发

2014年8月笔者申报的福建省电教馆教育信息技术"信息技术背景下历史校本课程资源校际联合开发的实践研究"课题获得立项,课题实施的总目标为:①开发出一批能体现福州地区经济社会文化发展的特色历史校本课程,一方面可以弥补地方课程的不足;另一方面能与本地区学生的生活环境相契合,能调动学生关注身边的历史,激发对自身、对周遭环境的再认识和对课程开发的参与积极性。②满足学生的个性成长需求,通过调研和考察了解学生的实际课程需求旨趣,提供给学生多元学习选择机会,优化学生的特殊差异,着眼于学生未来的长远发展而不是计较知识掌握的多寡。③教师本身就是校本课程的重要资源,课程资源的开发过程中,教师要发挥主动性,根据教师自身的专业兴趣和特长进一步学习和应用现代信息技术对课程资源的整合,针对性地研究课程资源,制定科学的课程纲要,实施策略和评价反思机制,通过校际协作,发挥教师的专长,提升教师的专业水平、信息技术的能力以及课程意识和课程开发能力。④建立一个开放、共享的历史校本课程资源信息平台。这个平台内的课程资源不仅可以为本地区的学生提供预选机会,也可以为不同层次的学校教师提供一个参考,实现历史校本课程资源的互补、均衡发展。⑤调动学校、家庭和社会各方面力量,促进办学水平和整体实力提升,促进学校可持续性发展。⑥弘扬乡土历史文化,激发学生爱国爱家的情怀。

(二)构建校本课程开发的机制

"校本课程"开发是世界各国基础教育改革的焦点之一。校本课程的课程属性决定了校本课程具有服务学校的办学宗旨、依靠学校的综合环境、植根于学校特色资源的特性。因此,"校本课程的生成要以学校的办学宗旨为依据,要为学校办出特色而服务"。进入 21 世纪以来,福州第十八中学借助身处优越的地理环境,浓厚的书院文化积淀,秉承"善施教化、立德树人"的办学理念,系统地开发出不同类型,适合学校发展,提高教师专业化能力,满足学生成长学习的校本课程。这些课程凝聚了教师和学生的情感与智慧,继承了本校优良的区域和校园文化资源,形成了一个良性、科学的校本课程机制。

1.校际联合,推出优秀校本课程资源

学校依托省级课题研究,注重课题间校际的合作,该课题参与的学校一共有 12 所,有省属示范校、市属一类校、市属二类校,还有区县的一般学校,经过多校的共同努力,先后开发出自编、改编、合编历史校本教材 16 种:福州第十八中学自编历史校本教材资源有《西湖史话》《左海名流》《走进福州》,修订的有《闽都瑰宝》《寿山石十二讲》,改编的有《探索历史奥秘》,与福州第十二中学合编的有《简明抗日战争史(插图版)》,与福州格致中学合编的有《中国书院文化》;福州格致中学修订的有《于山文化》;福州亭江中学自编的有《亭江船政文化》《怡山院天后宫与海丝文化》《亭江名人志》;福州长乐一中自编的《走进长乐》;福州长乐二中自编的有《福州民俗》;等等。

2.信息环境下校际联合开发课程资源策略机制

教育信息化应该具备资源的扩大化、服务性,学习者的个性化、课程资源共同开发的协作化等特征。利用信息技术和网络平台使不同地区、学校的教育资源转化为适合本学校办学文化特征、学生学习的课程资源,是当前信息技术和教育深度结合的一个发展态势。充分利用教育信息技术作为手段和途径,运用适当的策略挖掘、开发、整合学习资源,并且将其开发、制作为成熟的历史校本课程。我们认为不同类型和层次的学校在开发课程资源中应明确基本的策略:首先,采取历史学科专业知识的互补协作策略。尽管历史学科的教师拥有整体相同的专业知识,但是不同教师由于年龄、受教育背景层次、个人旨趣等相关条件的影响,在专业研究和教学经验方面存在个性化知识差别,因此协作团队可以弥补这一缺陷。其次,采取区域差异化校际资源的共享协作策略。在当下新课程理念的推动下,基础教育领域几乎每个学校都开展校本课程的研究和课程开发,但是这很容易造成课程资源同质化,人员、财力投入的浪费,校本课程开发课题组成员所在的学校都有一定的办学文化特色和历史传统特色,如福州格致中学是一所百年名校,在百年的学校发展历史中有许多值得挖掘的文化资源,这本身就是值得借鉴的财富资源。福州华侨中学与亭江中学有着很深的华侨文化背景,这些课程资源既有独特性又具备区域普遍性。福州第十八中学毗邻福州西湖和"国家级历史名街"三坊七巷,无论是文化底蕴还是物质遗产都得天独厚,这些资源"近水楼台"开发出来后,具有很强的同区域推广价值。最后,实行先开发试验,后开发优化课程实践策略。优秀的课程一定能经得起教学和学习实践的检验,但是如何检验课程特别是校本课程的试验,由于不同学校办学特色、实际情况不尽相同,检验课程的合理性未必周全、科学、系统,因此,校际的经验借鉴和问题交流、总结、反思就变得尤为重要。本课题组有的学校是福建省一级达标学校,无论是从办学的硬件还是从学生水平来讲都非常优秀,他们的校本课程开发和实践从时间上来讲都走过了很长的探索、总结之路,经验更为丰富,对起步较晚的学校课程优化很有参考意义。

3.教师课程开发和课程研究能力的提升

随着课题研究的进展,大大激发了课题组成员主动学习课程理论、专业知识的热情,课程开发能力、信息技术应用水平逐渐提高,知识不断扩展和更新。教师的课程观念和课程意识带动自身专业自我发展,提升了成员的课程创新能力和课程驾驭水平。课题组在 2015 年 5 月和 2016 年 3 月分别开设了两次福州市历史校本课程公开展示课,得到了全市历史教师的一致称赞。课题研究的开展大大提高了教师课程开发和研究能力,能力的提升又促进了课题研究整体水平的提升。

（三）把传统优势项目转化为校本课程

学校根据六年发展规划提出将传统体育、艺术、科技等优势项目转化成特色项目。学校是体育传统校，篮球、排球、游泳、田径都是市体育传统项目，学校的篮球、田径、游泳代表队在福州市中学生运动会或市锦标赛中始终名列前茅；艺术也是我校特色项目，学校的合唱队、舞蹈队、鼓号队在福州享有盛誉，学校要求将这些传统学科开发为校本课程，目前我们已经开发出来较成熟的校本课程有田径、篮球、艺术入门等。

（四）提升综合实践活动中涌现出的创新作品

开设研究性学习课程，不断摸索有学校特色的管理模式，每个学期期初学生要选定研究课题，期末课题研究小组要提交结题报告，学校组织教师、专家进行答辩，并评出若干奖项，获奖的项目将被推荐参加青少年科技创新大赛，学校多次被评为福建省青少年科技创新大赛优秀组织奖，不少研究性学习课题获得国家级、省市青少年科技创新大赛一、二等奖，研究性学习已经成为学校一个特色项目，积累了不少经验，也取得了不少成果，学校也有意识地将这些成果转化为校本课程，如"寿山石""艺术设计"等。

（五）因地制宜，扎根地方资源的沃土

福州第十八中学位于福州市中心，西湖湖畔，毗邻三坊七巷，有丰富历史文化资源，学校提出因地制宜，利用学校得天独厚的有利位置开发出有我校特色的校本课程"闽都瑰宝"，该课程集中了昙石山文化、三坊七巷文化、福州船政文化和寿山石文化等福州四大文化品牌，引起专家与同行的好评，2019年"闽都瑰宝"校本课程被福建省普通教育研究室评为福建省优秀精品校本课程。

（六）形成学校办学特色

学校在规范办学基础上发展出特色，校本课程在实现多样化目标方面显示出灵活的优点，即从本校实际需要出发，发挥对国家课程补充作用等方面优势，走优势项目—特色学校—名牌学校之路。学校按照自身发展目标，认真挖掘校内外优质教育资源，打造出具有学校特色的课程，办学的个性与成果长期地显示、保持与发展，不断吸收先进教育教学理论，做到"人无我有，人有我优"。

五、关于校本课程开发的思考

1.打破了校本课程的神秘感

不少教师把校本课程看得很神秘,其实,许多学校已开设的选修课、活动课就具有校本课程的性质,只是学校和教师对校本课程开发还处于无意识状态。也就是说,许多学校往往有校本课程之"实",而无校本课程之"名"。校本课程是开放的、多样的。如研究型课程、自愿报名开设的体育课选修课程。可以说,学校课程多少都涉及校本课程成分。因此说,校本课程就在身边,它并不神秘,也不是高不可攀。

2.课程观念需要更新

过去,学校、教师和学生都过分依赖和迷信统编的教科书,这种传统思想的习惯定势与校本课程的现实需求之间存在的强大的反差和深刻矛盾,为校本课程的开发带来观念、制度层面上的阻力。如何尽快改变这种状况,是一个急需解决的问题。

3.消除开发校本课程影响升学率的担心

近年来,高考试题命题正在向能力化、素质化、个性化、综合化的方向发展,各学科考试更体现了这一点,而校本课程开发的目标和方向正是发挥学生的个性和特长,提高学生综合素质。因此,开发校本课程不仅不会影响升学率,反而会促进升学率提高。我们应树立正确的育人观,满意的升学率应是素质教育的结果,而不是片面追求的目标。

4.教师在校本课程开发中得到了培养、锻炼和提高

校本课程开发中系统的规划、理论指导和实践性研究十分缺乏,因此,校本课程的开发中如何不断强化学校和教师的课程意识,提高学校教师、领导的课程开发技术,使之有课程改革的正确意识,有课程改革的愿望和动力,有开发校本课程所必要的知识、技术和能力,这是校本课程开发的重要条件。教师参与课程的目的是使学校课程更加适合学生的需要,促进学生最大限度的发展,但就教师本身而言是确立教师即研究者的信念,在课程开发的实践过程中促进自身的专业发展。所以教师参与课程开发不仅是编制出一系列的课程文本,更重要的是参与课程开发过程本身。

5.加强校内、校外各种资源的支持

良好的校内沟通,给教师足够的自由时间和空间,良好的计划组织,可用的教育资源方面的信息,课程理论与技术指导等方面,这些都为教师进行校本课程开发做了条件上的支持和准备。要充分利用校内外各类资源，形成多样化的校本课程资源系统；要不断地进行课程资源的积累和课程特色的培育；校本课程的规划要根据学生的课程需要来制订；要选择贴近时代特点、社会发展与学生实际的课程内容；要变革教学方式和学习方式，充分发挥师生的独立性、自主性和创造性，引导学生在实践和研究中学习；校本课程的实施要打破班级之间、年级之间、学校与社会之间的界限，形成开放的课程实施空间；校本课程的评价要着眼于学生的个性发展和能力提高，要从指导思想、课程意识、课程能力、师生参与程度，师生创造性的发挥、学校特色等方面对校本课程进行全面的评价。

　　总之，校本课程的开发是教育迎接新世纪挑战的一种回应，是实施素质教育、充分发挥学校办学特色，积极参与国家创新工程，贯彻落实国家教育方针，促使学生和谐发展，培养和造就"创造新世纪的人才"。注重学生掌握国家课程规定的基础知识、基本技能的同时，引导学生在众多课程的选择中得到个性发展，在选择中发现潜在能力的火花，在选择中培养学生的信息采集和加工的能力，使学生学会学习，在课程的自主选择和个性化知识的掌握过程中形成更多更广泛的能力，更好地认识学习的价值，塑造健全的人格，学会生存，这些正是校本课程开发的意义所在。

第三节　历史校本课程开发新模式的建构
——历史校本课程区域联动开发与实践

一、校本课程区域联动开发的背景

1.《国家中长期教育改革和发展规划纲要（2010—2020）》

《国家中长期教育改革和发展规划纲要（2010—2020）》指出"加强优质教育资源开发与应用""建立开放灵活的教育资源公共服务平台，促进优质教育资源普及及共享"。《中共中央国务院关于深化教育改革全面推进素质教育的决定》第十四条规定："调整和改革课程体系、结构、内容，建立新的基础教育课程体系，试行国家课程、地方课程和学校课程。改变课程过分强调学科体系、脱离时代和社会发展以及学生实际的状况。"教育部《基础教育课程改革纲要（试行）》中明确规定："针对学生的兴趣和需要，结合学校的传统和优势，充分利用学校和社区的课程资源，开发校本课程。要着眼于发展学生的兴趣、需要和特长，关注学生的个性发展，充分体现师生的自主性和创造性，使其具有鲜明的学校特色。"

2.当前我国"实行国家、地方、学校三级课程管理"

随着新一轮课程改革大幕的开启，新一轮基础教育领域的课改贯彻国家的"立德树人"方针，其核心是以发展的眼光培养学生的核心素养和关键能力。在此背景下，如何适应当前信息社会需求的多样化，促进学生在共同基础上的个性化发展；如何避免国家课程的简单校本化、历史学科知识碎片化的拼接；如何平衡开发与实践的顾此失彼矛盾；以及改变教师唯国家课程观角色定位、课程意识的淡薄等突出问题。从 2012 年我们开始了历史校本课程开发与实践，创新开发路径，转变传统课程观念，培育新型课程意识，探索出一套具有实践操作性和可推广性的开发与实践模式。

二、校本课程区域联动开发与实践

1.开发实践要解决的主要问题

本研究致力于历史校本课程的开发与教学实践，探索馆校合作、校际合作等区域联动开发与实践机制。围绕传统历史校本课程体系的典型问题尝试探索解决以下问题：

第一，改变过去历史校本课程对国家课程的简单校本化，利用区域和学校资源开发满足学生健康发展、个性化成长发展需求的特色课程。

第二，由一般的单校开发，使得校本课程变为单校独享独占的"秘籍"转变为校际联动协作开发，将优质资源转化为优质课程，将优质课程转化为辐射、开放课程，可以满足更多学校、学生的学习需求。最终实现共享开发成果。

第三，扭转传统历史校本课程的"重开发、轻实践"的弊端，不仅解决课程怎么做，更注重怎么用。把开发与实践相结合，注重校本课程科学规划，解决历史校本课程去"同质化问题"，实现课程活动化和工具化统一。

第四，弥补课程对学生成长发展的创造性参与方面的不足。教育的目的是学生在进入成人社会之前，在民主、自由的家庭生活、学校生活以及课堂教学环境中得到成长与发展，为未来幸福满意的生活做准备。但是之前的学校课程教育,偏重于学科知识的传授,因此学生在学习中处于被动接受的地位,可供学习选择的机会几乎没有。学生的发展需求,课程设置的均衡和选择性不足。为了加强学生在学校学习课程的内容多元化和丰富学生生活并迎合教育信息化时代,加强人与社会、科技的联系,充分尊重学生学习、探究的主体性和参与性,发挥教师的示范和引导力,培养学生核心素养、创新精神和实践能力。

第五,真正促进教师的专业发展,教师课程角色的更新。"课程不仅仅是一种过程、一种结果,也是一种意识。课程意识是教师对课程系统的基本认识,是对课程设计与实施的基本反映。它包括教师对课程本质、课程结构与功能、特定课程的性质与价值、课程目标、课程内容、课程的学习活动方式、课程评价,以及在课程实施中的指导思想。"在过去注重知识传授的教育教学体系中,教师角色定位为课程的被动接受者,导致课程的观念和课程意识相对淡薄和滞后。教师课程参与的主体能动性、课程开发能力滞后于当前教育的发展,通过校本课程的联动开发,集体学习、协同教研、培训,以共商、共建、共帮、民主开放的形式,实践教师课程角色的转变,提升教师课程专业开发和实践水平。

第六,推动区域校本课程资源的共享化、均衡化。从新一轮的基础教育改革实施以来,每个学校都十分重视校本课程开发,积累了大量的校本课程资源,这些资源在部分学校已经应用到课程体系中,但是限于开发者的能力、水平、支持度等因素,课程资源同质化、重复性现象普遍,造成了时间、精力和资源的浪费。同时不同层次的学校对校本资源操作和实践应用存在着同课程不对口的尴尬,因此探索校际合作共同开发课程的模式可以降低除课程开发以外的影响因素。因为校际合作模式要求各学校的教育哲学与宗旨相近,区域跨度小,资源可互补,以此增强课程开发实力。

2.开发实践的过程与方法

研究成果依托课题研究,采用行动研究法、问题导向法和经验总结法等开展研究工作。2014年我们申报福建省电化教育馆信息技术教育研究课题,并联合了福州市区的不同类别中学、教育部门组成一个"校际联合开发历史校本课程资源"团队。

校本课程成果研究由福建省博物院、福州第十八中学、福州格致中学、福建师大二附中、福州市马尾区教师进修学校、福州屏东中学、连江一中、另外包括区县的一级达标校和二级达标校通力合作,从2013年至2017年历时五年完成。在实践研究过程中,首创"馆校合作""校际联合开发校本课程"模式。解决问题的基本思路是,校馆、校际联动开发(学生参与,突出区域、学校特色)—校内实施、校际示范、走出去交流推广—共享开放(见图5-1)。

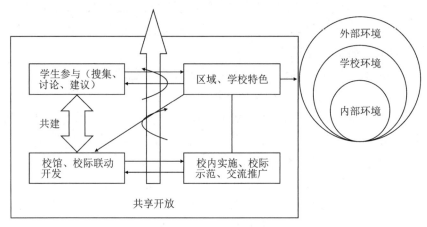

图 5-1   解决问题的基本思路

2012—2015年,先行探索实验阶段。福州第十八中学与福建博物馆共同开发"西湖史话"校本课程,其间课程进入教学实验阶段。

2015—2017年,笔者主持福建电教馆课题研究,与不同类别学校联动开发校本系列丛书,避免同质化历史校本课程,注重在教学中的实践。

2012—2020年,采用行动研究法,实施教师协同教研机制对课程进行磨合实践。

2020年至今,采用跨学科多领域的实践,先后与福州第四中学的语文、历史、政治、地理、生物、英语、美术等7个学科教师联合开发跨学科乡土校本课程"惠泽文蕴——大庙山文化",使校本课程研究有了新的创新,取得了新的成果。

三、校本课程区域联动开发实践的主要成果

(一)开发实践的主要成果

历史校本课程是基于学校的办学特色、教师的专业取向、学生的个性发展需求的课程形态。2012年福州第十八中学和福建博物馆基于"馆校合作、乡土特色"共同开发了"西湖史话"校本课程,并编入学校校本课程体

系。以此为基础 2014 年申请福建电教馆课题"信息技术背景下历史校本课程资源校际联合开发的实践研究",联合福州市不同类别学校开发出"福州历史校本课程系列丛书"。为了能与本地区学生的生活环境相契合,调动学生关注身边的历史,激发对自身、对周边环境的再认识和对课程开发的参与积极性。满足学生的个性成长需求,提供给学生多元学习选择机会,优化学生的特殊差异。以立足学校区域文化特色资源和历史遗迹开发出"西湖史话""闽都瑰宝""福州船政文化";以传承学校文化和促进学生发展需求开发"百年格致"等精品历史校本课程。以此为基础陆续开发出各类历史校本课程共计 16 种。本成果研究起讫近十年,遵循"共享、共建、共赢"的开发实践原则,旨在促进学生的成长发展、教师专业化素养水平的提升,弘扬特色区域历史资源文化,注重实践价值导向,探索基础教育阶段教育教学资源发展的可持续性。

在课程开发实践中,本研究注重学生在课程学习、发展成长维度的变化,通过"发掘学校区域特色""深度再学习""实践创新力""人文乡土情怀""团队协作"五个维度坚持"课程育人"理念,培育学生从传统的普适性知识向素养能力的转变。课程实践中摸索出"校本课程实施教师协同教研机制"(见表 5-1)。

表 5-1　校本课程实施教师协同教研机制抽样数据表

	T1	T2	T3	T4	T5	T6
T1	0	1	2	0	3	1
T2	1	0	1	2	2	0
T3	2	1	2	0	3	1
T4	3	4	5	1	4	2
T5	2	3	2	0	2	0
T6	4	2	3	2	0	1

说明:表格中的行代表课程实施意见修改,列代表接受意见,课程资源再开发意向。T 代表教师,0 代表实施意见不成立(课程无需改进),大于 0 的数值代表实施意见接受进行课程再开发,网状越密集代表实施互动意见有效接受协同性越强(见图 5-2)。

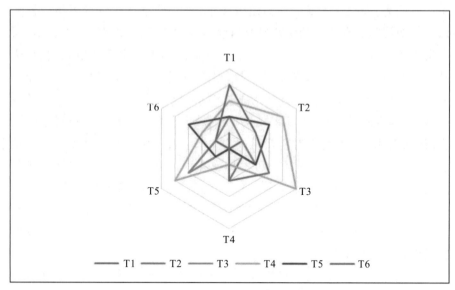

图 5-2　历史校本课程实施教师协同教研机制

衡量基础教育科研成果的价值,除了促进研究者特定教学环境中取得研究成果外,还要使成果具有"可移植性"和"可推广性"。因此,作为本项目研究的主持人,笔者利用"国培计划""援疆计划""定西帮扶活动""北京、河北、青海、西藏、江西、甘肃等全国各地教师莅校跟岗学习交流"等契机,以及赴龙岩、连江、长乐、罗源等县市送教送培的机会,通过论坛、讲座报告、媒体等多种途径介绍校本课程开发研究和实践的过程和成效,不断地将研究成果进行推广辐射,校本课程开发与实施获得各地同仁的认可,不断地开花结果,如"闽都瑰宝"历史校本课程成为福州第十八中学、福州格致中学、福州四中等学校的校本实验课程,引起广泛反响。

(二)开发实践成果的创新点

1.区域馆校合作、校际联动、特色鲜明

研究主实验区福州第十八中学比邻福州西湖、福建博物馆、福州市博物馆,历史人文环境优越,利用区域优势历史资源开发了"西湖史话""闽都瑰宝"历史校本课程。实验校福建师大二附中、福州格致中学利用自身历史传统和区位遗迹编写了"福州船政文化""走进格致"等系列丛书。

2.创新课程开发实践策略

第一,专业知识的互补协作。"一名教师很难精通一门课程内所有知识,教师存在知识结构、教学方法的差异,教师团队协同教学可以使这种差异互补,促进专业发展,提高整个群体专业知识水平。"校级联动共同协作机制,可以弥补教师专业盲区,提升课程发展能力,形成课程的集群效应。

第二,校际资源的共享协作。从国家层面提出开发学校课程以来,每个学校都十分重视校本课程开发,积累了大量的校本课程资源,这些资源在部分学校已经应用到课程体系中,但是限于开发者的能力、水平、支持度等因素,课程资源同质化、重复性现象普遍,造成了时间、精力和资源的浪费。可以通过课程资源的共享,互相了解确立课程方向、目标和内容,减少课程的重复建设。

第三,课程优化的实践协作。历史校本课程从设计、开发、评估最终要在教学的实践中去检验。换言之,优秀的课程一定是能经得起教学和学习者实践的检验,这是由校本课程特点决定的,"校本课程大都具有很强的实践性"。先实践先得经验,从而对联动校起到示范、牵引作用。

第四,校本教研的生成协作策略。校本课程开发团队从课程开发伊始就要制定科学合理的教研制度,共同开发必然会涉及过程的民主性与开放性,特别是"在大数据时代背景下,各学校应该在'以校为本'理念的引领下拓宽校本课程建设的视野和思路,加强校与校之间的交流与协作、学习与借鉴,推动校本课程建设的动态性、开放性和民主性"。校本课程的教研伴随课程开发过程和课程教学过程,它是一个动态生成的持续课程环节,课程开发中和教学进程中出现的问题和困难都需要开发教师的协作解决。更有甚者,课程在开发中出现衍生和扩展课程,或者是在常规的国家课程实施中挖掘出的"隐性课程",都需要在教研中协作商讨处理。

四、校本课程区域联动开发实践效果与展望

(一)开发实践的效果

福州第十八中学实践的主要成果如下:

(1)课题引领课程,2014 年研究团队申报了福建省电教馆教育信息技术研究课题。通过调研和考察旨在了解学生课程需求,通过"师生""校际联动"协作,为学生提供多元学习选择机会,满足学生个性需求,从而优化学生特殊差异、学校差异,着眼学生未来发展,研究不仅仅满足于课程编写,而且开发出一系列历史校本课程。

(2)历史校本课程资源成果推出后,在福州第十八中学两个校区、初高中学段进入校本课程实践。学生通过走班、选课的方式,参与历史校本课程的实践。

第一,满足学生个性发展需求。学生在校本系列丛书"中国古代服饰"的基础上积极开展研究性学习活动,开拓视野,增长知识。

第二,铸造学校特色办学文化。学校以"传承书院文化精髓,打造校本课程精品"为主题举行市级公开课活动周,"西湖史话—西湖诗词""三坊七巷——名人故居维护与开发"等精品校本公开课引起广泛好评。作为研究团队主持人,笔者经常受邀到福建师范大学、福建教育学院、福州教育研究院、新疆、甘肃"送教送培",做学校综合实践活动和校本课程等专题讲座,介绍开发实践的成果经验。"西湖史话"在福建博物院举办"纸上、网上、空中博物馆"交流会上展示,福建"东南网"给予报道宣传。

第三,教师课程意识和专业课程能力的提升。教师的课程意识和课程能力发展是校本课程资源开发的核心内容之一,因此我们在课程开发机制方面做了探索尝试,即"课纲的前置后移"。(见图5-3):

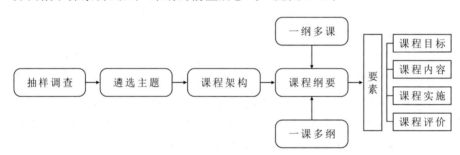

图5-3　课程纲要前置后移示意图

通过"课程纲要前置后移"有利于教师对课程内容、要求及实施条件有宏观的把握。对学生而言,对课程目标与内容和自身的学习预期适配进一步明确,同时方便了学校对课程审议和管理。

第四,课程助力学生、学校的成长发展。课程最终的试金石是学生的认可和学生学习能力的提升。对学生而言,针对学生的兴趣和需要,着眼于学生的成长和发展,结合学校的传统和优势,充分利用校内校外资源,满足学生的学习发展需要,学校荣获"福建省青少年科技创新大赛优秀组织奖",学生在国家省市创新大赛、历史记录大赛斩获大奖。2015年,《福州晚报(教育周刊)》以"徜徉湖畔书院,遇见最美的高中时光";2016年,《福州晚报》以"为孩子一生的发展奠定基础"进行专题报道。立足学校办学,开发实践"爱国拥军,崇文尚武"系列校本教材,培养学生家国情怀,2017 年福州第十八中学被教育部授予"全国中小学国防教育示范学校"。

课程实践前后对学生进行抽样问卷调查,形成课程整改和开发指导意见。重点分析课程前后学生对课程的感受及素养能力方面的变化。

1. 你知道什么是校本课程吗?

A.知道　　B.不知道　　C.不是很确定

2. 你知道学校周边的历史文化遗迹或者历史遗产吗?

A.不知道　　B.知道　　C.不是很确定　　D.不感兴趣

3. 你能具体说出学校周围有哪些历史文化遗产吗?

A.能　　B.不太确定　　C.不能　　D.不感兴趣

4. 你是否觉得完成一项历史校本活动需要他人帮助?

A.需要　　B.不需要　　C.不是很确定

5. 利用你所学的历史,如果让你来设计历史校本课程,说说你的思路。

6. 说说你最喜欢的一节历史校本课程的课题及理由。

......

图 5-4　课程前后学生抽样问卷调查节选

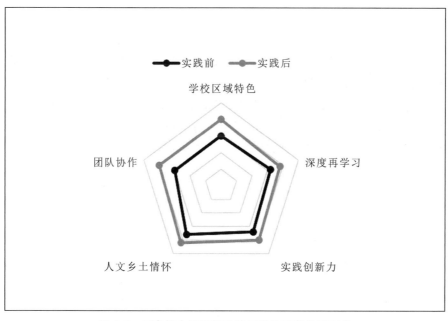

图 5-5　历史校本课程实践前后学生素养维度变化

对教师而言,历史校本课程是基于学校的办学特色、教师的专业取向、学生的个性发展需求的课程形态。随着成果研究的进展,大大激发了教师主动学习课程理论、专业知识的热情。课程开发能力、信息技术应用水平逐渐提高,知识不断扩展和更新。教师的课程观念和课程意识带动自身专业自我发展,催生了教师的课程创新能力和课程驾驭水平。

对学校而言,校本课程可以弥补国家、地方课程的不足,促进学校的特色发展和学生的差异、个性化学习;有利于教育的民主化发展和素质教育的深入。在本成果研究期间,福州第十八中学顺利通过省一级达标校的验收,跻身一级达标校行列,开发与实践校本课程的历史教研组在 2017 年申报福建省基础教育学科教学研究基地学校,2018 年被福建省普通教育教学研究室授予"福建省第三批高中历史学科教研基地校培育单位"。

(二)开发实践的反思与展望

1.教师方面需要解决的问题

校本课程资源开发的价值,就在于"提高课程的适应性,促进学生的个性成长;提升教师的课程意识,促进教师的专业发展;实现学校的课程创新,促进学校特色的形成"。但是在教师教育观念上,不同学校对校本课程观的定位存在差异,在研究过程中问题明显。主要表现在:历史校本课程与学校课程观的矛盾,校本课程意识和观念还有待强化。

"我国教师教育中长期存在'重教学轻课程'的现象,导致教师缺乏应有的课程知识和培训"。首先,我们在课题的研究过程中依然时不时显现出"依赖意识"。因此我们每次在课题交流和研讨的时候都要强化课程意识,树立明确的教育观、课程观和教学观,尽量克服课程资源开发和实践过程中的问题。其次,课程资源的标签化明显。历史校本课程资源,当然是以历史学科的知识为主,或者说是课程资源的挖掘和开发在历史学科的知识体系下架构,这不可避免地出现开发出的课程资源、校本教材"学科味"过于浓厚,从学生的角度使用起来很容易滋生似曾相识的"教材味"。这些教材在上课过程中会给课程带来隐性的影响,会影响到这门课程的生命力。这是我们以后或者说其他的校本课程资源开发者应该特别注意的一个问题。

2.社会层面的问题

受应试教育观念的影响,社会层面的"主副课程"观念根深蒂固。校本课程的以校为中心的离散化和碎片化需要超越学校层面上一级教育部门的集中推动,这样更有利于校本课程有规划、长远的发展。教育主管部门可以通过行政制度性支持,开展"校本课程"方面的奖励性评选活动,这将会推动校本课程深层次发展。

"一花独放不是春,百花齐放春满园",要想"课程育人"发挥更大作用,为国家培养适应未来发展和竞争、担负重任的人才,课程改革永远在路上,课程的探索实践永无止境,我们要克服困难,坚定决心,继续深化研究成果,继续深入参与基础教育课程改革,为中国的基础教育改革与发展贡献绵薄之力。

第四节　历史乡土校本课程开发的实践研究

——以"闽都瑰宝"校本课程开发为例

"闽都瑰宝"校本课程开发得益于近些年指导学生开展研究性学习课题研究,如"三坊七巷名人故居维护与开发初探""福州船政文化的历史功绩和旅游资源的开发利用""寿山石雕的沿革与前景"等多个研学课题,这些研究课题先后在福建省、福州市青少年科技创新大赛上获奖,教师在指导课题研究成果基础上,将这些成果整合提升形成有福州乡土特色的校本课程,"闽都瑰宝"校本课程与福州市政府提出的要发展福州海峡西岸战略思想是相一致的,通过打造福州四个文化名片,宣传福州历史文化,促进福州旅游资源的开发与利用,推动福州经济发展,使"闽都瑰宝"校本课程开发具有时代性和现实意义。

"闽都瑰宝"校本课程开发主要包含三个步骤:一是编写"课程纲要",课程纲要主要由四个部分组成——课程目标、课程内容、课程实施和课程评价,课程目标是学生学习结果的基本要求和学生学习水平的保证;二是提炼确定校本课程目录,包含昙石山文化、三坊七巷文化、福州船政文化和寿山石文化;三是设计"专题方案",以一节教学方案为例。

"闽都瑰宝"校本课程纲要

一、课程目标

1.闽都文化源远流长,通过本课程学习总体了解福州历史文化发展的脉络,加深对家乡一草一木、一砖一瓦的关爱之感,从而形成环保和可持续发展的观念。

2.通过学习,更能贴近生活,关注现实、关注乡土文化,从而增强对地域特色文化的弘扬与保护的责任感与使命感。

3.通过调查访谈,了解三坊七巷现状,从而对现状种种问题提出质疑,进而提出解决问题的设想与方案。

二、课程内容

1.昙石山文化——福建文明的源流	3 课时
2.三坊七巷——中国近代思想文化的缩影	5 课时
3.福州船政文化——开拓创新的典范	5 课时
4.寿山石文化——民族奇葩的舞台	4 课时
5.完成校本课程体验文章或心得	1 课时

三、课程实施

该门课程集文化、旅游、艺术于一身,在实施过程中注重学生的实践与感悟。

1.组织形式:每班 35 人,每 5 人为一个学习小组。

2.实施方法:教师讲授、实地考察、专家访谈、师生讨论等。

3.课时安排:总课时 18 节,每周 1 节。

4.教室场地:网络教室或多媒体教室 1 间。

四、课程评价

1.过程性和终结性评价必须有机结合起来

终结性与过程性评价比较,从评价时间、实施的频率、评价内容及其评价功能进行比较。

2.课程成果的多样性与评价量表的科学性

课程成果展示形式具有多样性,如小论文、课件、网页等形式。

3.课程学分:

1 学分

“闽都瑰宝”校本课程目录

模块一

拓荒篇:福建历史源远流长,科学文化曾盛极一时,5000 年前,先民们在此地生息繁衍,创造出了可与仰韶文化、河姆渡文化相媲美的昙石山文化。

一、昙石山文化——福建文明发源地

第一讲　昙石山文化遗址概貌

第二讲　原住民的阶级社会状况与生活起居

第三讲　昙石山的遗址的开发现状与未来

模块二

积淀篇:闽域有材,左海为盛,福州三坊七巷因古今名人多而举世瞩目。

二、三坊七巷——中国近代史的缩影

第一讲　三坊七巷说古事

第二讲　三坊七巷话名人

第三讲　三坊七巷看民居

第四讲　三坊七巷赏楹联

第五讲　三坊七巷提设想

模块三

开拓篇:福州船政是中国近代工业的发祥地、是中国近代西方式教育的试验田、是中国海军的摇篮、是中国空军的摇篮……

三、福州船政文化——开拓创新的典范

第一讲　福州船政兴衰始末

第二讲　船政遗址探微

第三讲　船政世家与中国近代海军

第四讲　船政文化与城市精神形成的思考

第五讲　船政文化与福州旅游品牌的塑造

模块四

瑰宝篇:福州特艺历史悠久,技艺精湛,具有独特的民族风格和地域文化内涵,寿山石与脱胎漆器、软木画并称"榕城三绝"。

四、寿山石文化——民族奇葩的舞台

第一讲　寿山村与寿山石传说

第二讲　寿山石雕与历史沿革

第三讲　寿山石雕与艺术家流派

第四讲　寿山石雕现状与发展前景

专题方案　第三讲"三坊七巷古民居"建筑特点

福州是一座著名的历史文化名城,市内坊巷纵横,古代福州有四十九坊,六十多条巷,但真正能代表福州古民居建筑艺术的是位于市中心的"三坊七巷"。"三坊七巷"源于东晋时期,经唐、宋、元、明、清历代拓展,逐渐形成了具有传统特色的建筑风格,它不仅是中国历史文化名城坊制格局的典型代表,也是中国南方至今保存较为完整的古街区之一,其中现存260多

图 5-6　百年前的福州城

座明清古民居,被建筑界誉为"明清古建筑博物馆"。

三坊七巷占地 40.2 公顷,这里深宅大院云集,其中众多是名人故里,如林则徐之子林聪彝故居、近代启蒙思想家严复故居、近代海军之父沈葆桢故居、辛亥革命先驱林觉民故居、著名作家谢冰心故居等。这些房屋规模宏大,建筑细腻考究,如黄巷著名的小黄楼,塔巷的二梅书屋,安民巷的程家小院,衣锦坊的水榭戏台……坊口巷口都立有高大的券门,坊门里立有石碑,上刻有坊规,在坊巷的头、尾有土地菩萨壁龛,还有古树、古井……保持着完整的历史传统风貌。在这个街区内,大都是石板铺地,白墙瓦屋,曲线山墙,布局严谨,匠艺奇巧,不少还有亭台楼阁,花草树木,假山石雕,融人文与自然景观为一体。许多宅院内的门窗镂花都用镂空精雕而成,且图案雕饰丰富多彩,造型独特,精巧的石刻艺术在台阶、门框、柱杆、花座、井沿……随处可见,这些都体现了福州民居的技艺和特色。

图 5-7　坊巷建筑

一、坊巷格局鲜明

唐末王审知当政时,嫌原有子城狭隘,就在子城外环筑罗城。罗城由钱纹砖砌筑而成,是当时全国唯一的砖城,三坊七巷是罗城西南的重要区域,城坊格局初步形成,一直延续至今,是研究我国城坊历史的活化石。

三坊七巷堪称历史奇迹之一,其由北至南流泻而下,左三坊、右七巷,整齐工整,纵向有序。经一千多年风霜雨雪,不知兴亡多少代,涨落多少事,然其格局依旧,其所保留的华贵风韵实在令人赞叹不已。这种类似棋盘的城坊格局深受中原传统棋盘式格局建筑风格影响,这一建筑格局也深深影响了日本、朝鲜等国都城的建设。

二、独具特色的风火墙

三坊七巷民宅沿袭唐末分段筑墙传统,都有高、厚砖或土筑的围墙,其建筑风格除了保留中原遗风外,还具有自己的建筑特色。

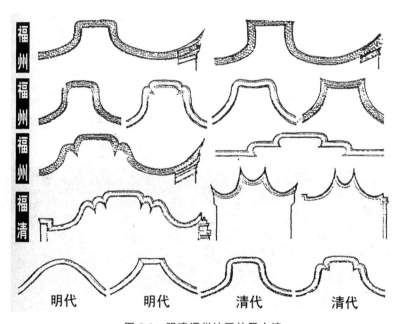

图 5-8　明清福州地区的风火墙

巷内一般由 3 至 6 米宽的石板铺路,两侧高耸白粉墙,门墙普遍用石砌勒脚,每宅皆由高墙环护,入口门楼两侧有插拱支撑的单坡雨罩,有的入口大门扇外还有作书卷饰的镂空"六离门"。整个宅院除门头房外,都围上封火墙,墙体随着木屋架的起伏作流线型,翘角伸出宅外,状似马鞍,俗称马鞍墙。墙头构成翘角,重重封火墙极有规格地将座座民居隔开。墙只作外围,起承重作用全在于柱。一般是两侧对称,墙头和翘角皆泥塑彩绘,形成了福州古代民居独特的墙头风貌。好像万千条曲线构成的风火山墙,图案精美飞翘起的牌堵,随意不对称的房舍庭院的布局,等等,无论是框架结构还是雕刻艺术都独具一格,这些都充分地显现出江南独有民居风貌,具有地域特色的民居建筑对弘扬中华民族建筑艺术有着重要的科学研究价值。

三坊七巷曲线型风火墙独具特色。在江南民居建筑中,如徽州建筑其风火山墙,绝大多数都是成90°的直线构成的阶梯形的山墙,这种形式广泛分布于浙、赣、湘、鄂、苏南、巴蜀等,唯独三坊七巷内古民居的风火墙是曲线型的。还有民居建筑的门上、装饰物上的处理也极富有特色。

三、院落错落有致

三坊七巷的古建筑主座与我国传统的建筑布局特征一样,纵向的中轴线上,布置厅堂等主要建筑,两旁对称的布置房舍庭院。除主座外,其侧院多数是较灵活的随意布置,不按对称布局。民居则是按一组或几组三合院、四合院沿中轴线先纵向组合几进院落构成,这样的构造与北方的建筑物不尽相同,三坊七巷内的建筑物厅堂高大宽敞,与其他的廊、榭等建筑形成高低错落,活泼而又极富有变化,特别是为了使厅堂显得高大、宽敞、开放。在廊轩的处理上特意采用粗大而长的优质硬木材(楠木、铁梨木等),并用减柱的方法,使厅堂(殿堂、戏台)前无任何障碍,这在北方建筑及其他南方民居建筑中,都是极其少见的,这就是三坊七巷重要特色之一。

图 5-9　厅堂

图 5-10　林则徐母家故居

宅院有一进或多进,每进有大厅、后厅、正房、后房、左右披榭前后天井。天井是福州传统民居的又一特色。它由厅、榭的敞廊围绕构成矩形空间,为宅内的交通枢纽,并使宅院日照充足,空气流畅,排水便利。室内的门、窗也与其他地方不同,既多且大。窗以双层通长排窗为多,底层为固定式,上层为撑开式或双开式。正房的主门朝大厅敞廊,多为方便用户开放式,门上雕有丰富的图案花饰,以增添大厅的气派。

三坊七巷的大门往往独成一组建筑,考古学家杨秉纶认为门的处理方式有五种:①用规整巨石架设门框,在石框后安装厚实板门,主要用于防卫。②用石门框,配以厚实的板门,门上装铜铺首,门后用铁栓。③大门三开间六扇门形式或明三暗五六扇门,门前有宽敞门廊,廊的顶棚用弯椽,双坡顶,门两侧是高大马头墙,门面十分排场。④门与院落不在同一轴线上,大门与门房组成单独单元;大门内一侧,有通院落的屏门。⑤大门内不设门房。大门后即是院落前回廊,回廊必有一道插屏门,遮住直对正座建筑的视线。其院落,按福州习俗,一院落为一进。主建筑正座厅堂通常三开间、五开间、七开间,前后均有天井,前宽后狭。为利用场地,前后天井两侧往往兼有披舍,前作书斋用,后为厨房或佣人用。院中楼房往往安排在最后面。其庭园,也称花厅,往往安排在轴线的另一侧,并配以假山、楼阁或水榭。布置典雅,小巧玲珑,情趣盎然。

四、雕刻艺术精美

被修饰的雕刻主要有这几个方面:①门窗,镂花镂空悬雕,工艺精巧,图案丰富,有拼字、几何形等。②厅堂明间正立面,屏门上襻间斗拱常雕刻为香烟篮形、宝瓶形、卷书形等。③构架都刻有精美花卉、人物、鸟兽等。所雕刻形象大多鲜明生动、立体起伏、层次清楚。这些雕刻艺术形式,有圆雕、浮雕、透雕,有单幅雕、组雕、连环雕等。

图 5-11　雕花门饰　　　　　图 5-12　垂帘柱

内容除了以上所介绍外,还有大量的诗词题刻及琴、棋、书、画等图案,有较浓的文化氛围。宅院的手工艺制作更是精巧绝伦,宋代曾任过福州知州的大散文家曾巩,在他所撰的《道山亭记》中就曾记载:"麓多杰木,而匠多良能，人以屋室巨丽相矜，虽下贫必丰其居，而佛老子之徒，其官又特盛。"福州木雕早已蜚声海内外，木雕工艺多用于门罩、轩、藻井、门窗、隔扇厅堂屏门上方襻间等处，纹饰丰富多彩，皆不重样。例如：黄巷小黄楼书斋内的门、窗户，均雕镂有各种花鸟图案，小黄楼檐下的悬钟（垂花球）、雀替精雕有缠枝花卉、松鼠、葡萄和花篮，雍容华贵堪称福州雕刻艺术的杰作。还有许多宅院内的门窗镂花都用镂空精雕而成，且图案雕饰丰富，造型独特，精巧的石刻艺术遍布台阶、门框、柱杆、花座、井沿，随处可见，这些都体现了福州民居的技艺特色，因此三坊七巷被建筑界誉为规模庞大的"明清古建筑博物馆"。

三坊七巷中较著名的民居有：

①黄巷唐代黄璞故居

曾归清朝著名学者梁章钜所有，后又归御史陈寿祺所有。厅内有一双层小楼，底层封火墙与房屋之间有两个由假山与白石灰、糯米汁堆塑的雪洞，可直通鱼池和假山，假山洞分东西二路，东可登上一亭式小阁，阁为歇山顶，柱头转角有雕刻精细的垂花球，整个布局小巧玲珑，清幽古雅，颇有江南园林神韵。柱、架、檩、檐雕龙画凤，楠木制窗槛、门扇、壁风精雕细刻。此居另一个好处是闹中取静，一出巷口即为福州最热闹街市，但居室中却一点听不到闹市的喧哗。

②衣锦坊欧阳推花厅

此院光绪年间由欧阳宾购买重修。其花厅面积占整个大院五分之二，前后隔墙，有小门可通，前为男人娱乐厅，后为女人娱乐厅。其二十扇楠木门扇，雕有几百种图案，几百幅花鸟，均雕工精细。左右厢房的八扇门，镶入一百多幅用黄杨木树根相形雕琢而成的花鸟图案，不仅极为精致，还可随时拿出再嵌入。

③文儒坊陈承裘与夫人张氏故居

其特点一是各类门窗等均雕工精美。正厅门及窗精雕有各种花卉图案及青铜礼器，后厅堂门窗户扇仿中国花鸟画阴刻的菊花、荷花、牡丹、喜鹊、

图 5-13　陈承裘故居

水禽等写生画,皆为雕刻精品。二是院落内假山鱼池和临水楼阁皆小巧玲珑,相映成趣,花园有书房和客厅,并有墙将后花厅隔开,别有天地。

④水榭亭台

郑氏宅院三座相邻,每座三进,三座九进,俗称"九落透后"。这座宅院始建于明万历年间,清道光时成为郑姓官员的私家住宅,现存建筑占地面积2675平方米。三座建筑自西而东分别为主院、别院、花厅园林,均是坐北朝南。第一座大院设门厅,为主要通道。每进都有天井、回廊、耳房、大厅、卧室,每进东侧都有小门通第二座别院。别院主要建筑有书斋、佛堂、厨房、饭厅、库房等。往东小门通第三座花厅园林,梁架、攀间刻花,泥金"一斗三升",雕刻精美。园林内建有水榭、戏台垂柱。方形藻井天花,中刻"团鹤",周饰蝙蝠,象征福、寿。戏台面积30平方米,呈四角形,台后化妆室,整座戏台立于水池之上,水池面积60平方米,地下自涌泉,长年不涸,清澈见底,池内红鲫穿梭,金鱼戏水。池旁石栏板,浮雕花卉。池的东西两侧为假山雪洞,假山上建有通透式酒楼,居高临下。戏台建于水池中,不仅奢华,更体现科学构思,池上清幽凉爽,而且有利拾音,可增强音响效果。戏台正面是大型花厅,为主人聚会、宴客、品茶、听曲、看戏的娱乐场所。花厅全木结构,上下两层,东侧台阶通二层楼阁,楼前走廊连接酒楼,是女眷看戏的地方。屋面为歇山顶,屋脊灰塑,造型独特。从楼的高处平视西侧几道马鞍型山墙,犹如层层波浪,连绵起伏。徘徊在古戏台上,依稀可以听到锣鼓之声,想象古老的戏剧,生、末、旦、丑栩栩如生。呜呼!戏台今犹在,可见筑台人?故人为满足自己、家人和朋友观戏的嗜好,无意间为闽都文化留下了富有戏剧性的一页。

5-14 水榭亭台

【教学反思】

"闽都瑰宝"课程旨在展示闽都文化源远流长,通过本课程四部分内容的学习,学生能初步了解福建文明的起源,福州历史文化发展的脉络;多角度、全方位了解福州三坊七巷古民居及众多名人,深刻体会福州历史文化的精髓所在;了解福州船政兴衰史及其船政遗址,深刻体会中国近代工业发展的艰辛,从而加深对中国民族屈辱的感悟;针对福州寿山石的历史沿革及其当前寿山石发展中存在的困惑,积极为家乡的特艺发展献计献策,提高参与社会的意识与能力,激发爱国爱乡的情怀。

教学内容设置丰富合理,既有福建文明起源的昙石山文化,榕城三绝的民间工艺,也有三坊七巷的故居名人,福州船政的兴衰发展。在教学过程中,给予学生主动探索的机会和展示平台,举办"三坊七巷名人之依我说"演讲比赛和"三坊七巷民居特点之依我看"图片展,学生在准备的过程中,走出课堂,更加深入地了解学校旁边的这片建筑群,以及它的发展演变。

在教学过程中,根据既定的课程计划和内容安排展开教学,根据学生的了解情况和学生感兴趣的主题对教学内容进行增加,例如在教学过程中增加榕城三绝的介绍和学习,介绍寿山石雕、脱胎漆器和软木画,以及三者的工艺技术和历史传承发展,补充福州三宝,由学生结合个人家庭的物件补充福州三宝中比较熟悉的纸伞和牛角梳的内容,增加学生的课堂参与及主动性的发挥,也让学生认识到闽都瑰宝其实就在我们身边。

不过,在教学过程中,也存在一定局限。闽都瑰宝不仅是福州名片的展现,工艺精湛的表现,更重要的是蕴含城市文化,能够将这一份热爱自己的家乡的感情传递出来才是更重要的。另外,在教学中,容易高估学生对这座城市的了解,学生越来越拘束在校园家庭中,对知识的来源也局限在课堂里。正如美国教育家杜威所主张的"教育即生活",最好的教育就是"从生活中学习,从经验中学习"。虽然我们不能完全接受他的主张,但不可否认,学生应该接受生活中的教育,校本课程需要从生活中来到生活中去,鼓励学生在生活中乐于发现,主动探究。闽都瑰宝是课堂上介绍的历史传承下的文明,而我们的瑰宝是保持对这座城市的热爱和对生活的探索。

第五节　乡土文化与历史校本课程融合
——以"三坊七巷之美"的教学设计为例

"三坊七巷"位于福州老城区,承载千百年福州历史文化的脉搏。三坊七巷至今还保留了明清时期的民居和园林建筑百余座,其中 100 多处被全国、省、市、区列为文物保护单位。"三坊七巷"有中国半部近代史之称,这里出了不少名人,每个名人故居背后都隐藏着不少动人的故事,它离学校近,学生既熟悉又生疏,因其背后蕴含着许多鲜为人知的秘密,让人倍感亲切和好奇。

三坊七巷——人文之美

【学情分析】

1.八年级学生已经学习中国近代史内容,对于近代列强对中国的侵略与中国近代化探索内容有一定的了解。学生已经具备初步的分析归纳、理解和自主学习、合作探究的能力。

2.三坊七巷就在学校附近,学生便于参观学习考察,但由于对近代坊巷名人了解不多,易于激发学习兴趣。

【教学目标】

1.了解三坊七巷三位近代名人爱国救国的重要事迹,认识他们在中国近代化探索过程中提出不同的救国方案及对近代中国产生的影响。

2.通过对三位坊巷名人的分析,指导学生从中国近代社会新旧交替的特殊历史背景出发,理解和归纳基本史实,提高从不同角度思考和解释历史问题、得出结论的历史思维能力及其自主学习、合作探究的能力。

3.认识坊巷名人放眼世界、敢为天下先、为国舍身、为民谋永福的民族精神,认清抗击外来侵略、捍卫国家主权和民族尊严是中华民族的优良传统,进一步增强对家乡与祖国的热爱之情。

【教学方法】

1.图表法。以严复生平为线索,阅读、分析和归纳基本史实,提高驾驭知识、解释历史问题的能力。

2.比较和探究。通过三位坊巷名人对待科举制度的不同态度,选择不同的救国途径,折射出中国近代学习西方的特点,通过讨论探究,加深对历史知识的理解。

3.演绎历史剧《严复觐见光绪》,加深理解林旭在危急时刻,敢为天下先,变法救国的伟大抱负。

【教学重难点】

1.教学重点:了解三位坊巷名人,体会敢为天下先,为国舍身的精神,认识三坊七巷厚重的文化内涵和人文之美。

2.教学难点:比较三位坊巷名人对科举制度的不同态度,选择不同的救国途径,理解新旧交替特殊的历史时代,为了探索救亡道路,从而折射出中国近代学习西方的不同特点。

【板书设计】

爱国、兴国、救国 {
一、林则徐——名言
二、严复——著作
三、林觉民——家书
}

【教学设计】

(一)导入新课

PPT 展示:建筑之美(配乐自动播放)。

同学们,回顾上节课所领略的三坊七巷建筑之美,它美在哪里呢?(格局鲜明,布局严谨,曲线型的风火墙;雕刻艺术精美;名人故居多。有"中国城市里坊制度活化石"和"中国明清建筑博物馆"的美称。)

(二)讲授新课

三坊七巷的美不仅在于涵盖了福州古建筑的精华,更在于承载了厚重的人文之美。一大串在中国近现代舞台上风起云涌的人物,他们的生活背景或多或少映现在三坊七巷,这儿素有"一片三坊七巷,半部中国近代史"的赞誉。有哪些坊巷名人,同学们能举些例子吗?

林则徐、严复、沈葆桢、林觉民、陈衍、林徽因、冰心、庐隐……

师:结合同学们所学中国近代历史的内容,我们今天重点揭开三位坊巷名人的面纱,倾听他们在那个波澜壮阔的时代心底深处的呐喊。

一、林则徐——一则传世名言

师:林则徐四岁入塾读书,十四岁成秀才,二十七岁成进士,1839年,54岁的他以钦差大臣的身份来到广州,开始了一生中最光辉的事业,那是?——虎门销烟。继而他奋力抗英,可是,形势迅速恶化,1841年他竟然被革职充军,为什么被"充军"?

生:虎门销烟,1840年鸦片战争,林则徐抗英有功,却遭投降派诬陷,被道光帝革职,清政府统治真是腐朽。

师:林则徐充军途中,依然忧国忧民,并留下一则传世名言,同学们先找一找教室里有吗?(朱中华的书法作品)(读出来)

PPT:苟利国家生死以,岂因祸福避趋之——林则徐(名言品读历史)

师:同学们,这是林则徐传世名言,谁来解释一下它的意思?

(苟:连词,如果,假使。)

注释:只要对国家有利,即使牺牲自己生命也心甘情愿,绝不会因为自己可能受到祸害而躲开。

师:这句名言抒发了作者怎样的感情?

不顾个人安危,虽遭革职充军也无悔意的爱国情怀。

师:同学们,鸦片战争后,林则徐是最先从夜郎自大状态中觉醒的代表人物。充军途中,他把在广州搜集的外国资料及《四洲志》的手稿交给了魏源,嘱托他进一步搜集研究外国的情况,编撰成书——《海国图志》。

"是书何以作?曰:为以夷攻夷而作……为师夷长技以制夷而作。"——魏源《海国图志·序》

同学们,"师夷长技以制夷"是什么意思?后人是如何评价林则徐的?

指学习西方的先进技术来抵制西方,"开眼看世界第一人"。

师:遗憾的是清政府真正迈出近代化第一步却错失了20年的光阴,什么事件标志着近代化探索的开端?(洋务运动,严复就是洋务运动期间培养出的人才代表。)

二、严复——一部畅销译著

表5-2　严复生平表

1879—1890年	先后被聘至福州船政学堂、北洋水师学堂任教,后升为总办(校长)
1885—1893年	4次乡试,都没有中
1894年后	科举梦碎,一系列政论文章,多部西方资产阶级学术译著

(图表分析)严复(1854—1921)

师:同学们,严复少年时期,父亲病逝,不得不从学馆中途辍学,后到福州船政学堂学习航海驾驶,并成为首批赴欧留学生。后来,中年时期的严复,甚至已经身为校长,还多次参加科举,是什么事件打碎了他的科举梦?

他思想上发生了怎样的转变？同学们讨论一下。

生：①传统的封建思想文化认识，流传千年的科举制度，是封建时代中国知识分子出人头地的最重要途径。②中日甲午海战，洋务运动失败。③他以笔作战，写了一系列政论文章，翻译多部西方资产阶级学术著作。

师：甲午海战，北洋水师的脊梁，一夜之间全军覆没，命丧大海，其中有他的同窗好友，有他的得意门生。1894年是严复人生重要分水岭，他从八股文中解脱出来，提倡西学。没有到一线浴血奋战的他，开始以笔救国，中国究竟败在何处？他把目光投向了国家的制度，最著名的是译著《天演论》。

图：1898年中国《时局图》

文："物竞天择、适者生存""世道必进，后胜于今"——严复《天演论》（图文探究历史）

师：同学们，此时的中国面临贫弱不堪、列强虎视的亡国危局。物竞是指什么？天择是指什么？（物竞：生物的生存竞争；天择：自然选择，后者就是一切都在变化，也就是"与时俱进"的意思。）

师：严复在书中把国与国之间的竞争比喻为生物界的弱肉强食，适者生存。他在书中宣扬怎样的救国观点？（变法）

师：严复宣扬维新改革以救国，很多人也因此从不知道变法主张到知道变法主张，从不支持变法到支持变法，并投身到救亡图存的爱国运动中来。历史给严复一个怎样的评价呢？

生：中国近代思想启蒙者。（启蒙的含义正是从无知到有知）

师：《天演论》是严复最负盛名的重要标志。该书正式出版于1898年，风行海内，先后再版数十次。这本书强调中华民族需要维新改革以救国自强，激励了几代人的革命斗志，引起广泛共鸣。就在《天演论》出版的同年，也迎来了变法运动付诸实施的阶段，那是什么事件？（戊戌变法）

（创设情境再现历史）严复觐见光绪帝

严复光绪上场。（并肩面向大众鞠躬。二人相离三步远，左右相对。光绪在龙椅上正襟危坐，严复作揖，面色庄重。）

一次耐人寻味的对话发生在9月14日。严复被光绪皇帝诏令觐见。

光绪帝："本年夏间，有人参汝在天津《国闻报》馆主笔，其中议论可都是汝的笔墨乎？汝近来尚在《国闻报》馆主笔否？"

严复："臣非该馆主笔，不过时有议论，交于该馆登报耳。"

光绪帝："汝所上报之文，其中得意文章有几篇？"

严复："无甚得意者，独本年正月间有《拟上皇帝书》一篇，其文颇长，当时分作六七日登报,不知曾蒙御览否?"

光绪帝:"他们没有呈上来,汝可录一通进来,朕急欲观之。"

严复:"臣当时是望皇上变法自强,故书中多此种语,今皇上圣明,业已见之行事,臣之言论已同赘旒。"

光绪帝:"不妨,汝可缮写上来,但书中大意是要变什么法?"

严复:"大意请皇上于未变法之先,可先到外洋一行,以联各国之欢;并到中国各处纵人民观看,以结百姓之心;云云。"

光绪帝(微叹):"中国就是守旧人多,怎好?"

但是,还未等严复将《拟上皇帝书》抄呈光绪皇帝,一个星期后就发生了"戊戌政变",维新变法宣告失败。

严复在《拟上皇帝书》中,向光绪皇帝提出在变法前急需实行的救亡图存,先治标的三项建议。第一,"联各国之欢",即同各国搞好外交关系,出访各国,对外宣示变法,结交主持公道的国家。第二,"结百姓之心",就是笼络天下人心,借出访之便,到沿海各地巡视,检阅军队,振奋全国士气。第三,"破把持之局",即打破贪官污吏盘踞要津、把持政局的格局,对顽固守旧的官吏,进行必要的斗争。

戊戌变法血的教训,说明资产阶级的改良道路在中国是行不通了,那么还有什么途径可以尝试振兴中华?(革命)

三、林觉民——一封百年情书

PPT材料:(文)1900年林觉民因为父亲要求,被迫参加科举考试,在考卷上题了"少年不望万户侯"七个大字,离开考场。(图文探究历史)

师:同学们,广州也有自由女神像,是纪念什么事件? 在晚清时代的中国,科举仍然令无数人趋之若鹜,可是林觉民要的是什么呢?

生:自由平等……

师:年少时期的高远志向,促使他义无反顾地参加了广州起义,推翻清政府,追求自由平等。林觉民自号为"抖飞",寓意抖掉绑在翅膀上的封建束缚。

视频再现历史

少年长成了青年,当他再次落笔抒怀时,写就了一生最后的文字,也是中国最著名的"情书"。

PPT材料:意映卿卿如晤:吾今以此书与汝永别矣! ……汝体吾此心,于啼泣之余,亦以天下人为念,当亦乐牺牲吾身与汝身之福利,为天下人谋永福也。汝其勿悲! ……——林觉民

师:《与妻书》为什么能称百年情书典范,收录课本,长久传诵?

生:《与妻书》能称"百年情书",在于他情真意切,既包含着为国捐躯的壮烈激情,也有对爱妻的缠绵深情,为国舍爱,"以天下人为念",革命者的气度风范,令人动容!

师:这节课讲述的三位坊巷名人,生活在中国近代社会新旧交替的特殊历史阶段中,结合表格,说一说他们对待科举制的态度,为什么有这样的转变?折射出中国近代向西方学习怎样的特点?

表 5-3　坊巷名人比较表

坊巷名人	对待清廷科举考试的态度	近代向西方学习的特点
林则徐	积极参与	学习西方技术
严复	放弃—积极参与—放弃	学习技术—思想启蒙
林觉民	被迫参与—放弃	学习政治制度(革命)

师:在波澜壮阔的中国近代历史里,面临民族生死存亡之际,虽然由于所处时代的局限,他们选择了不同的救国途径,但是他们都勇敢地承担着救国兴国的职责,扮演了时代推手的角色。同学们,坊巷名人留给我们哪些精神财富?

生:他们共同体现了"开风气之先,谋天下永福",以及广阔的放眼世界救国为民的胸襟,体现了为国舍爱的爱国精神……

师:他们也是整个中国近代思想文化的缩影。他们所体现的人文之美,是三坊七巷的灵魂,也是福州这座千年古城历史和文化的精髓所在。社会主义核心价值观中的"爱国"是公民个人层面的价值准则,爱国就是要以振兴中华为己任,自觉报效祖国,这也是今天这节课老师希望同学们继续弘扬和传承的精神。

【专家点评】

新课程的理念是:"针对学生的兴趣和需要,结合学校的传统和优势,充分利用学校和社区的课程资源,开发校本课程,着眼于发展学生的兴趣、需要和特长,关注学生的个性发展,充分体现师生的自主性和创造性,使其具有鲜明的学校特色。"近些年来福州第十八中学充分利用学校特色资源和信息技术开发一批历史校本课程,这些校本课程不光为本校教师和学生学习服务,也可以推广辐射到整个福州,鲁老师开设的这节历史校本公开课是课题组"信息技术背景下历史校本课程资源校际联合开发的实践研究"结题汇报课,三坊七巷是福州的城市名片,代表福州文化的传承和历史积淀,这些特色乡土文化就在现实生活中,在学生的身边,而且这些课程资源由福州第十八中学开发出来后在信息网络平台上进行资源的共享和展示,信息技术与校本课程开发的结合可以提高教师应用信息技术优化教学、转变学生学习、促进教师专业发展的能力,也可以加强校际交流与合作,促进校本课程资源的开发与共享。

【教学反思】

首先,要选最适用、最具有说服力和感染力的典型事例,选择的典型材料要真实可信,能够升华主题,增强表达效果。例如:林则徐的名言、诗歌很多,"苟利国家生死以,岂因祸福避趋之"这句是他在充军路上所做,最能体现他不顾个人安危,虽遭革职充军也无悔意的爱国情怀。

其次,采取生动活泼、学生可以接受的学习方法和形式,调动学生的积极性,使他们乐学爱听。课前两分钟回顾,教师选用学生自拍的照片,配合周杰伦的《青花瓷》音乐,PPT 滚动播放,营造三坊七巷的浓厚氛围,迅速进入主题。讲述"严复",请同学来演绎严复觐见光绪帝的一段小故事,创设情境再现历史,拉近历史人物与同学间的距离。

最后,重视情感教育。在人物、历史事件的评价和比较上,要"瞻前顾后""左顾右盼",联系中国,联系世界,联系古代,联系今天,使学生逐渐形成一个大的历史观和深厚的历史感。在波澜壮阔的中国近代历史里,面临民族生死存亡之际,虽然由于所处时代的局限,坊巷名人们选择了不同的救国途径,但是他们都勇敢地承担着救国兴国的职责,扮演了时代推手的角色。他们共同体现了"开风气之先,谋天下永福",以及广阔的放眼世界救国为民的胸襟,体现了为国舍爱的爱国精神。他们所体现的人文之美,是三坊七巷的灵魂,也是福州这座千年古城历史和文化的精髓所在。

三坊七巷——工艺之美

【教学目标】

1.了解米家船裱褙的百年历史、精湛工艺、经营之道、现状,讨论维护传承福州传统工艺的措施,培养学生分析问题、解决问题的能力。

2.通过图片、视频、实物来展示米家船工艺;组织学生多角度讨论维护传承福州传统工艺的措施。

3.通过三坊七巷手工艺的介绍培养学生热爱家乡的情感,关注传统工艺的热情。

【教学重难点】
1.教学重点：米家船的百年历史、现状、维护传承传统工艺的措施。
2.教学难点：米家船裱褙工艺、维护传承传统工艺的措施。

【教学设计】

一、导入新课

请两组同学汇报"走进三坊七巷"课题研究性学习成果："电光刘""三坊七巷的花灯习俗"，从民族工业和民俗的角度了解三坊七巷，揭示本课主题——从手工工艺的角度来了解三坊七巷。

二、创设情境，设疑解惑

通过米家船四代传人照片，工艺视频资料，宣纸、字画、图片等创设情境让学生更好地了解米家船百年历史、精湛工艺及其现状，在此基础上教师提出问题：

1.大家从米家船的百年历史中可以感受到什么？然后引导学生谈自己的感受，从而得出手工艺的发展和国家命运的关系。

2.我们该如何维护传承我们的传统工艺？让学生讨论发言，从不同的角度为传承传统工艺献计献策。以此拓展学生的思维，培养学生关注传统工艺的热情，更深入地了解三坊七巷。

三、讲授新课

本课内容是历史校本课程（走进三坊七巷）中的一节，主要叙述三坊七巷中传统工艺——米家船的百年历史、精湛工艺、经营之道、现状，是了解三坊七巷的一个重要角度，从而感受传统工艺之美。

1.百年历史

师：米家船裱褙店位于南后街 32 号，"米家船"是店的字号。（展示图片）"米家船"指的是北宋著名的书法家米芾，米芾字画极多，他经常携字画乘船到处旅游，所到之处都要办字画展，后人就用"米家字画满江滩"来形容字画很多。住在三坊七巷里的著名书法家、诗人何振岱就用"米家船"为这家店命名，意思是这家店字画极多。

米家船从开张到现在已有百年历史。米家船祖师林金师是福州近郊手艺人，1865 年在南后街开了一家裱褙店，由于他手艺精湛，加上米家船文雅字号而声名远播，三坊七巷里的达官贵人、文人雅士都把字画放在米家船裱，末代皇帝溥仪的师傅陈宝琛还把字画从京城寄回来放到米家船裱褙。林金师师傅之后，米家船传给林广祥师傅，林广祥师傅执掌下的米家船因国家的命运动荡而经历不少坎坷。其中有两次大难：一次在抗战时期,一次在"文革"时期。林广祥师傅之后林文光师傅执掌米家船,这时"文革"结束,米家船重获新生,林文光师傅技艺高超,把米家船裱褙手艺发扬光大,2001年全国名牌创联组委会经过严格筛选授予米家船中华百年老铺荣誉称号,如今林师傅年纪大了,把铺子传给了儿子林宇(出示照片),现在到南后街32号,大家就能看到林文光师傅和林宇师傅在那里忙碌地裱褙字画。从米家船的百年发展史我们可以看出什么?

生:百年历史反映了米家船发展的艰难历程。

生:米家船的百年历史实际上是我们福州传统工艺的发展缩影。

生:从米家船的历史中我们可以感觉到手工工艺的发展是同国家命运紧紧联系在一起的。

师:大家讲得很好,手工工艺的发展是同国家命运紧紧联系在一起的,国家稳定是手工艺发展的一个重要条件。

2.精湛工艺

师:前面我们了解了米家船的百年历史,接下来我们一起来见识米家船裱褙精湛工艺。首先我们来了解一下工序,米家船裱褙工序非常精细,有十二道工序。出示未装裱的字画和已裱褙的字画进行对照,参照已裱褙过的字画介绍工序:①上托;②裁;③配料;④连边上下;⑤裁方正;⑥做上下轴的纸;⑦配复裱褙纸;⑧复定型;⑨修边;⑩打蜡;⑪锯上下轴;⑫订线。

师:接下来我们通过视频直观感受一下米家船工艺。

师:大家看到的只是部分工序,接下来我们再看一些工序图片(出示照片),十二道工序周期要用1~2周时间。米家船裱褙不仅工序精细,而且所用材料非常考究,包括浙江富阳宣纸、湖州锦缎、苏州织带、老杉木轴条、祖传糨糊。

3.经营之道

师:米家船不仅工艺精湛,而且还有自己的经营之道。他们的经营之道有两条:一是讲究质量,十二道工序道道精细绝不马虎,而且每个客人来提货时他们还要对字画重新再检查一遍;二是讲究诚信,他们裱过无数名家字画,如齐白石、唐伯虎、张大千、郑板桥等大家的画,从不搞调包,声誉非常好。但是米家船也面临一些问题。

4.现状

师:(1)传人问题

现在年轻人都不愿干手艺活,当初林师傅叫儿子接米家船,林宇说什么也不干,后来通过几年说服,林宇也觉得祖上手艺在他手上失传很可惜才接掌米家船。目前传人问题暂时解决,但以后林宇的孩子是否愿意接掌米家船呢?

(2)原料来源问题

据林师傅介绍现在老杉木越来越少了,苏州、湖州作锦缎、织带的厂家也越来越少,一些剪刀的手艺人也越来越少了,他担心以后材料没地方进,剪刀没地方磨。

(3)外来裱褙店的竞争

大部分外来裱褙店技术粗糙,装裱材料大多采用回收宣纸、劣质的锦缎,缩短工期以压低成本,靠非常低廉的价格占领市场,给米家船带来一定压力。

(4)店面租金问题

三坊七巷正在改造,南后街要改造成民俗工艺一条街,林师傅担心那时店面租金昂贵,他无法承受。

5.其他传统工艺

师:米家船所面临的这些问题也是其他手工工艺面临的问题,三坊七巷中还有哪些手工工艺呢?花灯制作,刚才第二组同学就给我们提出福州花灯制作工艺正在流失,现在南后街154号的郑祥霖师傅是福州市为数不多的制作花灯艺人,他只在元宵节前扎花灯,其余时间在扎花圈,他的花灯店已变成花圈店。三坊七巷特色手工艺还有纸花、纸伞、脱胎漆器、玻璃制作(出示图片),但现在都已不见踪影。除了前面提到的工艺,福州的传统工艺还有哪些?

生:还有角梳、软木面、寿山石雕刻、剪刀、菜刀、剃头刀制作等。

师:这些工艺也都面临着困境。那我们该如何保护我们的传统工艺呢?请大家思考,相互讨论然后提出自己的看法。(学生分组讨论)

生1:政府要立法保护这些传统工艺,在政策上扶持它们。

生2:工艺要创新,要与现代接轨,拓宽产品种类,根据不同层次的人的需要,高、中、低档相结合,成立专门的工艺研究队伍提高工艺水平。

生3:政府要多替它们宣传,媒体要多关注它们。传统工艺要多参加各种展览和地方民俗艺术品比赛,让更多的人了解它们。

生4:学校选修课可以开设介绍传统工艺的课程,从年轻的一代着手,让年轻人了解、喜爱传统工艺。

生5:可以利用巴士播网进行宣传,因为乘公车的人很多,这是一个很好的宣传渠道。

生6：关于传人方面是否可以考虑打破师徒传授的界限，走院校派道路。政府还可以支持下岗工人从事这方面的工作。

生7：传统工艺品的经营要与市场相结合，走市场化的道路。

生8：杭州的一些工艺品行业如杭州纸伞原先也面临着严峻的形势，后来采取一系列措施现在形势很好，我们福州的传统工艺应积极向同行学习走出一条自己的路。

四、归纳小结

在学生讨论发言的基础上教师对传承传统工艺的问题做个提升：传统手工工艺属于非物质文化遗产，非物质文化遗产的特点是"非物质性"，它们只是以一种知识或技艺的方式存储在某些人头脑中，只有等这些人把它们表演、制造出来后我们才能感觉到它们的存在，正因为这种特性，人们往往忽略非物质文化遗产而重视物质文化遗产，我们要打造三坊七巷品牌，就不仅要保护地面建筑这些物质文化遗产，还要保护传承传统工艺、民俗这些非物质文化遗产，如此三坊七巷才会更具文化内涵。

【教学反思】

一、本课与教材的关系

本节课是整个三坊七巷专题中的一节，三坊七巷这个专题包含人物、建筑、民族工业、手工艺、民俗等内容，通过三坊七巷手工工艺的介绍让学生从手工工艺的角度加深对三坊七巷的了解，并对福州的传统工艺有初步了解，培养学生热爱家乡的情感。

二、本课教学亮点

1.研究性学习与校本课程相结合。研究性学习课程和校本课程是不同的两种课程，但是它们却有一些共通之处，在课堂上可以将研究性学习与校本学习互相渗透、相互融合。一节课中一部分时间上研究性课程，一部分时间上校本课程，特别是在研究性学习成果交流展示时就可以采取这种方法，有利于学生从不同层面、角度了解所学内容。本节课就采用这种方法，前一部分时间先请两组同学代表上来展示他们的研究性学习成果。一组介绍"电光刘"，一组介绍花灯习俗。他们分别从民族工业和民俗的不同角度来介绍三坊七巷。通过研究性学习成果展示让学生从不同角度来了解三坊七巷。下半节课由教师讲授三坊七巷的手工工艺。这样学生就可以从更多的角度来认识三坊七巷。无论是对研究性学习还是对校本课程学习都大有好处，对学生而言收获更大。

2.乡土教材与校本教材相结合。乡土历史的内涵相当丰富，涉及政治、经济、军事、文化、民俗、地理、宗教等各方面，体现着鲜明的地方生活气息。福州有着两千多年历史，人文荟萃，民俗多样，古迹众多，典籍丰富。这些事物原本就存在于我们生活周围，但习以为常的结果就是视而不见，这些身边的事物因而不曾吸引学生的注意，导致学生对周围环境的漠视和空白。我们必须有意识地在校本课程中引入乡土历史，引导学生的目光关注到我们的生活、家乡丰富的人和物，引导他们去考察、寻访、搜集、整理这些历史，学生会感到亲切，会惊讶地发现原来自己的家乡有这么特别的地方，身边的衣食住行中蕴藏着这么丰富的文化内涵。

3.本节课对三坊七巷米家船工艺做了详细介绍，资料比较新颖，学生很感兴趣。在讨论如何保护传统工艺问题时大家积极发言，纷纷提出自己的想法。他们的想法多种多样，有一些想法很新颖、很有趣。

【存在问题】

1.介绍米家船工艺的视频资料只是介绍部分工序，因为工序比较复杂，学生难以理解，如果有全部工序的视频资料就可以让学生更全面、整体地了解裱褙工艺。这节课后我想最好再补上一个环节，即带学生到米家船直接感受裱褙工艺并与老师傅交流，学生收获将会更大。

2.这节课时间把握上有点紧张，在讨论如何保护传统工艺问题时学生非常积极，因为时间关系还有许多同学想发言而没有机会，如果在讲述米家船历史时，缩短一些事例介绍，多腾出一点时间让学生在讨论中尽情地发言，让更多学生表达自己的看法，可能对学生更有帮助。

第六章

历史"本真"教学的思考

德国哲学家雅斯尔贝斯在《什么是教育》一书中对"本真"教学做了具体阐释,他指出:"所谓教育,不过是人与人之间的灵肉交流活动,包括知识内容的传授、生命内涵的领悟、意志行为的规范,并通过文化传递功能,将文化遗产教给年轻一代,使他们自由地生成,并启迪其自由的天性……"

北京师范大学顾明远教授也认为,教育的本质是生命教育,核心是教育理念。他指出:"我们未来的教育应该有这样的转变——让学生自己学,自己去探索,自己去提出问题,自己去解决问题,这样才能够有创新的世界,才能培养他们创新的能力。"在传统教育里,我们总是低估学生的能力,实际上学生的潜能是很大的。顾明远教授的观点对本真教学具有很强的指导意义,生命教育正是基于学生的真情,抓住教学本质,从知识本源上引导学生探索与实践,在实践中尝试独立解决问题,培养学生的创新意识。

随着新课程改革的不断深入,课堂教学中学习的内容也变得开放、灵活起来,教学手段变得先进而多样,学生有了更多自主选择机会。然而,当前新课程改革中也存在一种矫枉过正的倾向,在新旧教学思想交替的过程中,出现了一些"华"而不"实"的教学现象。

一、"本真"教学存在的"误区"

1.变"自主学习"为"放任自流"

新课程提倡创设民主和谐的课堂氛围,强调发挥学生学习的主观能动性,倡导学生主动学习、主动求知,主动根据自己的体会和思维方式去探索、发现问题。教师把课堂交给学生,突出学生的主体地位,教师悄悄地退出教学的主导地位,学生说到哪,教师就跟到哪,学生汇报什么,教师就教什么。课堂讨论也多流于形式,教师让学生各抒己见,争论得很激烈,课堂很活跃,但争论半天没结果,于是就让大家课后继续辩论……为了让学生自主,教师没了主见,教学无主次,忽视了把握教学内容的价值取向。有的被学生牵着鼻子走,有的跟在学生的后面对学生百依百顺,有的甚至退出了教学的舞台成为一名旁观者,把自主学习异化为放任自流。

2.变"综合学习"为"满汉全席"

《新课程标准》中提出"历史综合性学习",指出历史要加强综合性,沟通与其他学科的联系,沟通与生活的联系,但在实践中,一些教师对历史综合性学习的本质把握不准,把"历史综合性学习"误认为"综合实践活动",削弱了历史性,出现了"种他人田,荒自家园"的倾向。课堂教学活动形式多样、异常热闹,既有自主学习,又有合作讨论;既有图片展、课本剧,又有讲故事、情境表演等,一项项活动犹如满汉全席一盘盘端上来,让人应接不暇,课堂看起来很热闹,但学生历史知识、能力和素养收获甚微,文本被弃之一旁,宝贵的时间在喧闹中流失……只追求教学形式的多样化,把历史课异化成大杂烩的综合课。

3.变"合作学习"为"课堂装饰"

如今,"合作学习"被教师视为培养学生交往、合作能力、竞争意识和团队精神的最有效的学习方式。于是,不管问题是否有讨论价值、是否值得研究;不管时间是否充裕,更不管学生是否有探究的欲望,教师一声令下,学生迅速形成学习小组,投入热烈的讨论之中,为了提升课堂气氛,学生总是"有模有样"地交流讨论、合作探究。时间差不多了,即使学生正处于激烈的思想交锋状态,或是处于欲罢不能的探究状态,教师一个手势,合作学习戛然而止,每位学生迅速归位,准备汇报。小组合作探究成了一种装饰性的表演,学生则成了教师新教学理念、教学方式的"道具"。

历史课堂中出现的种种浮华倾向,源于教师对新课标精神实质领会不深、把握不准,在实践中出现偏差。因此,我们只有真正理解新课改精髓,正确把握历史教学的特点,才能真正提高历史课堂教学的实效,让历史教学回归"本真"。

"本真"教学要发展自我意识的独立生成性。首先,要把迷失的"自我"找回来,把"自我"从他人和常人状态中解放出来,使个体感受到"自我"的真实存在。不要让老师和家长众口赞扬的好学生、好孩子、班干部,走向社会后因找不到"自我"而变得碌碌无为。要让学生充分运用自己的感官、力量与智慧,让他们的头脑、心灵与意志处于生机勃勃的状态,让他们感受到生命力酣畅淋漓地展现,感受到生活和谐流畅地运转。其次,要鼓励学生标新立异。标新立异的创造性活动最能彰显一个人的存在与价值。杨振宁教授曾经讲过,中国留学生学习成绩往往比一起学习的美国学生好得多,然而十年以后,科研成果却比人家少得多,原因就在于美国学生思维活跃,动手能力和创新精神强。这说明美国教育在鼓励学生标新立异方面比中国教育好得多,可见失去创造性也就失去了人性的核心意义与价值。

二、践行教学反思,回归"本真"路径

1.教学反思的重新认识

行动源于认识。从管理者至普通教师都要对教学反思现状进行理性的审视,摒弃功利化思想,克服浮躁心态,剖析我们现实中的做法,加深对教学反思意蕴的正确理解,在头脑中对教学反思形成科学的认识。同时,管理者要坚持务实的原则,以科学、公正、公平的评价系统,引导和激励教师的反思行为,营造积极向上的校园文化氛围,使教师个体长期获得心理、行为上的动力支持。在此基础上,理出今后对教学反思行为的实施、管理与评价的清晰思路,匡正违背教学反思本真意义的行为,这是让反思回归"本真"的思想基础,也是关键所在。

2.诉求教育理论的观照

教育理论既源于教学实践,又超脱教学实践,具有前瞻性、监控性、批判性和深刻性。教师以教育理论作为指导,对自己教学实践进行的反思过程中,会不断发现问题,自觉地剖析矫正教育教学实践中不合理的行为和理念,不断提升教学实践合理性水平。用理论链接自己的教学实践并逐步将理论内化为自己的理念,指导自己的行为,强化问题意识和批判性思维习惯。理论与行为对接得越完美,反思也越发深刻,久而久之,教师就逐步成为教育的思想者、研究者、实践者和创造者。教育理论不是在实验室里产生的,它根植于教师最丰富、最朴素,也最深刻的教学实践,因而我们不要把教育理论看得那么神秘莫测、高不可攀,应自觉、主动地去接受、学习和运用教育理论,进而在自己的教学实践中寻找新的生长点,发展与创新教育理论。

3.寻求专家引领、同伴帮助

"三人行,必有我师",善于反思的教师首先是一个善于学习他人优点、

勇于接受他人批评、心胸豁达的人,他的教室大门永远是敞开的。我们要以开阔的胸襟向专家、同行开放自己的课堂。一方面聆听专家的指导,走进同行的课堂,学习他们的长处,并找出自己的不足,努力弥补;另一方面请专家、名师、同行走进自己的课堂,让他们为自己的教学把脉问诊,从他们的点评中,反思自己的问题出在哪里,为什么会出现这样的问题,如何解决,以此不断地创新自我、提升自我。除了向专家、同行学习外,还要关心外面的世界,要积极参加各种培训、听课评课等活动,这是开阔视野、触发灵感、打破反思封闭的有效途径。与专家、同伴的合作探讨,可以拓展反思的深度与广度,同时也有助于增强教师共享经验、分担问题、交流互助的团队意识,使教师的反思走向开放、大气和灵性。

4.根植于自己的教学实践

教学反思的对象无疑是自己的教学实践,而不是他人的教学实践。离开自己的教学实践谈反思无异于墙上芦苇——头重脚轻根底浅,经不起时间和实践的检验。一些教师的反思犹如天马行空,内容空泛,其原因就是没有以扎实的心态去研究自己的教学实践。我们要静下心来回归自己的课堂,潜下心来研究课堂中的问题,诸如人文的、教育的、学科的、技能的等方面。唯有如此,反思才具体实在,具有针对性和指导性,对教师专业成长有所裨益,教学实践才会不断地有所突破和创新。一要反思教学的成功之处,使自己充满自信、激情与力量,引领教学走向更大的成功;二要反思败笔之处,让自己深知教学是个不断趋向完美的过程,始终保持质疑问难、不断进取的恒心、信心与创新张力;三要反思教学理念,任何一种教学行为的背后都折射出一定的教育理念,我们是为了"教人"而"教书",一切教育行为都是为了学生人格的健康发展。因而,教师要把学生放在主体地位,以如何让学生学会学习来反思自己的教学行为及其背后的教育理念,以学生学习行为是否得到改善来判断反思是否成功、有效,不断提高教学反思水平。

褪尽教学反思之浮华,彰显其本色,既是发挥教学反思功能、支撑教师专业化发展的客观要求,也是教师具有良好品质修养之必需。教学反思不是新课程改革的"标签",而是教师工作、生活的一种状态、一种方式、一种精神,这是教师肩负的历史使命所使然。当我们的心态不再浮躁,行动便会踏实勤奋,教学反思就会走向深刻,成为我们在教学心路上留下的一串深深的、奋进的印痕,令我们骄傲与自豪。

三、研究高考评价，领会课改精神

近年全国高考Ⅰ卷文综历史试题承载高考评价体系"一核四层四翼"的总体要求，高考评价体系就是由"一核""四层""四翼"构成的有机整体，其系统性主要体现在以下四个方面：

（1）整体性。"一核""四层""四翼"是一个整体。三者彼此关联、协调一致。"一核"作为总体目标，体现在"四层""四翼"中；"四层"围绕"一核"目标并遵循"四翼"要求进行设计；"四翼"对"四层"内容和呈现方式提出具体要求，从而确保"一核"目标的实现。高考评价体系并非三者简单的相加，而是强调三者共同发挥作用。

（2）层次性。首先，"一核""四层""四翼"都是相对独立的系统："一核"是考查目的，包括"立德树人、服务选才、引导教学"；"四层"是考查内容，包括"核心价值、学科素养、关键能力、必备知识"；"四翼"是考查要求，包括"基础性、综合性、应用性、创新性"。其次，三者又分为两个层次："一核"规定了高考的核心功能，而"四层""四翼"是实现"一核"的具体路径。

（3）稳定性。高考评价体系的构建，基于党的相关政策要求、国家选才需求和人民群众对教育的诉求，充分贯彻党的教育方针，借鉴国内外先进测量理论和实践成果，既有坚实的理论支撑，又经过实践的检验。这些因素具有持续性，在短时期内不会产生大的变动，从根本上保证了高考评价体系功能、结构、内容的相对稳定。这对保持人才选拔的有序性和维护基础教育教学的秩序具有重要意义。

（4）适应性。高考评价体系并非一成不变，虽然其整体架构具有稳定性，但具体内容将会根据外界影响因素的变化而有所调整，从而以更加积极的姿态、更加灵活的策略应对现实中的新问题，更好地实现高考的功能。

今后全国Ⅰ卷文综历史试题将遵循高考评价体系"一核""四层""四翼"的要求进行命题，着重考查历史学科的五大核心素养，当然历史学科五大核心素养并非一朝一夕能够养成，它需要广大一线教师认真研读新课标、领会《指导意见》精神要旨、研读《中国高考评价体系》《中国高考评价体系说明》，领会高考评价体系的精神实质，高考评价体系是深化新时代高考内容改革的基础工程、理论支撑和实践指南，对发展素质教育、推进教育公平、实现教育现代化、建设教育强国、办好人民满意的教育具有重要意义。

第一，高考评价体系是落实立德树人根本任务、发展素质教育的科学系统。它依托现代测评理论和技术,科学设定核心功能,精心设计考查内容、考查要求和考查载体,创造性地将立德树人根本任务融入考试评价过程,以实现高考评价目标与素质教育关键环节,成为德智体美劳全面发展的教育体系的有机组成部分。

第二,高考评价体系是发挥高考正向积极导向作用的坚实基础。它将国家和高校的选才需要与素质教育育人目标有机联通,是实现"招—考—教—学"全流程各个环节无缝对接、良性互动的关键。高考评价体系通过创新评价方式、优化评价手段、深化命题实践改革,全面、客观、准确地测量和评价学生的综合素质,为打破"唯分数"单一评价模式、构建多元评价体系创造条件。

第三,高考评价体系是教育公平的强力助推器。它奠定了坚实的命题理论基础,构建了科学严谨的学科命题指南,为确保高考的考试质量提供了充分的技术保障与体系支撑,有利于发挥考试对教育公平的促进作用。同时,高考评价体系提供的大量科学评价数据,还能为基础教育资源的公平配置和高等教育入学机会公平分配提供科学依据,从而进一步促进教育公平实现。

第四,高考评价体系是高考内容持续深化和教育领域综合改革纵深推进的重要保障。通过构建具有中国特色的高考评价体系,形成深化高考内容改革、持续指导命题实践长效机制,能够更好发挥高考评价在科学区分学生综合素质及选拔人才等方面的功能,为推进高考综合改革、优化高校招生综合评价机制奠定坚实基础。此外,高考评价体系高度契合高中课程改革理念,可以促进素质教育正向作用的发挥,为高中育人方式改革提供有力支撑。

要认真研读《高考评价体系》,将学科素养培养落在课堂上、落在教学教研中,同时教师还要不断开阔视野,阅读中外名家经典著作,如钱穆、吕思勉、陈旭麓、斯塔夫里阿诺斯、亨廷顿等人代表作,熟悉当代史学名家关注的热点话题。通过多读书、多研究,做到教学教研时时新、日日新、月月新。教师只有领会历史学科的核心价值导向,感悟新课程改革的真谛,将其思想理念渗透在日常教学教研中,乐于在史海中泛舟、在书海中漫游,才能更好地适应新课程改革的发展和需要。

四、构建教学模式，回归历史"本真"

历史教学承担一项重要的育人功能，要促进人的全面发展，必须激发学生崇尚真善美，弘扬仁义礼智信忠孝廉耻勇，培养学生科学的世界观、人生观、价值观，培植坚定的理想信念、深厚的家国情怀、强烈的担当精神。综合实践活动是德育教育很好的载体，学生可以通过丰富多彩的德育活动，实现生命的成长、灵魂的拔节。历史课堂是寓德于教的主阵地，可以从历史教学中挖掘德育元素，实现学科育人，课堂育人。只有能够激发学生进行自我教育的教育，才是真正的教育，培养孩子"知人者智，自知者明"的自我认知，"吾日三省吾身"的自我反思，"躬自厚而薄责于人"的自我批评，"天行健，君子以自强不息"的自我鞭策，使其在自我认识、自我监督、自我评价、自我管理中实现自我成长、自我发展。

因此，要实现历史教育全面育人功能，构建系统的教学模式具有重要的意义和作用。

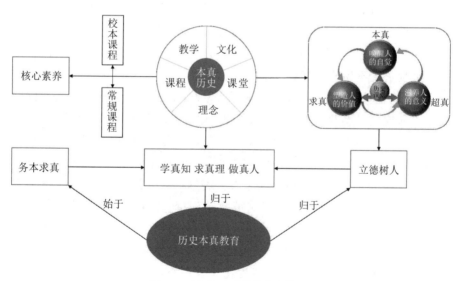

图 6-1 历史"本真"教学建模图

历史"本真"教学始于"务本""求真"，"务本"是历史教学的基础和起点，即回归历史教学本源；而"求真"是历史教学追求的方向与目标，即学真知、求真理、做真人。历史"本真"教学是笔者长期教学实践中坚持理论引领、努力践行教学实践而提出的教学主张。历史教学的目的与根本任务旨在立德树人。历史"本真"教学必须更新教育理念、构建课程体系、依托教学课堂、优化教学手段、传承优秀文化。历史"本真"教学通过整合常规课程、开发校本课程、指导研学课题,以学生为本,开设多样而有选择的历史课程,通过课程建设满足学生全面而个性的发展,同时立足课堂,利用课堂唤醒学生的自觉、自信与自强。立足"本真"学习,追求真理,塑造人的价值;立足"本真"学习,追求真人,做真善美的人;最后通过课堂,实现历史育人功能,滋养人的品质,实现人生的追求与价值,超越"本真",使五大历史核心素养落地,实现立德树人根本任务。

多年来笔者依托课题研究,主持或参与多项国家省级课题:有福建省"十一五"教育教学规划课题"综合实践活动课程的开发与实施策略的研究"、全国教育科学"十一五"规划教育部子课题"学校课程建设特色的研究"、福建省电化教育馆教育信息技术研究课题"信息技术背景下历史校本课程资源校际联合开发实践研究"、福建省基础教育课程教学研究课题"'微时代'环境下历史微课资源的开发实践策略研究""'互联网+'时代中学历史核心素养培养策略的实践研究""悟本·求真——基于学科核心素养的初高中历史教学衔接的实践与研究"等;从历史学科课程建设入手,利用历史课堂探索"本真"教学的途径与方法,开设观摩课、示范课,如"对话:新文化运动""感悟:辛亥革命""启示:世界文明的衔接"等,同时还开设"课题研究促进校本课程的建设""'小课题,大智慧'——历史教师科研能力的助力器""史学视野与学科素养的提升"等省、市级专题讲座百余场。同时将个人研究成果撰写成教学论文、教学案例、课例发表在核心期刊、CN 级刊物,如《寓"史料实证"于历史时空叙事》《问题导向:历史微课教学设计的关键》等数十篇。而且笔者还十分重视学生创新思维培养,积极指导学生开展研学课题研究,如"三坊七巷名人故居维护与开发"荣获第十九届省青少年科技创新大赛二等奖,该案例被收录到《研究性学习·学习包》,成为综合实践活动课程全国通用教材。笔者还将研究性学习指导成果汇总提升,独立编写"闽都瑰宝"校本课程,经过多年的实践积累,不断充实完善,2019 年"闽都瑰宝"校本课程被评为福建省中小学精品校本课程。在此基础上我们还和福建省博物馆联合,采用馆校合作形式,利用福建省博物馆的资源,由学校独立开发了历史校本课程——"西湖史话"。为了构建校本课程区域联动开发新模式,笔者与多所不同类型的学校合作,创建了福州市校本课程资源网站,共同开发 16 本具有福州乡土文化的校本课程,实现校本课程资源共享。为了扩大辐射面,笔者先后在新疆、甘肃、青海、江西、广西、河北等多地,为全国各地历史教师开设研究性学习、校本课程专题讲座,并获得好评,福州日报、福州晚报、海峡教育报等多家媒体进行了宣传报道。2020年笔者创建了福州市吴勇(中学历史)名师工作室,同年笔者申报的"共享、共建、共赢——历史校本课程区域联动开发与实践"课题项目获得福建省基础教育教学成果一等奖。

培根说:"历史川流不息。若不能因时变事,而一味恪守旧俗,这本身就是致乱之源。"富兰克林·罗斯福曾说:"变革在任何社会都是不可避免的……"一切自尊的社会都认为,改革是保证社会本身延续发展的最好手段。任何灵活开放的社会都不能,也不应该排除改革,因为改革代表了人们渴望积极进取的动力与源泉。

五、遵循以人为本,回归"本真"教学

"本真"教学要和谐发展人的知情意,需要从哲学高度把握知情意的三重境界:第一,在认识方面,要明确"本真"教学发展的知,是事物存在的本来面目、万物之间的因果关系、人与世界的全面而丰富的联系,并且,这种知只能通过其自身融入生产生活实践中达到人与自然一体相通境界时才能获得。第二,在情绪情感体验方面,"本真"教学发展的情,要从人与自然一体相通的境界出发,立足于人在宇宙中的主人翁的地位与责任,从关怀自身出发达到关怀众生,关怀人类赖以生存的环境。第三,在意志方面,即意的方面,"本真"教学要引导人去认识人类自身和宇宙万物蕴含的无限可能性,并准确把握其中的"本真"可能性,确立为自己的意志方向,排除私欲带来的干扰,以宇宙主人翁的姿态投入宇宙无限演进的潮流中。把握了以上三重境界,本真教学必然能和谐发展人的知情意。

其实,我们实施新课程改革的灵魂就是以人为本。其核心内容主要有两点:一是强调教育教学要向学生的生活世界回归,强调学生对学习过程的体验;二是强调在教育教学中要注重学生动手实践能力和创新精神的培养,要在学习过程中渗透情感、态度、价值观教育,尊重学生成长规律,关注学生个性发展。

然而,放眼现实,许多学校依然在狂热地追求教育的功利化,依然以"时间加汗水"的方式在拼搏,中考、高考成绩依然成为一个学校教育质量高低的唯一评价标准。我们提倡的教育回归,就是要去功利化,回归到一切为了学生的发展,一切为了学生的幸福。教育的回归就是对人幸福的关注,让学生学会如何幸福地生活、幸福地学习,在接受教育的过程中不断提

升自己,向着更高的精神和物质目标奋进。

回归"本真"教学,遵循教学规律,促进人的科学发展。规律是事物内在本质的反映,是必然的、稳定的,是千百万人千百万年来生活实践的积累和结晶,来源于实践并指导实践。"只要顺河走,就能够发现大海",智者顺时而谋,愚者逆理而动。教学是育人的科学,纷繁浩大,"顺木之天,以致其性",人就会顺利而健康成长,否则就会拔苗助长。"本真"教学必须按照人的发展规律去办学、去管理、去改革、去发展、去育人。要遵循"爱心产生奇迹"的师爱育人规律,"绝知此事要躬行"的榜样示范规律,"尽信书不如无书"的独立见解规律,"说你行你就行"的乐观自信规律,"体罚近乎无能"的攻心艺术规律,"读书改变人生"的课外阅读规律,"性格主宰命运"的人格培养规律,"习惯成就未来"的养成规律,"你我都是风景"的个性发展规律,"有梦就有希望"的理想信念规律,"有国才有家"的德育教育规律,教育规律无处不有、无时不在,只有遵循学生生理发育、个性成长、人格形成等各种发展规律,顺道行之,才有学生的健康科学发展。

回归"本真"教学,涵养校园文化,促进人的灵魂发展。我国著名教育家于永正说:"当老师教育学生时,如果学生知道你在教育他,那么你的教育就失败了。"校园里每一面墙壁、每一个广告牌、每一句口号、每一项制度,大至办学理念,小到一棵树,都蕴含着丰富的文化因子,无声的文化具有强大的吸附力和滋润力,在校园文化的浸润下,根植于内心的修养、无须提醒的自觉、以约束为前提的自由、为别人着想的善良,就一定会水到渠成无声无息地浸润孩子们的心灵,达到"润物无声"的教育效果。校园里最壮观的一定是灵魂愉悦的舞动,最悦耳的一定是生命拔节的声音,一个人的灵魂和精神的丰富与成长,多来自阅读。曾国藩说:"人之气质,由于天生,很难改变,唯读书则可以变其气质。"书,如饭如药,亦师亦友,读书可以和其颜、悦其色,祛其病,壮其神,提升其品位,丰富其内涵。书可以带你去全世界旅行,领略全人类的精神地理和心灵风光;可以让你同智者交谈,与伟人对话,获得知识、扩展视野,陶冶情操,塑造品格。

一所学校可能什么都齐全,但如果没有为了人的全面发展和丰富精神生活而必备的书,那么,就不能称其为学校。学校力求让每一个学生都找到他"自己的"书,这些书应当在他的心灵留下终生不可磨灭的痕迹。青少年时期是一个人成长的关键时期,青少年时期读的书对一个人的一生影响深远,所以,一个书香浓郁的校园,就是孩子们宝贵的精神花园,提倡好读书、读好书、读整本的书、读经典的书,孩子们的灵魂就会书香弥漫、诗意盎然。

参考文献

[1]WHITE H. Historiography and historiophoty[J]. The American historical review,1988,93(5).

[2]周梁楷.影视史学:理论基础及课程主旨的反思[J].当代,1993(88).

[3]杨雪靖.影视作品在中学历史教学中的应用研究[D].济南:山东师范大学,2011.

[4]中华人民共和国教育部.义务教育历史课程标准(2011年版)[M].北京:人民教育出版社,2011.

[5]中华人民共和国教育部.普通高中历史课程标准[M].北京:人民教育出版社,2017.

[6]埃里克·巴尔诺.世界纪录电影史[M].北京:中国电影出版社,1992.

[7]姜依文.生存之镜:电视纪录片卷[M].北京:北京广播学院出版社,2000.

[8]吴勇.问题导向:历史微课教学设计的关键[J].福建基础教育研究,2018(10):36-38.

[9]吴勇.核心素养背景下的历史课堂教学设计:以《新文化运动》一课为例[J].福建基础教育研究,2017(10):98-99.

[10]李朝军.本真人性与本真教育的哲学思考[J].教育研究与实验,2014(5):52-55.

[11]安世遨.教育之对话本真及其对教育管理的启示[J].现代教育管理,2014(4):19-23.

[12]王胜战.本真教育的价值追求与实践[J].宁波教育学院学报,2013(6):77-79.

[13]许安富.让教育回归本真 让学生收获幸福[J].中国教育学刊,2013

(6):9-11.

[14]位涛.论教育的理想与理想的教育:以人为中心的对于教育本真的回归[J].教育理论与实践,2017(10):11-15.

[15]张元贵.坚守教育的本真[J].江苏教育,2017(7):11-12.

[16]杨汉洲.课例研究的行动取向与价值反思:兼论教师专业发展方式[J].湖北广播电视大学学报,2018(10):41-44.

[17]高瑜,刘思佳.深度课例内涵发展的有效方式[J].内蒙古师范大学学报(教育科学版),2014(4):94-96.

[18]叶谦.中国课例研究的经验和走向[J].牡丹江教育学院学报,2018(4):42-46.

[19]周妍风,马超男.浅谈课例研究的实践:以《外交事业的发展》为例[J].吉林省教育学院学报,2015(8):57-58.

[20]李子建,丁道勇.课例研究及其对我国校本教研的启发[J].全球教育展望,2009(4):29-39.

[21]刘永红.发之于情,止乎于理:"国运兴衰,系于教育"课例研究的行与思[J].中学历史教学参考,2018(4):21-24.

[22]吴勇.寓"史料实证"于历史时空叙事:以《辛亥革命》一课为例[J].历史教学问题,2018(6):116-118.

[23]吴勇.普通高中历史教学的新尝试:人民版选修一王安石变法的教学设计与思考[J].福建基础教育研究,2014(1):111-112.

[24]马兰,盛群力.课堂教学设计:整体化取向[M].杭州:浙江教育出版社,2011.

[25]王瑾.高中历史单元教学设计研究[D].扬州:扬州师范学院,2014.

[26]吴勇.找准中心主题　意在探索创新[J].中学历史教学参考,2014(3):77-79.

[27]王恩惠.教学反思的失真及回归本真路径[J].中国教育学刊,2009(3):67-69.

[28]俞郴,余小茅.追寻本真教育之真谛[J].当代教育与文化,2013(1):45-48.

[29]陈余根,孙长春."本真教育"理念观照下的课堂教学模式[J].教育研究与评论,2010(2):14-18.

[30]吴勇.普通高中历史研究性学习的实践与反思[J].福建基础教育研究,2009(1):119-121.

[31]曹绪成.新课程改革与初中历史校本课程的开发[J].基础教育论坛,2019(1):45-46.

[32]刘国飞,冯虹.核心素养视角下关于校本课程的几点思考[J].教学与管理,2016(7):76-79.

[33]吴勇.课题研究促进历史教师的专业化成长[J].福建基础教育研究,2010(4):22-24.

[34]杨玉东.从中式课例研究看上海数学教师的专业学习[J].中国教育学刊,2019(11):6-11.

[35]王继平.论历史科"主题化"课堂教学:以高中历史课堂教学为例[J].历史教学问题,2012(3):119-121.

[36]苗颖.融会才学识 贯通评学教:2020年全国卷Ⅰ第42题评析[J].中学历史教学参考,2021(1):22-25.

[37]郑浩.单元主题教学在统编版高中历史教材中的应用研究[D].福州:福建师范大学,2021.

[38]教育部考试中心.中国高考评价体系(2019年版)[M].北京:人民教育出版社,2019.

[39]教育部考试中心.中国高考评价体系说明(2019年版)[M].北京:人民教育出版社,2019.

后 记

　　时光荏苒,从事历史教学一晃已经近三十个年头。价值引领的历史"本真"教学是笔者基于长期教学实践与理论研究而提出的教学主张。价值引领是历史教学的核心价值观和导向,"本真"是历史教学的基础与目标,其追求价值认知和价值认同、核心素养的达成和立德树人根本任务的实现。

　　笔者1993年毕业于福建师范大学历史系历史专业,2000年回到母校社会历史学院就读研究生,2003年被授予教育硕士学位。自工作以来,笔者先后任教于福州格致中学、福州第十八中学和福州第四中学,其间还在闽侯八中支教,在私立福州励志中学挂职党支部副书记和政府督导员。多年来,本人热爱教育事业和潜心历史教学研究的初心不改,一直热衷教学改革与创新,2009年笔者被福建省教育厅确定为福建省中小学历史学科教学带头人,成为当年我省历史学科最年轻的省学科带头人。在此基础上又经过十年的磨砺与提升,2018年、2020年笔者先后获得福建省特级教师、福建省正高级教师和福建省教学名师等称号。这不仅得益于笔者在多所学校的经历与成长,得到领导、同仁的关心与帮助,更得益于2017年笔者被福建省教育厅遴选为福建省"十三五"中学名师培养对象。其间福建教育学院陈超教授成为我的导师,在此衷心感谢陈超教授5年来的悉心指导与帮助。她多次带着我们到上海的李惠军历史名师工作室、浙江嘉兴的戴加平名师工作室学习取经,其间我们聆听了全国知名特级教师李惠军老师"美国历程"示范课、华东师大李月琴教授"编辑眼中的中学历史教学论文"讲座。两位老师专门就论文的撰写与发表给予了我精心的指导,并提出宝贵建议,在此特表谢意! 接着我们又北上陕西西安,听取了陕师大徐赐成教授"历史意识的内涵及其在历史教学中的培育"、《中史参》主编任鹏杰"历史教育的担当"、特级教师李树全"聚焦核心素养,建构深度课堂"和正高级教师郭富斌"历史教育的红线与底线"等讲座。我们还在泉州等地聆听华东师大孟钟捷教授"德国历史教育学的核心理念：历史意识和历史文化"、北师大历史影像研究中心主任吴琼博士"'影像史学'与历史教学"、中国青年政治学院郝瑞庭教授"历史学科核心素养及其与等级考试"等讲座。为了推广辐射，笔者还到龙岩长汀二中、上杭一中开设"世界文明的链接""感悟：辛亥革命"等示范课，深受好评。

　　在学习中，为了让名师培养对象凝练教学主张，形成教学特色，我们来到北京大学学习教育哲学，思考为什么而教。我们进入北大历史系镜春园，聆听北大王余光教授"周易的智慧"、中央民族大学张之锋教授"柏拉图哲学与孔子教育思想"、北大教育学院卢晓东教授"试答钱学森之问——创新人才培养三项改革"、教育部基础教育课程教材发展中心原副主任曹志祥"新课程改革与新课程理念"等讲座。在复旦大学，我们聆听了上海师大特聘教授吴双"名师自我认知与创新思维"、上海师大学科教育研究所所长谢利民教授"名师素养与教学能力发展"、上海市教育委员会原主任陆靖"上海高考改革方案制定中的若干思考"、国防大学政治学院蒋伟翔教授"世界百年未有之大变局背景下的中国外交和安全策略"、复旦大学软件学院刘钢教授"全面走进互联网＋的中国"、上海对外经贸大学研究生院原院长张鸿"一带一路，中国新一轮开放与走出去战略"等讲座。这些大咖的高端讲座让我们醍醐灌顶、茅塞顿开，既拓宽了我们的教学视野，又为我们的教学主张建构提供了丰富的养分。

　　古人云："学源于思，思源于疑。小疑则小进，大疑则大进。"美国学者布鲁巴克提出："最精湛的教学艺术，遵循的最高准则就是让学生提问题。"发现问题、提出问题、思考问题都是历史学习基本素养，许多问题来源于身边、来源于生活，通过对问题的辨析思考、挖掘探究，去寻找历史真相、揭示历史本质，让教学真正回归本源、回归历史"本真"。

　　要感悟历史、回归"本真"，历史教育工作者需要做些什么？充实自我、提升自我，是一条必由之路。正如梁实秋先生所说，一个人最好的修养，就是读书。从龟甲到竹简，从丝帛到纸张，经典图书的芬芳弥漫在历史的每一个角落，哪里有文明，哪里就有书卷。嗅着淡淡的墨香，感受着字里行间的美好，在不经意间，感悟到深厚情感，与作者进行心灵对话。

　　在成长道路上，笔者得到母校福建师范大学社会历史学院叶青院长、林国平教授的关心与理论指导。在教学实践中，得到了福州格致中学特级教师黄小平、郑敏煌两位师傅的精心帮助，在此由衷感谢师傅黄小平老师，一路成长一路相伴、悉心指导倾囊相授,让我懂得历史教学的智慧与内涵,为我的历史教学生涯打下了牢固的基础。在此还要感谢福州高级中学骆志煌校长、福州市教育研究院方颖院长两位学长的关心与支持,以及晋安区教师进修学校叶青林副校长的热心相助。在研学和校本课程建设中,还要感谢我的学生周荣、黄真、郄璐娜三位同学对"追昔探源 弘扬文化——三坊七巷名人故居维护与开发"研学课题的辛勤付出,还有福州格致中学李怡,福州第十八中学杨兴辉、陈仲、白小红、陈清辉、鲁玲等老师在"信息技术背景下历史校本课程资源校际联合开发实践研究"课题中的研究与合作,还有兄弟学校同仁翁莹、王晶晶、陈锋、卓江蛟、林勤、游少旻、叶雨雁老师的大力支持;尤其是福州吴勇(中学历史)名师工作室成立后,福州第四中学历史组江岱莉、刘世霞、林靖婷、周银燕、陈敏丹等老师积极参与,他们踏实、勤勉、智慧、进取,将研学和校本课程打造成历史学科的一张名片。笔者在全国多省市不断推广辐射,与名师工作室相伴,与历史同仁携手,在历史教学研究道路上走得更远、飞得更高。

名师成长在路上,"本真"教学还在研究中,我们将以复旦校歌歌词"学术独立思想自由""先忧后乐交相勉""日月光华同灿烂"与各位同仁共勉。学习提升、经验总结、内化反思将是我不懈努力的方向,研究实践、凝练主张、形成风格将是我不断追求的目标,"博学而笃志,切问而近思",我将继续在"本真"历史道路上执着地耕耘与探索。

吴勇

2022 年 3 月 16 日夜于福州